分別為聖
長老教會・普渡・通靈象徵

王鏡玲———著

分別為聖
長老教會 · 普渡 · 通靈象徵

目錄

「異鄉」
宗教人的回返

「異鄉人」也正可以從不得不變成「異鄉」的
立場，轉化為重新啟動的眼光。每一種我所
接觸過的宗教現象，都像一扇扇鏡面，反映
著台灣當代文化在面對「異己」／「他者」
時，如何轉化與拼裝出屬於這個時代的慾望
寫照。

難以說出的多元宗教母體

本書是以我個人的宗教經驗與視野作為一個微觀的輻射軸線，去看待曾經受過長老教會神學初階訓練的我，在接受宗教學的專業訓練之後，如何去理解在台灣多元宗教文化下，長老教會和台灣非基督宗教的宗教現象。我繼承羅馬尼亞裔美國宗教學家伊利亞德（Mircea Eliade）在宗教現象學上對於「神聖」的看法。

「聖界」不只是指向特定宗教的「神」、上帝，而是同時包含被宗教人視為不同聖界分類的每一個具有靈力（或靈性）的主體。例如鬼魂、祖靈、動物靈、植物靈、物品、氣場、地球之外的能量體⋯等等，只要是宗教人所感受到對其身心靈，以及個體與集體命運產生影響的能量都包含在內。「上帝」是基督宗教最根本的中心與最終極價值的聖界所在，也是信徒對內的凝聚與對外區分敵友的界線。[1]

看著宗教人在不同信仰理念、意識型態與生活實踐上的種種矛盾與衝突，彷彿處身在一齣不斷上演的八點檔「神劇」之中。既是宗教人所認為的「神」的旨意彰顯、也是人的意志多方衝突的展現。本書中每一種我所接觸過的宗教現象，都像一扇扇鏡面，反映著台灣當代文化在面對「異己」／「他者」時，如何轉化與拼裝出屬於這個時代的慾望寫照。

在台灣社會十九世紀末成為基督徒的第一批初信者，大多沒

1　教會史學者鄭仰恩指出：基督教的歷史經驗向我們顯示，教會本身的「自我了解」（self-understanding）正是她對社會／世界之態度的基本關鍵。用簡單的話來說，基督教會的「教會觀」會塑造她的「世界觀」，然後她的「世界觀」又會形成她的「宣教觀」，最後她的「宣教觀」又會影響並重新塑造她的「教會觀」。〈公共神學的興起及其對台灣處境的關連性〉，二〇一一年十一月十五日台南神學院新樓講座。

有顯赫的家世，因教會推動教育之故，他們的後代大多接受現代西式教育。雖然基督徒在當時是極少數的一群，但基督徒知識菁英在日治時期所佔的比例偏高，[2]這批人成為台灣在二十世紀早期極少數社會菁英，其後代逐漸形成台灣社會現代西化的教會文化。長老教會對於台灣傳統宗教的「除魅」、心靈改造與親西方價值觀的強化，也逐漸擴大影響力，表現在新興的台灣中產階級信徒身上。

像這樣對於傳統宗教的「除魅」、心靈改造與親西方價值觀的強化，經過了一百五十多年之後，到二十一世紀的現在，也依然是長老教會面對台灣在地宗教信仰的主流態度。我曾經在三十多年前在長老會受洗皈依成為基督徒，多年來感受到台灣社會不同的階級，對於多元的宗教信仰的相拼與共生的張力與活力。這是本書之所以包含不同台灣宗教信仰文化的主要緣由。

正如宗教歷史學者林富士曾感慨，我們終究不是遊牧的部落或異鄉人，不該在鄉愁的思緒與心情下度過一生。[3]我在求學過程中，直到大學階段才開始警覺到學校教育對於民間宗教文化的歧視。自一九七〇年代到一九八〇年代所接受的學校教育，讓我和多數台灣學子一樣，成為民間宗教文化的「異鄉人」。即使到最近在大學相關課程上與學生討論時，有不少大學部與碩士班二十歲到五十歲的世代表示，在國小和中學時期校方對於民間信仰依然充滿歧視，影響他們到現在。

我個人一直到接觸基督宗教信仰後，才真正遇到和台灣傳統信

2　吳文星指出，在一九一〇年代台人教徒佔不到總人口的百分之一，但是醫學校畢業生有1/4是教徒子弟。詳見《日治時期臺灣的社會領導階層》，台北：五南，2008，頁125-127。

3　林富士，《孤魂與鬼雄的世界：北台灣的厲鬼信仰》，新北市政府文化局，2003，頁233。

仰文化之間價值觀的衝突。感謝初步的基督宗教神學訓練，打開了我透過基督宗教去看待宗教經典、宗教歷史傳統、宗教體驗以及宗教現象的入門。我拒絕了基督宗教的「神聖」是唯一而絕對的，其他宗教的信仰則是「人的產物」的雙重標準。畢竟我不是生來就是基督徒，在我成為基督徒之前，有超過二十年的時間，我和家人生活在拜祖先和民間信仰慣俗的祭祀圈。

那些過往的記憶不會因為我成為基督徒，而變成今是昨非。那些曾經庇佑我長大的祖先與神明，也不會因為我成為基督徒，就變成邪靈，祖先更不會因為沒信上帝，就必須成為「有罪」的異教徒，但當時我還沒有這樣的信仰智慧，只是不希望過去的信仰文化被所皈依的「一神」信仰給霸凌了。基督宗教所帶給我的信仰文化體驗，和民間信仰的信仰文化體驗並不一樣，但卻有相似與相通之處，既然如此，就不是二選一的問題。[4]

就讀台灣神學院哲學宗教系時，我曾參加鄭仰恩老師帶領、以原住民同學為主的學校社團「山友社」，以原住民為主的社團中，讓我深深意識到弱勢族群被打壓與邊緣化的現實。輔仁大學宗教研究所碩士班時期，武金正神父「解放神學」與基督宗教靈修實踐的啟發，林美容老師人類學的田野調查訓練，以及研究伊利亞德對於神聖類型學與非主流宗教的關注，讓我重新和被戒嚴時期學校教育封殺的台灣民間宇宙觀接觸，重新學習母語語境下的民間靈性文化，[5]增加很多底層庶民在宗教體驗上對照的機會。[6]

4　王鏡玲，〈宗教學的思路啟蒙〉，《輔仁宗教研究》第28期，2014年3月，頁4。
5　母語在本書是指包含一個族群的文化、習俗等歷史記憶的語言。
6　王鏡玲，〈宗教學的思路啟蒙〉，頁1-30。

在碩士論文田野所遇到的民間宗教菁英吳忠信老師、黃清龍道長，以及其他民間信仰的專業菁英，讓我體驗到非學院圈的高人，博大精深的華人宗教智慧。

門諾會台北木柵教會作為基督宗教內的信仰團體，曾經在我學生時代對我宛如家人般的照顧，長老教會阮昭明老師的音樂與勞動結合的靈修、陶月梅牧師長期以來和我分享日常生活柴米油鹽中敏銳的信仰反省，以及天主教聖本篤隱修院靈修實踐的啟發，都讓我體會到基督信仰裡孕育於「此時－此地」活生生的實踐神學。芝加哥大學神學院就學期間，Peter Homans老師和余國藩老師對於現代美國宗教學研究與非歐美文化、尤其是華人宗教現象，如何和人文學、人文科學之間互為主體的引導，讓我獲益良多。

一九九〇年代後期在台大哲學研究所博士班期間，在博班學長龔卓軍引介下，參與了余德慧老師在《張老師月刊》的「巫」宗教詮釋的田野，那時我從基督宗教的宗教經驗裡，觀察了長老教會神職人員對於「靈力」的態度，[7]也認識了同樣參與那期「驅魔」專輯、對道教與「巫」宗教有深入研究的許麗玲。許麗玲以及其他探索通靈體驗的友人這十多年來的分享，對我在「巫」現象的理論實踐與體驗上，啟發甚多，也引發我對靈占、巫宗教、「新時代」（New Age）靈性運動的興趣。

從二〇〇〇年完成以伊利亞德「神聖」理論為主題的博士論文

7　王鏡玲，〈奉主之名，我命令邪靈出去──基督教牧師的驅魔智慧〉，《張老師月刊》第227期，1996年11月，頁88-95。

8　王鏡玲，〈神聖的顯現：重構艾良德（Mircea Eliade）宗教學方法論〉，臺灣大學哲研究所博士論文（2000年）。那時按照指導教授關永中老師的建議，使用「艾良德」的中譯。目前學界通稱為「伊利亞德」，故本書內文使用「伊利亞德」的中譯。

後，[8]我曾參與余德慧老師所主持的宗教詮釋與「人文療癒」相關研究社群到二○一○年。撰寫陳明才的儀式劇場期間（二○○五年至二○○七年），受到鍾明德老師在當代儀式劇場與跨文化神聖體驗之間的諸多啟發。此外，二○一二年在宗教研究學者蔡怡佳引介下，參加余舜德先生所主持的「身體經驗研究群」，再加上在宗教研究學者李世偉和林美容老師引介下，參加二○一二年到二○一四年花蓮勝安宮的王母研討會。上述這些跨領域宗教現象詮釋的研究交流，啟發我逐漸地發展出對宗教現象詮釋的書寫方式。

另一方面，我從民間普渡慶典和當代藝術的表現中，看到庶民與文化菁英其文化資本所銘刻的生命美學，展現出「由外而內」的「狂歡型」「我」⟷「我們」⟷「忘我」的普渡慶典身體感。這十多年之間因為研究當代視覺藝術與宗教象徵的關係，藝術家黃進河和邱武德對於非中產階級、庶民台語族群多面向的生命力引介，[9]讓我從普渡、神誕、喜喪儀式等民間慶典現場，去接觸種種普羅大眾活生生的「藝術總動員」。

慶典的高潮正如看戲的高潮，可以是歡聲雷動的狂歡，也可以是鴉雀無聲的讚嘆。[10]從長期對於舞蹈家林麗珍與無垢舞蹈劇場「空緩」劇場意境的探索，[11]以及幾度蘆洲湧蓮寺看中元普渡放水燈的祭儀裡，發現到「由內而外」的「空緩」肉身體驗。引發我撰寫本書中菜市場裡的淡水龍山寺普渡儀式，以及台灣中南部海邊的普

9　詳見〈形可形，非常形——黃進河的視覺美學〉，《慶典美學》，頁28-73。邱武德，《金光啟示錄》，發言權，2010。

10　PeterBrook著，耿一偉譯，《空的空間》（The Empty Space），國家表演藝術中心，2008，頁59。

11　詳見〈非緩之緩，非空之空—無垢舞蹈劇場的美學身影〉，《慶典美學》，頁186-219。

化儀式，展現了「空緩」、「擁擠」、「即興」的在地多元儀式空間特色之外，還包含提醒我母語逐漸消逝的警覺，[12]以及成為弱勢的老年世代（尤其婦女），在不得不緩慢的生理受限下，在病痛與死亡考驗下，對於生命救度的盼望與想像。

「通靈」現象的田野

引導我將階級、世代、性別的因素放入宗教現象探索的，是我近年來因緣際會地投入了通靈現象的田野。在二〇〇九年初我因為膝蓋爬坡酸痛、胸悶、經常頭昏、呼吸困難，接受了親戚陳師傅（四姨的外孫）的推拿整復治療。在接受筋骨推拿整復的治療之後，我學習到如何透過非藥物、簡單而持續的身體不同部位的運動──調整呼吸、拍打與按摩身體，體驗到「無產階級」式的素樸養生術的可貴，以及個體小宇宙和大自然宇宙能量的呼應關係，有別於目前養生流行產業的消費文化。

在一開始密集的推拿治療的半年期間，我遇到了來推拿治療的各行各業客人，有些是具有通靈體質的民間信仰者。後來因為陳師傅的妻子精神稍有異狀，經資深通靈者指點是祖源與靈界的干擾，這對夫妻開始積極投身通靈修行之路，化危機為轉機，逐漸建立自身通靈養生的訓練模式。我也在他們的引介下，認識了其他不同民間新興宗教派門的通靈者，曾來接受推拿調理的一間新北市三重區主祀天山老母宮壇的母娘乩身天山師姐，以及曾經引導過陳師傅夫婦靈修的新北市新莊區主祀觀音菩薩宮壇的妙妙師姐，成為本書主

12　最近幾年發現生活週遭使用母語者越來越少，課堂上遇到的來自大台北地區的大學生和研究生，很少使用母語交談。

要的通靈現象田野資料來源。這些宗教現象發生我的生活之中，都共屬於台灣多元宗教的日常生活脈絡之內。

對於民間儀式現場的探究，正好可以讓彷彿「異鄉人」的研究者，以另一種因為被迫疏離而產生的「新」視野，重新來探討他／她原先所處身的在地文化現象。「異鄉人」也正可以從不得不變成「異鄉」的立場，轉化為重新啟動的眼光。這樣的詮釋視野的關鍵，不在於宗教人（insider）與非宗教人（outsider）之間的區分，而是宗教人自身，如何從共同神聖經驗的感通，去找尋跨越單一宗教之外的詮釋位置。[13]雖不屬於通靈和普渡儀式展演的信仰者，但參與一場又一場通靈展演的氛圍下，身體感官產生有別於一般日常生活的體驗，也跨越了不同宗教傳統在儀式執行時的差異性，進入神聖力量難以測度的面貌。

二〇一二年八月到二〇一三年一月之間，我向真理大學宗教系申請留職停薪，讓我得以去蒐集幾年來因為繁重教學工作，斷斷續續進行的相關研究資料。田野體驗除了普渡儀式的參與與相關訪談之外，包含前往淡水清水街市場中的龍山寺，參加農曆初一、十五的誦經團體驗，以及參與新莊聖德宮兩次到中南部海邊普化儀式與相關訪談的機會，都是在這段跳脫上課教學作息之外的「神聖時間」。有了跳脫日常勞動作息的體驗，更讓我深深意識到，何以只有退休的老年人、自由業或沒固定職業者、脫離學校的青少年，可以成為民間宗教儀式的常客。通靈儀式往往有別於制式化的勞動時

---

13   參見武金正，〈從哲學觀點論宗教和神學相關問題〉，《輔仁宗教研究》第5期，2002年6月，頁139-178。王鏡玲，〈宗教學的思路啟蒙〉，《輔仁宗教研究》第28期，2014年3月，頁1-30。

間規律，回到機動的、散裝的、不按牌理出牌的儀式時間密集性，讓習慣於勞動作息的宗教人，被迫進入異質的肉體與意志力的考驗。

宗教因為聖界的無限與人類的有限，總是包含一體兩面的辯證：「凝聚」與「拒斥」；犧牲自我來成全他者，與犧牲他者來成全自我；殘暴與慈悲；引退無名與消滅他者…等等特性。[14]由這些特性所交織出來的聖界，作為有限的人類，只能透過「拼裝」來捕捉，卻無法掌握神聖的整體，只能在不斷拼裝中，觸摸到無限，以及拼裝極致之後的缺憾與下一輪再現的等候。

各章簡介：[15]

第一章 │ 非日常生活的宗教現象

首先，從台灣「去宗教」的人文教育所造成的影響，來反思台灣政府長期因為政治力的控制，在學校教育的打壓與歧視，造成在地民間信仰在宗教人才上的斷層。如此一來，導致了無法在學校正規教育下，傳承民間文化所蘊含的歷史記憶、宇宙觀和信仰慣習等知識體系。再者，探討本書主要的宗教經驗主軸─通靈現象的勾勒。本章指出外在性與內在性的聖界感應與想像的雙重性，通靈者

14　參見Karen Armstrong著，蔡昌雄譯，《神的歷史》（A History of God），台北：立緒，1997，頁6-11。

15　這本書書名的原本只想取為「分別為聖──台灣當代宗教現象探索」。但記取第一本書出版時，只寫「慶典美學」，未寫副標題：宗教意象與台灣當代藝術，不知哪個環節出錯，竟然被國家出版品預行編目（CIP）分到民俗、風俗，誤差甚大。所以這次書名加入各章重點：「長老教會‧普渡‧通靈象徵」。

藉帝王式權力階序的聖界所肯定，透過通靈展演和轉世神話劇的角色扮演，企圖化解苦難來源的威脅，讓無力改變現狀的個人，找到暫時的寄託。此外，本章也指出家族象徵如何在農業轉型工業社會，難以維持傳統家族共同體，必須透過對於祖源家族成員的救度，來彌補越來越式微的父系家族凝聚力，以及簡述中老年婦女如何藉由通靈儀式過程的參與來找到自我肯定。

第二章 | 「神聖」的轉化——長老教會在台灣的「本土化」

探討基督長老教會在非基督宗教的台灣文化中的「本土化」，如何反映了當代社會中一神信仰在多元宗教實況下「神聖」詮釋的轉化。本章分三部分：第一部分探討長老教會對台灣傳統宗教信仰的「除魅」，以及如何形塑新宗教文化。第二部分從李春生的「本土化」神學、「實況化」神學和宗教神學，來闡述長老教會如何對在地宗教文化的「神聖」進行詮釋與轉化。第三部分探討長老教會所包含的靈性體驗之間的差異。從「敬拜讚美」與靈力展演、長老教會的「趕鬼」、以及「拜祖先」等宗教現象，來闡釋長老教會本土化過程，與在地的神聖力量之間的衝突與轉化。本章曾發表在《臺灣宗教研究》第15卷第1期（2016年6月）。

第三章 | 菜市場裡的靈光——淡水龍山寺普渡儀式

探討鑲嵌在個人日常生活脈絡裡，經常買菜路過的菜市場裡的迷你古蹟—淡水龍山寺，如何在擁擠吵雜的環境下，塑造出一個「蕭穆卻動感」的儀式時空。在這場儀式時空裡，如何以民間佛教的儀式節奏與聲音展演，開顯出對苦難的救贖儀式象徵的美感，以及流露出老年肉身的宗教人，在老邁生理受限下的現實張力。本章

改寫自〈「肉身空間」的顯現——淡水龍山寺普渡祭儀初探〉，曾發表在《輔仁宗教研究》第26期（2013年3月），頁25-61。

第四章 | 能量的戰場——海邊「普化」儀式探討

　　闡述台灣民間通靈信仰的宗教人，到台灣全島東西南北中的五方，舉行海邊普化儀式，藉此來救度生活在台灣這個共同體中過世與活著的苦難者。這群民間通靈者透過大海的廣闊力量，匯聚更多受苦難、待救度的人與非人的眾生／「靈」，透過通靈儀式的燒化過程，來轉換信徒放置在法船中的各式祭物：例如事前的「開文」、具醫治與飽足的各類普化祭物。透過「水路」的象徵性協助，請待救度的靈界搭乘法船，在海邊燒化。藉此將待救度的靈界送往提升靈性的修行之處，以達到恩怨和解，帶來解脫的契機。整場儀式也包含即興的靈動，充滿靈性能量戰場的戲劇張力。本章改寫自〈救度靈界——海邊普化儀式的現象描述〉，曾發表在《輔仁宗教研究》第30期（2015年3月），頁25-62。

第五章 | 神話口述與通靈象徵——「天山老母」女乩現象

　　主要分成以下面向來探討：一、作為草根宗教菁英的女乩如何透過母語具體生活化、切身性的口述，來表達抽象、形而上的神聖力量。二、女乩如何展現民間通靈象徵體系的意涵：例如「陰陽合一」的聖界、「超自然」界的鬥法與合作、以及靈乩和傳統民間「輪迴」和「冤親債主」等宗教理念之間的連結。三、女乩如何以「人格神」的神話與靈力運作，展現文化象徵與女乩個人權力意志的結合，凸顯弱勢階層宗教人的自我肯定。四、透過進香會靈儀式現象來探討個別通靈者如何透過肢體象徵與神聖力量之間互動，展現出

不同於日常慣性的情感與身分。此外，本章闡述「天山老母」女乩現象如何在儀式展演中一方面暫時跳脫父權消費社會的意識型態，另一方面依舊受到現實社會的壓抑，儀式展演的切身性、實用性與功利性，凸顯了弱勢階層宗教人的危機意識。

　　本章改寫自以下三篇文章：〈神聖的顯現——母神、家族象徵、靈界〉，《哲學與文化》第41卷第10期（2014年10月），頁33-57。〈神話口述與通靈象徵—「天山老母」女乩現象研究〉，《臺灣宗教研究》第14卷2期（2015年12月），頁65-93。〈通靈展演現象——以「天山老母」進香會靈儀式為例〉，《新世紀宗教研究》第14卷第3期（2016年3月），頁67-98。

第六章 │ 分別為聖——解放還是壓抑？

　　本章一開始反思長老教會與台灣多元宗教文化主體性的關係。被迫共存，害怕被併吞，是多元宗教社會裡作為弱勢宗教團體自保的心態，但是社會資源較豐富的宗教團體，能夠進一步地和其他宗教團體分享資源，而不是併吞異己的本位主義，就需要分享資源的胸襟了。再者，從本書的儀式現象裡我們看到，民間佛教和民間神話通靈體系中，個人化的神話與儀式象徵，如何讓過去古老的宗教象徵，從歷史「知識」變成共時性的慾望符號，以及探討這些宗教象徵所包含的文化記憶與意識型態。逐漸式微的傳統宗教象徵，在現今蓬勃的通靈信仰運動中，如何找到和強勢文化拼裝混搭的生命力。但是母語的宗教象徵面臨式微，通靈宗教現象所具有的順服權威與逃避現實，是否有新的時代精神的轉化，值得關注。最後，我提到靈性能量是否有可能在「親情化」和「父權階序化」之外，展現宗教人個體內在體驗的可能性，以及所面臨的限制。

第一章

非日常生活的
宗教現象

式微的傳統民間文化象徵體系，不再是被重
視的日常生活中的宗教經驗，而是被知識菁
英邊緣化、歧視，卻又是大家必須參與，去
面對生死、面對現實考驗的「非日常」宗教
現象。

「去宗教」的人文教育

　　瞭解一個人的存在處境，應知道這一切的對應關係，都是經驗性的，而非只是概念。[1]宗教人相信有一個絕對的真實，被視為「神聖」，超越了人的世界，又是人所安頓的世界。[2]伊利亞德（Mircea Eliade）發現只有在西方現代社會，「非宗教人」才發展得如此徹底。伊利亞德的觀點對應到台灣的現況，我們可以發現不一樣的多元性。不少台灣知識菁英對於超自然的態度是多元的，或者游離的。逢年過節回到故鄉祖厝拜祖先，在學術場合宣稱「無神論者」；聽到某些宗教研究者提到自身的宗教體驗時感到驚訝，甚至略帶歧視，似乎認為對方從科學理性改宗「退回」到反動保守的非理性陣營。這樣的心態反映了當代知識菁英面對自身文化傳統，以及學術訓練的價值觀或意識型態之間，還存在著複雜的磨和與轉化張力。

　　某些台灣人文科學研究者去研究非自己宗教信仰的宗教現象時，把自身的信仰藏在理論背後，彷彿自己不屬於任何文化共同體的隱形人，以便宣稱自己是理論上的「客觀中立」。弔詭地是，明明是做以台灣為主的宗教研究，但總是要把宗教現象披掛一件又一件強勢文化的名牌理論，或者以「全球化」、「後現代」的理論拼裝大雜燴，或者宣稱活在「無君父」、「無家國」的理論普遍性之下，讓讀者忘了被壓在這些理論金鐘罩底下，貌似獨步天下的理性個人之

1　　伊利亞德（Mircea Eliade）著，楊素娥譯，《聖與俗》（The Sacred and the Profane），台北：桂冠，2001，頁206。
2　　同上書，頁241。

內，難以脫離、卻被遺忘、難以說出口的「文化母體」。自身的階級、族群、宗教信仰、甚至年齡世代的立場，經常被選擇性地隱藏。我們這些研究者接受強勢文化理論的訓練，但強勢理論的傳承也正是我們要回過來透過自身所研究、所生活的文化母體，找出會通與轉化的契機所在。

大部分的學者們使用國家的經費補助，沿用父姓，接收家族財產，母語表達能力早已退化、甚至無法以母語交談。討論學術時，總要夾雜幾句或整串強勢外語（尤其是英語），偶而加幾句母語（尤其是台語）來找尋認同或製造笑料。這個難以說出的文化母體就是作為人存在處境的「自我」，由屬於自身的族群、世代、性別、階級…等等，共同體的利害得失所匯聚而成的主體。這個主體必須面對那些想以「民粹」、以「國族主義」的標籤來矮化與歧視的存在處境，這個主體必須面對仍以英文霸權為主的理論叢林，來冒充「客觀性」而不想面對文化主體的被殖民自卑心態。

「宗教人」在台灣這樣多元宗教的社會裡，從來就不屬於單一宗教絕對真實的文化現況。反一神信仰的西方當代思潮的無神論者，曾經把完全剔除「神聖」視為人奪回主體的勝利，但在台灣社會對宗教的態度卻不是如此。台灣社會在日本統治時期，一方面以現代化來剔除台灣固有的宗教傳統，[3]另一方面引進日本人的宗教，並對十九世紀末日治時期進入台灣的基督宗教，保持合作與控制的態度。

日本透過學校教育弱化台灣人對於傳統宗教的認同，引進現代科學與西方知識的世界觀，讓傳統信仰以超自然聖界來解釋自然與

3　鄭仰恩，《定根本土的台灣基督教》，台南：人光，2005，頁167-168。

生命安危的世界觀被「除魅」。台灣傳統宗教信仰慣俗的世界觀，受到大環境的日治時期宗教政策的打壓，以及當時受現代西方知識訓練的台灣菁英，例如「台灣文化協會」的抨擊。[4]一九四九年之後，從中國流亡到台灣的國民政府，曾以外來統治者的心態，繼續歧視在地的傳統宗教信仰。

　　社會學學者瞿海源曾提出台灣現代教育是以「世俗人文主義」為根本精神，[5]不鼓勵宗教，並以破除傳統「迷信」，以政教分離之名，卻對宗教帶有敵意。[6]研究台灣民間信仰的學者焦大衛（David Jordan）也指出台灣公立學校教育的反宗教、反傳統精神（anti-traditionalist）立場。[7]但這兩位學者並沒有進一步指出，打壓台灣在地宗教傳統背後，並不像西方社會擺脫傳統基督宗教控制的政權爭奪戰。當代人文教育把透過神話與宗教儀式，所表達對未知世界的恐懼與敬畏，轉換成現代科學理性。[8]

4　蔡相煇，〈近代化與臺灣的民間信仰〉，《臺灣文獻》第51卷第2期，2000年6月，頁231-244。

5　瞿海源，〈宗教與術數態度和行為的變遷（1985-2005）：檢驗世俗化的影響〉，收錄在《台灣的社會變遷1985-2005：心理價值與宗教》，台北：中央研究院社會所，2012，頁246、頁248、頁261。我不使用「世俗化」理論來詮釋台灣宗教現象，相對於台灣現代學校教育的意識型態，使用「去宗教化」的人文教育會比「世俗化」更適合台灣脈絡。台灣的學校教育並未像現代基督宗教文化的國家，曾經深受教會權威所控制。

6　詳見戒嚴時期的報紙對於中元普渡等同迷信、神棍斂財的污名化、甚至禁放水燈、禁開鬼門新聞報導（一九五七、一九五八年自立晚報中元普渡的新聞）。

7　焦大衛（David Jordon），〈Changes in Postwar Taiwan and Their Impact on the Popular Practice of Religion〉，收錄在《Cultural change in Postwar Taiwan》，Stevan Harrell、Huang Chun-chieh主編，台北：南天，1994，頁150。

8　詳見馬克・霍克海默（Max Horkheimer）與提奧多・阿多諾（Theodor W. Adorno）合著，林宏濤譯，〈啟蒙的概念〉，《啟蒙的辯證：哲學的片簡》（Dialektik der Aufklärung: Philosophische Fragmente），台北：商周，2008。余德慧，〈心靈史的救濟〉，卡羅斯・卡斯塔尼達（Carlos Castaneda）著，魯宓譯，《巫士唐望的世界》（Journey to Ixtlan: The Lessons of Don Juan），台北：張老師文化，2001，頁4-20。

台灣的國民黨政府在戒嚴時期雖然控制台灣的宗教，但是宗教並沒有因為學校教育的打壓與歧視而衰微。受影響的是受更高教育者、擁有更多文化資本者投入傳統宗教的人口急遽下降，以致於傳統宗教面對新舊社會結構變遷時，在資本主義和工業社會傳承宗教人文精神的人才斷層。[9]再加上學校教育與政府所制訂的西式週六日勞動休假的作息，讓以農曆為主的傳統民間信仰與慣俗節慶受到嚴重的打擊，以致於能夠參加宗教活動的信徒，往往是無須固定勞動時間的老年人、婦女，以及非固定上班時間的勞動者，青少年的參與者則往往演變成以脫離學校教育者為主。

　　台灣民間信仰也一直到解嚴（一九八七年）之後，政治管制的威權不再，民間信仰活動因為信者眾多，迅速回復生機。不過，因為官方長期受到美日殖民勢力的影響，以及被國民黨外省統治集團與反傳統宗教的知識菁英掌控之故，讓人口雖居底層多數、以母語為主的民間宗教文化體系——例如詩詞、視覺藝術（彩繪、雕刻、刺繡）、曲藝（北管、南管、武館）、劇場（布袋戲、歌仔戲、傀儡戲、講古），多年來遭受打壓，變成相對弱勢。這些傳統藝術喪失長久累積的文化資本，[10]導致無法在學校正規教育下，傳承民間文化所蘊含的歷史記憶、宇宙觀和信仰慣習等知識體系，迄今仍艱辛地找尋傳承給下一輪世代的契機。這些式微的傳統民間文化象徵體系，不再是被重視的日常生活中的宗教經驗，而是被知識菁英邊

9　　貝爾（Daniel Bell）著，王宏周、高銛、魏章玲譯，《後工業社會的來臨》（The Coming of Post-Industrial Society），台北：桂冠，1995，頁7-19。

10　　參見，許嘉猷，《藝術之眼：布爾迪厄的藝術社會學理論及其在台灣之量化與質化研究》台北：唐山，2011，頁21-25。

緣化、歧視，卻又是大家必須參與，去面對生死、面對現實考驗的「非日常」宗教現象。

非日常生活的宗教經驗──「通靈」現象[11]

「通靈」體驗範圍廣泛，從古老希臘酒神戴奧尼索斯（Dionysus）的神話祭儀[12]、基督宗教《新約聖經·使徒行傳》裡的聖靈充滿[13]、《山海經·大荒西經》裡通天的巫群，[14]到現代新興宗教的靈性復興運動[15]、基督宗教的靈恩運動[16]、以及台灣當代的靈乩風潮[17]⋯等等，在本書中是指人有意識或無意識地與自身所感應的神聖力量之間的互動。面對宗教現象相當核心的通靈體驗，如何詮釋就構成不同研究派門的特色。我選擇用「通靈」的漢字，而不使用「神秘主義」／「密（冥）契主義」（mysticism）[18]、

11　本節改寫自王鏡玲，〈神聖的顯現──母神、家族象徵、靈界〉，《哲學與文化》第41卷第10期，2014年10月，頁33-39。

12　伊利亞德（Mircea Eliade）著，吳靜宜、陳錦書譯，《世界宗教理念史（卷一）：從石器時代到埃勒烏西斯神祕宗教》（Histoire des croyances et des idées religieuses I: De l'âge de la pierre aux mystères d'Eleusis），台北：商周，2001，頁389-390。

13　《新約聖經·使徒行傳》（二 4，四 8、31，六 3，七 55，九 17，十一 24，十三 9、52）、艾倫伯格（Henri Ellenberger）著，劉絜愷、吳佳璇、郭惠文、廖定烈譯，《發現無意識（I）動力精神學的源流》（The Discovery of the Unconscious: The History and Evolution of Dynamic Psychiatry），台北：遠流，2003，第一章。

14　《山海經·大荒西經》：「大荒之中，有山名曰豐沮玉門，日月所入。有靈山，巫咸、巫即、巫盼、巫彭、巫姑、巫真、巫禮、巫抵、巫謝、巫羅十巫，從此升降，百藥爰在。」

15　I.M.Lewis. *Ecstatic Religion: A Study of Shamanism and Spirit Possession.* London: Routledge, 2003.

16　石素英主編，《基督宗教與靈恩運動論文集》，台北：永望，2012。石素英主編，《穿越傳統的激烈神聖會遇──台灣基督長老教會靈恩運動訪談紀錄》，台北：永望，2012。

17　丁仁傑，《當代漢人民眾宗教研究：論述、認同與社會再生產》，台北：聯經，2009。

18　W. T. Stace著，《冥契主義與哲學》（Mysticism and Philosophy）楊儒賓譯，台北：正中書局，1998。

或「薩滿信仰」（Shamanism）等等字詞，這些翻譯的字詞背後，都有其原先宗教傳統的特殊性，和台灣民間通靈現象之間有關連但不等同。「通」具有宗教人「去感通…」、傳達、通曉、以及雙向往來交換之意，不同於從「神聖」界的角度，去詮釋如何透過人、事、時、地、物來展現的「顯聖」。[19]

研究諾斯替宗教（gnostic religion）的代表學者約納斯（Hans Jonas）曾指出，在諾斯替宗教的「靈知」（gnosis），包含對於超自然、「神」的知識，這樣的知識不只是理性的思辨，還包含參與拯救的奧秘、包含信者對於「神聖」體系承擔任務的實踐面。[20]本書所探討的普渡儀式／海邊普化儀式、以及通靈宗教體驗，也將站在這樣的宗教知識的視野上，一方面關注於宗教人如何體現神聖對象及其所包含的信仰象徵體系；另一方面也關注宗教人的通靈體驗，如何救度宗教人自身、以及反映所處身的社會現實。

不同的族群、階級、性別、世代，多少強弱勢文化體系的衝突鬥爭，在時空演變過程裡，不斷改寫聖界的系譜與版圖，而聖界也一再展現其多樣性與相對性，來對照人將自我中心絕對化的霸權。台灣漢人宗教的神靈世界不斷融合拼裝歷代以來儒、釋、道、巫的權力階序（hierarchy）的神譜，再加入宇宙生成的氣化論，以及自從一九八〇年代後引進的各種新時代運動（New Age Movement）風潮的新靈性類別，構成多元並蓄的顯聖生發場域。[21]宗教社會學家

---

19   Mircea Eliade. *Patterns in Comparative Religion*. Trans. by R. Sheed. New York: Sheed & Ward, 1958, xii.
20   約納斯（Hans Jonas）著，張新樟譯，《諾斯替宗教：異鄉神的信息與基.督教的開端》（The Gnostic Religion: The Message of the Alien God and the Beginnings of Christianity），台北：道風書社，2003，頁45-46。

丁仁傑稱自一九八○年代之後在台灣蓬勃發展的靈性運動為「集體性起乩活動」，並認為這項運動跨越了特定宗教組織教派，形成特殊修行體系。消除個人負面因果、與個人所屬靈脈連結，進而獲得現世的圓滿與終極救贖。[22]雖然被視為集體性起乩，但是通靈經驗當中的個人特殊性，例如性別、階級與世代差異，仍然是值得關注的焦點，這是我希望從社會學家的集體現象分析之外，去探索更多宗教人自身在通靈展演中，對待神靈與超自然力量之間自我表現的面貌。

「通靈」在本書是指主體感通到與自身更內在或更超越的「能量場」，可因其所感通的內容，而稱為「能量體」，可以以人格意志的「他者」能量場現身，或是以非人格的「他界」能量形式現身。並因為感應到這樣的能量場，而導致宗教人在面對生命困境、挑戰或考驗時，具有承擔的意志力，企圖活出有別於原先的生存狀態。透過肉體的感官知覺與行動表現，以及個體與其所處身的共同體（家庭、族群、信仰團體⋯等等）之間的認同關係，來作為「通靈」的外顯現象。

「通靈」一方面是指通靈者感應自身所擁有的、或可接收到的至大無外的「大宇宙」、「天」、「地」、「自然」、「神靈」的意識、

21　Lewis, I. M. "Foreword," *Ecstatic Religion: A Study of Shamanism and Spirit Possession.* 3rd ed. London: Routledge, 2003. 參見陳家倫，〈臺灣新時代團體的網絡連結〉，《臺灣社會學刊》第36期，2006年6月，頁109-165；林美容、李峰銘，〈臺灣通靈現象的發展脈絡：當代臺灣本土靈性運動試探〉，《思與言》第53卷第3期，2015年9月，頁5-46。

22　丁仁傑，《當代漢人民眾宗教研究：論述、認同與社會再生產》，台北：聯經，2009，頁112。蔡怡佳，〈從身體感研究取向探討臺灣基督教與民間宗教信徒之感通經驗〉，《考古人類學刊》第77期，2012，頁79-82。

意志或能量，以及與萬物有靈的靈力相通。另一方面「通靈」可以至小無內，從日常生活最根本的一呼一吸，從感官體驗、身體器官、經絡穴位裡氣的流通循環，去感受自身微觀小宇宙到浩瀚大宇宙的氣動／靈動的生剋、通順或阻礙。

通靈現象可以是來自傳統單一宗教所表現的理念與儀式行為，例如和祖源（祖靈）之間「靈」（魂）秩序的調和與否；也可以是以漢人宇宙觀吸納其他跨宗教靈性象徵的拼裝混體，兼具在地宗教信仰和物質文化相結合，例如本書的長老教會的基督教式「趕鬼」現象、以及海邊普化儀式現象。「靈」的價值定位的尊卑高低、善惡好壞，並非超越文化象徵體系之外的玄學，反而是當我們更深入不同的特定文化象徵體系（階級、族群、性別、世代）意識型態時，發掘到人性如何透過文化象徵的時代與地域特性，展現出壓迫與解放的辯證關係。

現今學者的研究上，不管是鄭志明所提出的「多重至上神觀」[23]、呂理政所提「多重宇宙認知」[24]、還是渡邊欣雄用的諸神「聯合國」[25]，通靈者所供奉與感通的對象，隨著台灣移民社會的生存需求，因應不同時期被清帝國、日本、國民政府的政治力控制，不斷混裝民間佛教、道教、外來宗教信仰、原住民在地信仰，加上原先以家族共同體為主的拜祖先與慣俗禁忌，以及各新興的通靈團體

23　鄭志明，《台灣傳統信仰的鬼神崇拜》，台北：大元，2005，頁73-96。

24　呂理政，《天、人、社會：試論中國傳統的宇宙論知模型》，中央研究院民族學研究所專刊，1990，頁9-20。

25　渡邊欣雄著，周星譯，《漢族的民俗宗教：社會人類學的研究》，台北：地景，2000，頁11-29。

的諸聖界，不斷增加擴編、跨越原先漢人傳統宗教史的聖界範圍。

通靈者的聖界包含神佛的世界、祖源的世界、以及其他的靈界（或者被命名為有情眾生、孤魂野鬼、冤親債主、非人類的動物靈⋯等等）。在多神信仰系譜裡，按照儀式現場的目的而有不同聖界的臨在。就以母神為主的通靈儀式現象來看，不管是本書第四章以觀音菩薩和九天玄女為主的通靈者到海邊進行的普化儀式，還是本書第五章以母娘為主的信仰者，到花蓮勝安宮進香會靈的通靈展演，通靈者對聖界分工的系譜，除了過去一般民間舊慣習俗裡的玉皇上帝神權階序體系、佛教、道教神譜的聖界之外，連結更多個人感應為主的「通靈」神話版本。

除了聖界「多元」的集體特質之外，還包括人與「靈」關係的「個別化」。過去被以男性宗教祭司（道士、法師、童乩）所主導【26】、以制度性的儀式來祭拜聖界的信仰文化，在通靈信仰強調個體和聖界感通的模式較為普遍之後，「個體化」的人與聖界關係，以及母性的靈力表現，逐漸成為通靈現象趨勢，而不只是依賴單一宮廟宗教祭司來傳授神意。通靈者各自發展和所親近的聖界相感通，遊走不同地域的宮壇與通靈團體之間。聖界不再只是高高在上、需要中介來傳達旨意，而是可以像親子／女關係、師徒一般，成為通靈者修行的無形靈師團隊。【27】

諾伊曼（Erich Neumann）指出在心理學上，個體所感受到這種

---

26   參見本書第三章〈菜市場裡的靈光——淡水龍山寺普渡儀式〉。

27   丁仁傑，第二章〈民間信仰的當代適應與重整：會靈山現象的例子〉。參見周序晴，《仙朵拉的靈修日記》，高雄：寶悟同修會，2011。參見本書第四章和第五章宮壇住持如何被神明揀選。

動力是強迫性的，[28]正如伊利亞德所言的，神聖顯現自身，讓宗教人感應到這樣的動能。[29]「靈」不只是他界，而是透過「我」的主體去感應，「靈」包含外在性與內在性。首先就外在性而言，對於顯聖形式與靈力運作的象徵系統，充分表現了當今社會中，物質世界雖已深受現代西化文明所影響，但是神靈世界仍以華人帝王權力階層的運作模式，藉由和現實世界的距離感，來凸顯人對於古老、崇高、難以測度的「外在性」的敬畏與崇拜。對於這些聖界崇高的敬畏，以古代帝制官將權力的象徵，透過民間戲曲的劇場展演，來獲得其他信徒在宗教象徵體系上的理解與認同，例如「接旨令」、「領令旗」、「賜寶劍」、「領金印」、「安營」…等等。這樣的「時間差」──回到古代、回到古老神話根源，讓通靈者在角色扮演上，跳脫現實世界的身分。

其次就「靈」的內在性而言，透過喚起對被壓抑、被遺忘的內在自我的探索，讓個人得以挖掘更深的自我潛意識，得以重新面對眼前難以承擔的身心考驗。這裡牽涉到的是這些通靈者信仰上對於「累世」、「輪迴」信念的想像，以及「靈」在「累世」輪迴中，所承擔的任務完成與否、在「因果」報應束縛下和其他「靈源」／「冤親債主」之間如何解冤釋結…等等個人神話的版本。透過透過內在自我的覺知，在儀式象徵性的交換中，以外顯的身體律動，來合理化通靈角色與個人現實命運的關連。

28　諾伊曼（Erich Neumann）著，李以洪譯，《大母神─原型分析》（Great Mother: An Analysis of the Archetype），北京：東方出版社，1998，頁4-5。

29　Mircea Eliade, *Patterns in Comparative Religion*. Trans. by R. Sheed, New York: Sheed & Ward, 1958. 王鏡玲，〈神聖的顯現：重構艾良德（Mircea Eliade）宗教學方法論〉，臺灣大學哲學研究所博士論文（2000年），第二章〈顯聖與宗教象徵系統〉。

這些透過外在性與內在性的聖界感應與想像的雙重性，一方面將聖界賦予最高人間權力象徵，回過來讓通靈者藉帝王式權力階序的聖界所肯定、以及被賦予使命與任務。個人不再只是面對現實權威或支配者匍伏下拜、卑微低下的「小老百姓」、被社會和大眾媒體邊緣化、甚至歧視的低薪或無業的弱者，而是神話世界裡成為神明任務的執行者。長時間拿刀切滷味、油膩殘漬依舊的手掌，在靈動時變換成蓮花指、劍指、化掌為拳、彷彿神明舞蹈的肢體開展。[30]另一方面，這雙重的外在性與內在性，也透過通靈展演和轉世神話劇的角色扮演，通靈者意識到累世輪迴中曾經生為帝王將相、曾經梟雄亂賊，來對照與補償此生坎坷崎嶇的缺憾。被聖界肯定的滿足感，以及得知現在苦難來自過去因果報應的「公平性」，[31]加上儀式象徵交換——供品的祭拜、符令、「開文」與金紙的燒化等，[32]來企圖化解苦難來源的威脅，讓無力改變現狀的個人，找到暫時的寄託。

家族共同體的音容宛在[33]

「祖源」是現代台灣宗教人在傳統家族共同體衰微之後，依然

30　王鏡玲、蔡怡佳合撰，〈神聖與身體的交遇：從靈動的身體感反思宗教學「神聖」理論〉收錄在《身體感的轉向》，余舜德主編，台北：國立臺灣大學出版中心，2015，頁176-178。

31　焦大衛（David K. Jordan）、歐大年（Daniel L. Overmyer）合著，周育民譯，《飛鸞——中國民間教派面面觀》（The Flying Phoenix: Aspects of Chinese Sectarianism in Taiwan），香港：香港中文大學，2005，第五章。

32　詳見本書第四章〈能量的戰場——海邊「普化」儀式探討〉。

33　本小節局部內容改寫自〈神聖的顯現——母神、家族象徵、靈界〉，《哲學與文化》第41卷第10期，2014年10月，頁41-46。

透過「靈」的共同體、集體文化象徵，繼續影響進入小家庭、個人主義導向的台灣社會。在本書中民間宗教現象部分，以新北市地區信徒為主的研究裡，消逝中的家族共同體音容宛在，依然不斷重返在許多沒有安置祖先牌位、遠離故鄉的中南部移民的記憶深處。台灣社會對於父系血緣家族共同體的認同，往往被視為個體生命永恆續存的實質保證。家族血緣的關係是長期延續而非短暫分合，並不隨著個人的生死而結束。

台灣從「農業」社會進入到「工業」社會之後，許多中南部人離開原本大家族世居的庄頭村落，把祖先牌位留在上一代的故居，移往大都會地區工作並定居。尤其這些來到大台北地區定居的異鄉人，往往因為越來越高不可攀的房價，讓他們無法將在中南部的父母接過來一起住，拜祖先的職責除了逢年過節，也留給老一輩承擔。但是除了極少數改宗成拒拜祖先的外來宗教（例如基督宗教）之外，大部分台灣人仍然沒有跳脫以父系家族為主的養生送死慣俗。活著的人對於家庭或宗族中已去世者的態度，依然複製現實生活尊卑、親疏與責任義務，對於神靈世界的態度，也依然複製父權官僚階序的權力關係與長幼尊卑。

在漢人信仰文化影響下，本書中我所遇到的通靈者們相信，祖源以及家族早夭與非自然死亡者，沒有被後代祭拜、沒有婚姻歸宿、沒有良好安葬…等等祖源的缺憾，以及這些缺憾所伴隨而來的作祟，也被視為家族後代痛苦的重要原因，也成為通靈者修行上的重大考驗。後代子孫難以得知哪一世祖先早夭或無嗣倒房，難以屬算的祖源缺憾和難以測度的現世苦難一樣，再加上大都會的工作地點的高房價壓力，許多旅外移工子女對故鄉父母無法前來同住，心存歉疚，也成為相信祖源受苦而作祟的心理因素之一。[34]

在榮格（C.G. Jung）心理學中「集體」是跨越家庭、族群、性別、世代、階級、個別文化之外的想像共同體，屬於無意識或靈性的整體感，[35]而伯特‧海寧格（Bert Hellinger）的「家族排列」理論裡，則看到「家庭」作為「靈魂」的共同體，有共同的動力，將曾經因為生物性的交配繁衍，所產生血緣和姻親關係，都視為家族共同體的靈魂成員。不管先後生死，都具有命運共同體的歸屬權，彼此的「靈」在生前死後繼續有所關連。這樣的共同體連結，其實也包含父系與母系祖先的連結。現實生活上原先被排除的親人，會以讓後人記起來的方式，找到歸屬的方式，讓父系與母系家族系列和諧。記憶不只是活著的人這一輩子的記憶，還包含過往的家族成員，也被視為靈魂共同體的家族同心圓的一環。[36]

透過補償逝者缺憾的因果關係與權利義務，來達到化解家族成員因逝者作祟而產生的危機感。余德慧團隊曾指出，「巫」宗教並不把受苦意義停留在漢人倫理的監控、就如精神醫療的疾病化診斷，不把意義化約到神聖力量（神、鬼、祖先、命運等等）的掌控。反而藉由重返受苦的「那個」情境，回到那個已經不在了、卻依然還繼續呼喚著返回現場的迫切感。藉由透過與「現在」因果關係共構的重返，來解開過往以來的受苦包袱，這種透過重返到個人因果輪迴的恩怨事件，往往透過儀式性的象徵轉化，來讓個體得以

34　參見許烺光著，王芃、徐隆德合譯，《祖蔭下》（Under Ancestor's Shadow），台北，南天，2001，頁208。

35　卡爾‧榮格（C.G.Jung）主編，龔卓軍譯，《人及其象徵：榮格思想精華》（Man and His Symbols），台北：立緒，1999。

36　伯特‧海寧格（Bert Hellinger）著，霍寶蓮譯，《心靈活泉：海寧格系統排列原理與發展》（No Waves without the Ocean-Experiences and Thoughts），海寧格機構，2009，第三章。

在想像與神話幻見中，面對負債與承擔缺憾。[37]儀式性的象徵轉化讓個別求助者，藉由其他通靈者之助所「合演」的通靈神話事件，讓個體不斷去追尋那些難以解決的受苦源由。

但這樣的想像共同體，原本被視為是血緣家族的統稱，卻因為「輪迴轉世」的非單一血緣家族的信仰要素加進來，讓那些想拯救祖源來消災解厄的人，所面對的祖源變多、甚至變成無限迴圈。在第三章和第四章關於救度靈界的儀式現象裡，我們發現對很多婦女而言，[38]救度不只是夫家和娘家雙方的祖源，還包括個人的累世祖源（名符其實的「幽靈人口」）的救度，讓累世神話劇的祖源變成不斷地擴增的命運鎖鍊，難以完成救度的缺口。這種難以完成的救度任務，難以一勞永逸的不確定性，也正是人生無常的寫照。宗教人被祖源所綁架的負擔，甚至企圖擺脫累世犯錯的罪咎感，轉移了個體面對現實社會裡公共性與結構性的困境。

通靈者常強調以「家族」在世者與過世者的利益為主，強調家族秩序「孝」「悌」的實踐，[39]勝過獨善其身式的個人修行，一方面壓抑構成家族繁衍最關鍵的底盤：性能量的展現，另一方面也忽略了人與其他生命體之間的能量互動關係，甚至將人之外的生命體、自然風水的宇宙能量，加以工具化，來助長以父系家族為主體的權

37　詳見余德慧，《台灣巫宗教的心靈療遇》，台北：心靈工坊，2006；蔡怡佳，〈在非現實母體中悠晃—余德慧的宗教療癒〉，收錄在《余德慧教授紀念學術研討會文集》，臺灣大學心理學系，2012年12月，頁85-101。

38　現代社會越來越多女性就職，年輕女性出現在家族性宗教祭祀活動越來越少，中老年女性成為最主要的人力來源。中老年女性因為停經，也讓她們不再受限於過去將經期女性視為污穢的禁忌，有更多參與祭儀的機會。

39　羅臥雲，《瑤命皈盤》，台東：慈惠堂寶華山翻印，2008。

力慾望。第四章海邊普化儀式中通靈者對於海邊的自然生態，也只是當作協助救度眾生的媒介，尚無法將關心自然生態也納入通靈者的信仰之內。第五章母娘乩天山師姐雖自述有動物靈救度的職責，但尚未將靈性能量的釋放，進入以動物生命體為主的儀式展演。

中老年婦女與移居者

本書所探討的民間信仰儀式現象，因為我個人日常生活人際網絡的關係，以新北市信者為主，淡水、新莊、三重的幾間宮廟為主。這幾間宗教團體的信徒，不再是傳統地緣性信仰圈的結構，而是兼有移居者與原先在地居民。一九五○年代國家政策的工業化發展，國內出現農村人口往大都會遷移，大量中南部的勞動人口移居大台北地區。在需要大量勞動力的工廠分佈區周圍，形成新移居都市外圍的聚落。[40]這些移居大都市的勞動人口，不再是傳統農業社會的勞動方式，而是成為大都會工業與商業的主要勞動力。[41]大量人口進入大都市與其周邊地區，造成這些地區的住宅舊有透天厝建築與新蓋公寓和大樓混居，原先地緣性、地域性的族群信仰圈，也因這些新舊住民的遷移而變動。[42]新莊和三重宮壇的信者，大致屬於北上移居者與原先在地居民都有的體力勞動者。

40　鄭政誠，《三重埔的社會變遷》，台北：臺灣學生，1996，頁97-102。

41　夏鑄九，《台灣的社會問題》，台北：巨流，2002，第四章：都市問題，頁120-121。李健次，〈地方性在現代性衝擊之下的轉變—以蘆洲市信仰為例〉，臺灣師範大學地理學系碩士論文（2007年），第三章：外在環境對寺廟的衝擊與影響。

42　參見中選會資料庫網站，各縣市歷年選舉人數統計數目；參見張建隆，《尋找老淡水》台北：台北縣立文化中心，1996；鄭政誠，《三重埔的社會變遷》。

從傳統社會轉向工業化社會的變遷過程裡，很多人從家鄉到外地的都會地區謀生，脫離了傳統社會以血緣與地緣因素的職場關係。[43]勞動量大、風險高、職業不穩定、病痛纏身、命運坎坷的人們，往往必須從自身所體驗到的信仰文化肌理，去找尋面對或跳脫現實挫敗的慰藉，將在現實生活中疏離與無能的自我，投射到那些超自然的「聖界」、救苦救難的想像共同體之內。這在I.M. Lewis和Laurel Kendall對於相對弱勢的族群與階級的研究中，同樣可以看到不同區域在基督宗教、海地巫圖信仰（Haitian Vodou）、韓國的巫堂等通靈文化裡，通靈者如何在在現代社會被打壓的逆勢中找尋出路。[44]

再者，中老年婦女以體力勞動者，面對青春的消逝，身體魅力的減弱，在家庭裡工具型「服務」或「奴僕」角色告一段落之後，在面臨無所用、無所事事的「空巢期」時，重新透過宗教發現自己的另一種存在價值。[45]中老年婦女雖然失去父權文化要求下，年輕時性魅力強弱所產生的自信或自卑，但也因而跳脫「女為悅己者容」的既定框架，從被動或主動的異常身體心靈的受苦與考驗，找尋宗教的醫治與解脫。[46]

43　鄭政誠，《三重埔的社會變遷》，頁97-102。

44　我使用「巫圖」信仰，而不用「巫毒」的翻譯。我認為「巫毒」的字詞翻譯有負面的意涵。關於通靈信仰與弱勢族群的研究，參見I.M.Lewis. *Ecstatic Religion: A Study of Shamanism and Spirit Possession*和Laurel Kendal. *Shamans, Nostalgias, and the IMF: South Korean Popular Religion in Motion.* Honolulu: University of Hawaii Press, 2010.

45　關於中老年女性處境與特性的描述，參見西蒙・德・波娃（Simone de Beauvoir）著，陶鐵柱譯，《第二性》（Le Deuxième Sexe），台北：貓頭鷹，2002，頁532-548。

46　I.M. Lewis曾指出女性的邊緣角色，讓她們必須藉由「靈」的感應與附身，來找到對抗自身作為弱勢的力量。特別是在政治與經濟變動的社會結構，從鄉村到都市，靈性運動成

本書第五章天山師姐與其他母神乩身的通靈體驗中，我們看到在母神／母娘的人神關係裡，中老年婦女透過個人與所感應的「神」、以及該團體成員之間，一再想像與共同編織的累世因果「神話」版本的敘說與展演，如何在現實生活中連結與呼應。這些讓已經成為人母、承擔養育後代家庭責任的中老年婦女，在「通靈」的宗教體驗裡，重返「成為女兒」、成為另一種「新自我」的回憶與想像，被更高的聖界神靈所照顧、訓練、獎懲、關懷，被保護。被賦予使命與交託任務的自我肯定，企圖對諸多苦難的人生合理化的解釋。

「通靈」的互為主體性

　　本書的「通靈」體驗，站在儀式現場的宗教人立場探索，通靈的「通」，並不是我們一般以人的理性為主的知識，「通靈」包含「靈」、關於神、關於超自然、關於聖界的知識，是指對於「不可知」奧秘的領悟。[47]「通靈」體驗一方面來自人對聖界主體啟示的感應，另一方面「通靈」的領悟感應並非普遍性的知識，而是針對特定宗教人（個人或團體）具有攸關生死安危的信息與洞察。對神

　　為底層女性的「次文化」運動。詳見 I.M.Lewis. *Ecstatic Religion: A Study of Shamanism and Spirit Possession*，第三章。在呂玫鍰的〈當代媽祖信仰的個人化與宗教性：以白沙屯為例〉，和陳怡君的〈神恩靈力與性別政治：以屏東萬金天主堂為例〉宗教研究中，也看到民間信仰與民間天主教會的靈力與女性的關連。這兩篇文章分別收錄在黃應貴主編，《日常生活中的當代宗教：宗教的個人化與關係性存有》，台北：群學，2015。

47　在此借用與轉化約納斯（Hans Jonas）對於「靈知」的「知識」看法，《諾斯替宗教：異鄉神的信息與基督教的開端》（The Gnostic Religion: The Message of the Alien God and the Beginnings of Christianity），頁45-48。

聖的感通在本書所探討的儀式現場與宗教象徵中,透過信仰實踐來完成,而不只是理念層面的認知,透過長老教會的本土化、民間佛教的普渡儀式與民間通靈信仰的普化儀式、調靈訓體與進香會靈等等,宗教人參與在感通神聖的過程裡,當下完成了對於生存危機的救度。即便這樣的救度,只是暫時性的,而不是一勞永逸。宗教人依然不斷找尋下一次的機會。

在當下完成的「共時性」內,一方面包含了宗教人自身命運「共時性」的臨在:現在－過去、現在－未來的命運關連性,已經出現過的缺憾,如何從現在到未來的願望滿全。另一方面包含神聖主體如何與超自然世界,不管是人格或形上的非人格的靈性能量主體,有了互為主體的感應關係。超自然世界不是事不關己的物件,而是和宗教人具有互動式、第二人稱的「祢」的能量場,這種我←→祢關係也同樣發生在我這位從觀察到參與的詮釋主體。一旦我進入宗教人的靈性能量場,我和所研究的宗教人一樣,這些宗教象徵和我這個詮釋主體之間,就不只是事不關己的物件。在此,產生了同為宗教人的神聖體驗,但又具有個別宗教之間的經驗差異性。這樣既同屬宗教人又屬於不同宗教差異的體驗,正是本書所撰寫的各章之間的宗教象徵張力所在。

在多元宗教的台灣社會現實中,不同宗教團體之間對於神聖的體驗,因為對於「聖界」領悟感應之間的差異,以及現實生存環境社會環境不同強弱勢文化主體(階級、族群、世代、性別)之間的競爭關係,產生不同宗教象徵之間被宗教人視為對立或禁忌。「互為主體」並非全然對宗教人是正面的靈性能量,也可能是致命的災難或考驗。對於神聖的感應領悟,也包含對於神聖的救贖被絕對化的價值觀的貫徹與守護,以及在守護之下,所產生的二元對立關

係。面對其他宗教的聖界，對堅持自身神聖絕對性的宗教人，如何
展開彼此之間可以是非敵對關係的互動，踏出互相理解的第一步，
往往關鍵卻不容易。以下我們將從個別的宗教現象，來展開這趟台
灣多元宗教主體中，神聖如何顯現各種面貌與張力的探索。

第二章

「神聖」的轉化
長老教會在台灣的「本土化」[1]

台灣基督長老教會[2]一百五十多年來的「本土化」宗教現象，可以作為台灣在現代化與被強勢外來文化殖民過程中，基督宗教與在地宗教之間對立、拼裝與轉化的縮影。

從十九世紀後半歐美傳教士所帶來的宗教信仰，與在地宗教文化在不同時代裡的衝撞，交會出二十一世紀台灣文化光譜的一種主體性。探究這樣文化主體性的形構，是我撰寫本文的主要目的。

本書在前言已經提出，「神聖」不只是指向特定宗教的「神」、上帝，同時包含被宗教人視為不同聖界分類的每一種具有人格與形上的非人格的靈性能量主體。長老教會是一個多元信仰文化下的宗教團體，也是台灣整體宗教現象的一種文化光譜。由這些特性所交織出來的聖界，作為有限的人類，在遭逢「他者」、「異己」時，透過轉化對方或轉化自身，來整合成為新的宗教主體。以下論述因個人研究與篇幅的限制，只針對長老教會如何對漢人的傳統宗教文化進行詮釋與轉化，屬於片面式的現象探索，無法含括長老教會和台灣宗教文化的整體性研究。

進入台灣文化的長老教會

一 | 台灣傳統宗教的「除魅」

宗教信仰裡的聖界就信者而言，一直被視為來自超越時空、永恆的上帝啟示。其實，沒有一種宗教信仰不帶有當地信者自身的時空文化下的色彩。就長老教會的傳教過程來看，早期的宣教師帶著十九世紀後期興起的蘇格蘭自由教會（Free Church of Scotland）海外

1　本文第一、二節部分內容從〈臺灣基督長老教會「一神」信仰的三種表現類型初探〉加以擴充，《真理大學人文學報》第1期，2003年3月，頁1-33。

2　以下簡稱長老教會。

宣教的時代風潮，[3]除了當時大英帝國在物質上的武力與經濟力優勢做後盾外，最重要的是當時「往普天下去傳福音給萬民聽」的積極、向外擴張的敬虔主義意識型態。[4]

這些宣教師帶有自身知識階級的文化背景，例如在台灣北部的首位加拿大長老教會宣教師馬偕（George Leslie Mackay, 1844-1901）和在南部的蘇格蘭長老教會宣教師巴克禮（Thomas Barclay, 1849-1935）等人，已經將長老教會神學信仰，與當時蘇格蘭自然科學與人文學的知識潮流相結合。[5]「學問與敬虔」與現代文明結合的「進步主義」（progressivism），企圖推動那個時代背景下的心靈啟蒙與解放。[6]對於「異教徒」、「東方宗教」這些有關「他者」的異文化主題，也受到當時仍在進化論式基督宗教優越論的新興宗教研究的影響。對於非我族類的他者，是「我」（歐美文化強權）在進化過程中的一種未完成與過渡的狀態。[7]

日治時期日本透過學校教育弱化台灣人對於傳統宗教的認同，引進現代科學與西方知識的世界觀，讓傳統信仰那些以超自然聖

3　參見鄭仰恩，〈蘇格蘭啟蒙運動對早期台灣基督教的影響：從馬偕的現代化教育理念談起〉，《台灣文獻》第4卷第63期，2012年12月31日，頁146-148。

4　Jessie G. Lutz編，《為何而傳？基督教在華宣教的檢討》，台北：國史館，2000，頁1-44；陳宏文，《馬偕博士在台灣》，台北：中國主日學協會，1997，頁152-154。

5　參見鄭仰恩，〈蘇格蘭啟蒙運動對早期台灣基督教的影響：從馬偕的現代化教育理念談起〉，頁137-163。林昌華，〈十八世紀「蘇格蘭啟蒙運動」對台宣教師的影響—以馬偕為例〉，收錄在《跨域青年學長台灣史研究續集》，若林正丈、松永正義、薛化元主編，台北：政大台灣史研究所，2009。

6　鄭仰恩，〈蘇格蘭啟蒙運動對早期台灣基督教的影響〉，頁143。

7　參見王榮昌，〈馬偕與其他宗教〉，「馬偕與台灣之現代化發展」學術研討會，2012年6月1日。王鏡玲，〈神聖的顯現：重構艾良德（Mircea Eliade）宗教學方法論〉，臺灣大學哲學研究所博士論文（2000年），第一章〈導論：艾良德宗教學思想的相關理解位置〉。

界，來解釋自然與人類安危的世界觀被「除魅」了。長老教會外籍傳教師對於傳統宗教的「除魅」、心靈改造與親西方價值觀的強化，也從這時期開始逐漸擴大影響力到更多新興的台灣中產階級信徒身上。這些基督徒積極投入西方價值觀，視傳統宗教為迷信、落伍，批判當時的民間風俗。尤其第一代改宗者，往往對於過去所信的宗教嚴加拒斥與否定，來劃清界線。透過由牧師所主持的「聖別禮拜」，除去那些原先敬拜傳統信仰的神像、祖先牌位與相關宗教象徵物。這些儀式的宣示，讓初代信徒脫離原先的傳統信仰祭祀圈的社會人脈，進入以基督教為主的新信仰圈。[8]

長老教會的宣教神學傳承自宗教改革、啟蒙運動以來，在歐洲各地變動中的社會結構進入工業文明新的時代秩序。[9]在「台灣文化協會」抨擊民間信仰的一九二〇年代，長老教會的報紙《台灣教會公報》刊登不少信徒撰寫的神蹟奇事，重病痊癒、趕鬼、遊天堂地獄、六畜興旺等等，[10]「靈驗」的「現實主義」往往比尚未被西方人文學影響的台灣神學知識體系，更直接反映了一般第一代信徒的實存危機。

社會身分的提升、現世物質生活的改善，就可以預先體驗到上

8　　盧啟明，〈台灣基督長老教會對「異教」的觀點與實踐（1865-1945）〉，《台灣文獻》第4卷第63期，2012年12月31日，頁33-65。

9　　詳見特爾慈（Ernst Troeltsch），戴盛虞、趙振嵩譯，《基督教社會思想史》（The Social Teaching of the Christian Church）香港：基督教文藝出版社，1991，第三部第十五章〈加爾文主義〉。特爾慈指出加爾文教派與英國、美國的民族特色與制度結合起來，並由美國重新輸入歐洲，形成一股精神力量，小者影響了歐洲的佈道宣教文化，大者影響歐洲主流的政治與經濟文明，頁354-355。

10　詳見鄭仰恩，〈犯鬼趕鬼vs.破除偶像─初探台灣基督教史中的趕鬼經驗〉，收錄在石素英編，《基督宗教與靈恩運動論文集》，台北：永望，2012，頁196-198。

帝「大能」的各種賞善罰惡的信仰經驗，這種信仰態度從一開始基督宗教傳入台灣到現在，一直佔相當大的比例。[11]儘管這樣的信仰態度，和那些關心思辨理性、關心社會公義落實的宗教菁英們，所追求的啟蒙與救贖的信仰精神相去甚遠，但是以最快速的方式在變化難料的現實環境中，滿足個人慾望的短線操作，一直是台灣文化的特色，也是人性的共通處，台灣的長老教會也不例外。[12]

二│台灣新宗教文化[13]

基督徒以教會的信仰團契，作為生活中最重要的人際脈絡的凝聚，來維繫物質面與精神面（或意識型態）的動力與社會地位的提升，取代原先以血緣與地域關係為主的傳統華人社會，將原先華人社會關係，以教會的集體形式繼續延續下去。第一代的基督徒先是加入以基督教團契為主的人際網絡，來獲得新的社會人際網絡裡的認同。之後，這些初代信徒的後代反而習慣於這種小眾的教會文化圈，習慣於教會內各種禮儀節期、倫理規範，以及教會組織的權力運作，讓他們雖然與周邊大多數的非基督徒格格不入，但也自成小圈圈自給自足，不常與其他「異教」徒有跨宗教間的往來。

除了少數關心公共議題、關心弱勢與邊緣人的信徒與教會機構

11　詳見鄭仰恩，〈犯鬼趕鬼vs.破除偶像─初探台灣基督教史中的趕鬼經驗〉。例如：黃武東，《黃武東回憶錄》，台北：前衛，1988；楊雅惠，《背著十字架的女牧師──楊雅惠牧師的信仰歷程》，作者出版，台灣教會公報印行，2008；以及長老教會信徒的見證都可以發現。

12　王鏡玲，〈臺灣基督長老教會「一神」信仰的三種表現類型初探〉，真理大學《人文學報》，2003年創刊號，頁8。

13　本小節改寫自王鏡玲，〈臺灣基督長老教會「一神」信仰的三種表現類型初探〉，頁10-13。

外，基督徒成為和一般台灣常民文化不相干的中產階級與「上層」社會菁英，衣、食、住、行、育、樂皆擁抱西方文明，勝過對於台灣傳統文化的認同。

長老教會信徒將華人文化中光宗耀祖的家族共同體認同，轉變為「榮耀上帝」的信仰共同體的認同；將過去對於現實社會的君父權威的服從，轉換成對屬靈的天父與教會組織權威的順服；將過去多方壓寶地請求諸神明、祖先、與靈界的庇佑，轉為孤注一擲地集中到最大權能的「上帝」；將過去對於舊慣習俗的禁忌，轉為基督宗教的禁忌。全能的上帝可以消除舊慣習俗裡對禁忌的恐懼，但是成為基督徒之後，改宗前的宗教慣俗裡的聖界象徵，反而變成數不完的基督教對「異教」的宗教禁忌，例如無法吃拜拜的祭物、無法祭拜鬼神與祖先、排斥傳統華人宇宙觀擇日、風水、甚至排斥養生武藝、與慶典慣俗相關的民俗曲藝…等等。台灣在地傳統宗教的聖界象徵，依然是基督徒在建構文化主體時，從恐懼到接納、轉化的靈性探究過程。

台灣教會的中產階級化、都會化、俱樂部化之後，教會聚會成為取代傳統家族拜祖先、承擔血緣祭祀責任的逃逸路線。不少年輕世代離鄉背井到台北都會讀書，受到以同儕為主的新世代宗教團體聚會形式的吸引，進入年輕人為主的基督徒團契人際網絡。在基督宗教的教會組織待久了之後，有了屬於自己跳脫血緣、地緣的人際網絡。在都會定居後，在外遊子的第一代基督徒，甚至不願承擔過去父系血緣的人倫秩序的權力與祭拜祖先的責任。

長老教會以講道、讀經、聖詩讚美、祈禱為主的禮拜結構，排除強調感官經驗的崇拜儀式，取代了台灣民間信仰裡熱鬧沸騰、神人同歡、盡情吃喝玩樂的大拜拜氛圍。例如在早期台灣宣教師的傳

教過程，則先利用宗教象徵的類比，嫁接到基督教的教義。在黃武東（1909-1994）牧師的回憶錄裡，曾記載日治時期的禮拜堂陳設和廟宇接近，掛有匾額「皇矣上帝」、「宇宙主宰」，以擊鼓報時（而非歐美教會的銅鐘），做禮拜前的準備，用三遍節奏不同的鼓聲來告知信徒。那時信徒以本地歌謠的曲調配上聖詩的歌詞，將聖經和聖詩裝訂成帳簿，去「做禮拜」佯裝成去「收帳」，以避免遇到非基督徒親友時的困窘；以及改宗後將取下來的觀音漆仔、神像、神主牌的地方懸掛十誡等等。[14]

　　長老教會帶給台灣的宗教文化經驗就心理層面而言，是一種愛恨交織的複雜文化叢結。長老教會繼承外籍宣教師宣教神學的價值觀，試圖在所介入的「異教」文化處境中，以自身原先的宗教價值觀去改變別人，讓當地人服膺於基督教一神信仰的價值系統，離棄原先華人宗教習俗（例如拜祖先、多神和泛靈信仰、歲時禮儀、喪葬儀式…等等），甚至必須視自己生於斯、長於斯的宗教文化為「迷信」與「偶像崇拜」，予以公開蔑視與棄絕，來尋求新的宗教文化認同。[15]

　　這是歐美十九世紀到二十世紀早期救贖「野蠻人」的神學模式，藉著否定並改變「他者」原先的價值座標，想藉此救贖「他者」，讓「他者」和自己一樣。這種唯我獨尊式的戰爭神學模式，[16]一方面乘著當時西方殖民主義的國際局勢順風車，擴張基督宗教王

14　黃武東，《黃武東回憶錄》，頁37-40。
15　黃武東，《黃武東回憶錄》，頁31-40。這是我個人以及多次和台灣第一代基督徒分享時，共同面臨的宗教文化衝突。
16　葉仁昌，《五四以後的反對基督教運動》，台北：久大，1992，第四章〈護教陣營之政治神學的分析〉。

國的版圖，進口西方「原裝」的宣教神學；另一方面長老教會的傳教透過設立醫院、引進現代醫療科技，迅速而有效地救治身體的病痛來見證靈魂的醫治與重生，說服當地人跳脫傳統疾病的宇宙觀（用中藥或求神問卜），[17]接受西式「現代化」的基督宗教文化。

當台灣人離棄傳統宗教文化，改宗成為基督徒時，他們一方面發現對於「上帝」、對於未知的神明世界、對於神人關係，有別於傳統民間信仰的新體驗：全知全能、賞善罰惡、愛人如己、嫉惡如仇、慈悲又公義的上帝，以及那種優勢的現代西式醫療科技世界觀的洗禮。教徒們改變了原先的生活習慣，有跟上新時代的「進步」之喜，他們和周遭活在舊時代的「世俗人」，透過使用新的宗教語彙，在言行舉止上區隔開來，過新宗教的西式節期，取代過去農民曆與廟會慶典的作息。

但另一方面，和自己的家庭與宗族，卻因為基督教禁拜祖先與全盤否定所有神明與民間習俗的教義，讓第一代基督徒與原先的人際網絡失去舊有的祭祀圈連結模式，變成文化上的異鄉人。失去既有家族血緣生命禮儀的人際聯繫，以及地緣性歲時節期的認同，讓他們不免背負數典忘祖、失根、信洋教的罪疚感。為了有意或無意地排除這種罪疚感，他們否定與蔑視固有傳統的價值觀，以更多西式知識的擴充與物質面所獲得的身分地位，來合法化自己皈依外來宗教的正當性。

至於從長老教會宣教神學移植到台灣的神學知識體系，如何生根發芽開花結果，就不只是靈驗、鬥士般、征戰式的意識型態可以獨當一面的。同時，還需要當地傳統習俗與價值觀的理解和參與，

17　《北部台灣基督長老教會的歷史》，頁10。

以及救度受苦者與弱勢者的長期委身，才能從與統治者、壓迫者站同一邊，走向被殖民、被壓迫的人民那一邊。「在地化」可以是和強勢統治者意識型態結合的「在地化」，也可以是為弱勢者尋求「出頭天」、對抗壓迫者的信仰勇氣。

「本土化」宗教神學進行式

一│李春生的「本土化」神學

十九世紀末到二十世紀早期，台灣民間神學家李春生就在外籍宣教師的神學教育體系尚未在台灣開花結果之前，打出了「本土化」神學第一炮。教會史學者古偉瀛認為，李春生做為國際貿易商人，在一八九五年大清帝國將台灣割讓日本之後，因為以社會秩序安定為其產業保障的主要考量，所以不同於高舉理想、不計現實以寡敵眾的抗日主戰派，在國族認同上李春生很快地就轉向日本。[18]

李春生對宗教性質的看法是：「預知宗教性質，無難查其所宗尚者，所得果抱之榮辱利害、廢興存亡，便知其國所尚之神有無性質。」[19]在價值觀的抉擇上，李春生認為基督教是近代西方文明興盛關鍵，他在大清帝國統治時期，為了傳播基督教，已經開始推廣西學，「明興西學，陰裏教事」，因為他深信西方文明之進步是受

18　做為國際貿易商人，以社會秩序的安定為產業保障為其主要考量，故不同於高舉理想、不計現實以寡敵眾落差的主戰派。古偉瀛，〈從棄地遺民遺民到日籍華人──試論李春生的日本經驗〉，收錄在李明輝編，《李春生的思想與時代》，台北：正中，1995，頁170-171。

19　李春生，《東西哲衡》，收錄於李明輝、黃俊傑、黎漢基合編，〈基督教性質〉，《李春生著作集1》，台北：南天，2004，頁157。

到基督教的影響。日本殖民台灣之後，他認為日本明治維新的成功，也是因為日本很早就接受了基督教。[20]李春生將日本視為「新恩」，雖然清國是難忘的「舊義」，但他認同新殖民者，以其神學立論為日本的殖民統治背書，並為之效力。[21]

李春生的神學立場，雖然帶有對當時西方文明的推崇，但同時表現出十九世紀末的華人儒者道德觀。[22]就論述的文體與對於中國傳統經典的熟悉度，[23]在距離李春生超過半世紀之後出現的實況化神學、本土化神學或鄉土神學[24]，反而因為受到西文中譯的文體影響，以及國民黨學校教育長期扭曲傳統中華文化，導致台灣一般受現代教育長老教會知識菁英，不願對黨國意識型態扭曲下的傳統中國思想下苦工。李春生使用宗教「五德」備考來闡釋他所謂的

20　詳見吳文星，〈清季李春生的自強思想──以變革圖強議論為中心〉，收錄在李明輝編，《李春生的思想與時代》。

21　詳見黃俊傑、古偉瀛，〈新恩與舊義之間：李春生的國家認同之分析〉，收錄在李明輝編《李春生的思想與時代》。

22　台灣長老教會神學界可能因為李春生國族認同的政治不正確性，或者因其神學所抱持的站在強權立場的意識型態，以及對於自由、民主、平等等現代公民精神的疑慮，加上強調神蹟靈驗的反啟蒙精神，以及以傳統儒家威權，來接枝基督教思想的價值觀…等等原因，讓他的神學著作直到二十一世紀台灣非基督徒的知識菁英圈，讓他重現江湖，詳見李明輝編，《李春生的思想與時代》。李春生：「…凡今之以耶穌為國教，崇拜上帝為耶和華天父者，靡一不是稱強道富，為盟主牛耳」《聖經闡要講義》，收錄於李明輝、黃俊傑、黎漢基合編，《李春生著作集3》，台北：南天，2004，頁163。

23　陳俊宏指出，當時李春生所撰寫的文章都投稿在西方教士在中國大陸所辦的報紙（如上海的《萬國公報》），「當時的教會莫說是普通信徒，就連部分傳教士也不見得看得懂，因為當時洋教士所教的是臺語拼音的羅馬字」陳俊宏，原載於2005年1月刊行《台灣文學評論》第5卷第1期，引自http://www.laijohn.com/articles/Tan,CH/LiCS-1.htm。

24　關於「鄉土神學」、「自決神學」等長老教會本土神學的探究，詳見林鴻祐，〈台灣基督長老教會本土概念之認同及其反思──台灣後殖民之神學反省〉，東南亞神學研究院神學博士論文（2009年）。本文不再詳述。

真宗教：始終、道理、經權、異蹟、讖語。他將「靈驗」視為人在有生之年，就可以感受到的信仰驗證，而非等到死後賞罰的道德審判。[25] 李春生這樣的神學論述，包含以道德理性作為宗教的判準，兼顧「非理性」的神蹟、預言與應驗，來作為恩威並施、令人既恐懼顫慄、又不得不全心倚賴仰望的聖界。[26]

　　李春生從舊有的儒學體系與道德實踐，建立其基督宗教「在地化」神學。這種道德神學的提出，將傳統儒學與台灣民間的自然萬物規律、以及道德倫理都回歸於「天道」—上帝的旨意。在〈有形無形略釋〉中，李春生論及「無形」神學，認為「神而無靈，則僵如木偶；神而有赫，則其智之前知，勝於世間之賢智萬萬矣」並論及《十誡》中上帝不准塑像的意涵，在於「無形之可貴，其在不能踪蹟以褻瀆之也」。認為人是有形之神，「造此有形之神者，卻是無形真神」。[27]

　　下文將提到陳主顯牧師對於民間廣為流傳的〈太上感應篇〉的神學詮釋，將可看出基督宗教倫理學與民間信仰倫理的相通之處。可惜李春生之後的台灣神學界，長期倒向西式神學教育，加上台灣的中國傳統哲學思想傳承嚴重斷層，除了少數透過民間菁英繼續流傳外，大多受到政治意識型態影響，融會出屬於台灣文化主體性的宗教神學詮釋，仍在蓄勢待發中。

25　李春生指出：「學問之道，貴有四端：一曰天文，憑藉測量；二曰格致，憑藉考據；三曰哲學，憑藉理想，四曰宗教，憑藉靈驗」。詳見《東西哲衡》下〈仁學書後〉，收錄於《李春生著作集1》，頁120。

26　這部分在本文第三部分會繼續探討宗教經驗的「靈力」現象。

27　李春生，《東西哲衡》上，收錄於《李春生著作集1》，頁57-59。

二│「實況化」神學的時代現身

「實況化」（contextualization）或是翻譯成「脈絡化」、「處境化」，是台灣神學家黃彰輝（1914-1988）所提出的做神學的態度，原先的意涵在於兼顧聖經與實況的信仰批判，必須透過特定歷史的參與，對於政治實況與社會議題發出良知之聲。本文在此擴大為自黃彰輝之後長老教會對於台灣實況的政治、社會與宗教文化的神學論述，都放在廣義的「實況化」神學的範圍，並將神學「本土化」所觸及的從傳統文化「生根入土」的互動關係，也一併納入探討。【28】

「實況化」神學的先驅黃彰輝，曾經以他個人在國族認同上的受辱曲折之痛，提出「毋（m̄）甘願神學」。【29】黃彰輝的祖父黃能傑（1854-1927），是第一代基督徒以母語走完一生，黃彰輝的父親黃俟命（1890-1950），已面臨日治時期母語被打壓的無奈。到黃彰輝的時代，母語台語依然被日本和後來接收台灣的國民黨政府打壓。黃彰輝在台南神學院擔任院長期間，一再受到國民黨政府對學校全面思想控管的刁難，甚至離開台灣到海外國際性教會機構任職時，被列入黑名單，被迫歸化英國籍，讓黃彰輝為這樣的台灣人受辱，以及為了維持尊嚴的政治抵抗的實況，以「毋（m̄）甘願」的處境，

28　詳見鄭仰恩，《定根本土的台灣基督教》，頁216-218。

29　黃彰輝流利的日語反而讓他在英國時，有實際上的工作之利。黃彰輝參與了台灣人在海外的台灣人民自決運動，被列為黑名單，直到一九八七年夏天，才回到台灣。詳見 Shoki Coe. *Recollections and reflections*, Formosan Christians for Self-Determination. 2nd ed. 1993；張瑞雄，《台灣人的先覺者─黃彰輝》，台北：望春風，2004，頁85-90。當時還在台灣神學院當菜鳥學徒的我，和一群學長姐跑去一九八七年這場「台灣宣教研討會」。當時有眼無珠，根本不識大人物，只知道這位人物受到當時長老教會高層天王級祖師爺的對待。

來為表達當時台灣人的憤懣與無奈。[30]

在一九七〇年代開始，長老教會面對當時台灣在國際的政治局勢，在主動地自覺與被動受威脅自衛的雙重張力之下，「實況化」神學成為當時新時代長老教會宣教神學類型。一九七一年被迫退出普世教協（World Council of Churches）後，台灣基督長老教會總會提出對國家前途的聲明與建議：

> 我們反對任何國家罔顧台灣地區一千五百萬人民的人權與
> 意志，只顧私利而做出任何違反人權的決定。人權是上帝
> 所賜予，人民自有權利決定他們自己的命運。[31]

一九七二年十二月由長老教會牧師黃彰輝、宋泉盛、黃武東，以及醫學教授林宗義在紐約發起的「台灣基督徒自決運動」（Formosan Christians for Self-determination）的《出頭天》雜誌，提出：「台灣人民和其他任何人民同樣被賦予有決定我們自己的將來與命運的權利」。「台灣較之其他國家男女毫不遜色，是受上帝創造來享有自由、公義和平等的」、「我們台灣的基督徒將從匿名的情況中站出來，…為支援台灣的自決而努力。」。[32]

30　鄭仰恩，《歷史與信仰》，頁74-75。在國民黨以「國語」威權、思想整肅、打壓母語、全面宰制台灣學校教育的戒嚴時代，黃彰輝在台南神學院院長時期，依然堅持以台語授課、不受黨國威權（設立教官與安全室、升旗週會…等等）干涉，讓長老教會的神學教育，可以獨立於國民黨的思想控制之外，對於台語在現代化知識傳承的關鍵時刻，留下微弱的一盞燈火。

31　一九七一年十二月二十九日第一次台灣基督長老教會對國是的聲明與建議，《台灣基督長老教會總會社會關懷文獻1971-1998》，台北：台灣基督長老教會總會資料中心，1998，頁2。

一九七七年八月十六日「台灣基督長老教會人權宣言」，則提出：「面臨中共企圖併吞台灣之際，基於我們的信仰及聯合國人權宣言，我們堅決主張：台灣的將來應由台灣一千七百萬住民決定。」「我們促請政府與此國際情勢危急之際，面對現實採取有效措施，使台灣成為一個新而獨立的國家。[33]」

　　從這些長老教會的聲明文獻裡，可以看到這是當時長老教會的決策者，回應台灣在國際地位被中國威脅，以及被美國強權犧牲時，台灣人對政治主體的自覺。「實況化」神學把「一神」信仰中「上帝」的絕對主權，當作對抗獨裁政治與國際強權的依據，有別於之前李春生站在強權者、統治者的神學立場。李春生的神學把宗教信仰與富國強兵的統治者意識型態相結合，而「自決神學」關心的是如何面對人民與土地的苦難，強調上帝對於人民的基本人權的賦予，加諸在人民對國家認同與對國家前途的參與。「實況化」神學強調面對權利被剝奪時、命運被奴役、生存被宰制與威脅時，對抗國家組織暴力的正當性。提醒台灣人民，政府的權柄不是絕對的，政府不能以戒嚴統治、國家安全為藉口來欺壓人民，「教會的主是耶穌基督，而不是統治者的意識型態。」[34]

　　「上帝」並不是自掃門前雪、只庇佑基督徒的「私」神，上帝更不是政治權力鬥爭的象徵，上帝是讓人透視權力的有限性，迫使濫

32　這是來自一份自一九七二年十二月由長老教會牧師黃彰輝、宋泉盛、黃武東，以及醫學教授林宗義在紐約發起的「台灣基督徒自決運動」（Formosan Christians for Self-determination）的《出頭天》雜誌，由宋泉盛編著，《出頭天—台灣人民自決運動史料》，台南：人光，1988，頁16。

33　一九七七年八月十六日「台灣基督長老教會人權宣言」，《台灣基督長老教會總會社會關懷文獻1971-1998》，頁11。

34　陳南州，《台灣基督長老教會的社會、政治倫理》，台北：永望，1991，頁155。

權者悔改的指標。[35]「自決神學」不是獨裁集權的打手，而是在社會政治實況中伸張公義、讓受壓迫者得自由的價值依據。[36]「自決神學」強調台灣住民對於未來國家認同的自決權。長老教會的「自決神學」與當時從七〇年代到八〇年代台灣本土化運動結合，面對當時戒嚴時期的台灣，處身在美國與中國的國際角力局勢，長老教會把對基督徒個人「靈命」的關心，擴大到全體台灣人受壓迫與苦難的救度。以救苦救難、帶領百姓「出頭天」的公義上帝的形象，將洋人的上帝，轉為台灣人的上帝，尋求台灣人之獨立自主的身分認同，通過對台灣人民受苦記憶之歷史經驗、對於救援受苦人民與受摧殘的自然環境的委身，讓長老教會自覺地成為當前台灣文化譜系的一環。[37]一九八五年長老教會的信仰告白文：

> 阮信，教會是上帝百姓的團契，受召來宣揚耶穌基督的拯救，做和解的使者，是普世的、復釘根在本地，認同所有住民，通過愛與受苦，來成做盼望的記號。[38]　　（台語漢字版）

35　陳南州，《台灣基督長老教會的社會、政治倫理》，頁292。

36　但是對於自決神學、台灣主體性的反省，卻牽涉到因為不同基督徒族群認同的差異，造成立場上的對立。長老教會所認同的母語文化（台語或稱福佬話、客家話、原住民母語）以及「本省」傾向的族群特色，讓隨著國民黨政府從中國大陸來台灣的新住民（或外省人與第二代外省人）「國語」教會，與長老教會對於國家執政者的權力機制行使上產生不同的信仰詮釋。 黃伯和，〈台灣本土神學的建構與出頭天盼望的實踐〉，收錄在《宗教與自決》，台北：稻香，1990，95-103。鄭仰恩，《歷史與信仰—從基督教觀點看台灣和世界》，頁45-55；林本炫，《台灣的政教衝突》頁110-117。

37　有關長老教會從黃彰輝、宋泉盛、黃伯和、王憲治、陳南州、鄭仰恩等神學家的「本土化」神學系譜，已有不少論述，本文不再重複。參見林鴻祐，〈台灣基督長老教會本土概念之認同及其反思──台灣後殖民之神學反省〉，東南亞神學研究院博士論文（2009年），頁27-42；沈游振，〈台灣基督長老教會政治論述之分析──以《台灣教會公報》及《新使者》為對象〉臺灣大學國家發展研究所博士論文（2010年），頁44-47。

三｜「實況化」神學對在地宗教文化的詮釋與轉化

「定根於本土」的上帝形象，從一九七〇年代迄今四十餘年，雖一直作為長老教會在政治與社會運動中的重要口號，但教會儀式從台灣在地宗教象徵去進行的本土化，並沒有明顯的進展。我曾經在一九八〇年代後期到一九九〇年代早期，參加過幾次長老教會大專青年神學營隊與國內外神學研討會，在活動期間主辦單位曾以蕃薯、茶來代替傳統教會的麵包和葡萄汁的聖餐禮。[39]但是這樣具有本土化象徵的崇拜儀式，卻只停留在營隊的「實驗」性質與神學院校園的「玩票」格局。台灣在一九八七年解嚴之後，本土音樂、劇場、現代藝術的風起雲湧，[40]雖然一直有長老教會知識菁英的投入，卻無法進一步去影響長老教會轉變「洋教」包裝的本土化自覺。甚至後來連在神學院校園內的「實驗」，都受到神學院高層的打壓。下文將透過台南神學院所發生在二〇〇六年的乞龜聖餐禮事件為例，來闡述這種外來宗教「本土化」嘗試所面臨的詮釋歧異。

長老教會各地方教會的崇拜儀式，並沒有受到這種關心實況的「政治神學」影響，而對於傳統西式崇拜禮儀進行革新。但是少數神學菁英的「本土化」神學，以及長老教會信徒所參與的社會運動，依然無法扭轉「洋教」意識型態的框架，以及越來越明顯的中產階級都會性格。這其中關鍵因素在於，長老教會的第一代信徒越

38　台灣基督長老教會信仰告白台語漢字版（一九八五年五月九日信仰與教制委員會校定），《台灣基督長老教會總會社會關懷文獻1971-1998》，頁1。

39　王鏡玲，〈建構中的神學藍圖—1988年HRD會議神學主題概述〉，《使者雜誌》，1988，頁32。

40　參見王鏡玲，《慶典美學》，台北：博客思，2011，頁29-31、頁148-149、頁186-193。

來越少，脫離台灣在地宗教文化的第二、三代信徒信眾佔大多數，對於台灣在地傳統宗教、漢人宇宙觀、以及民間草根性信仰文化，還抱持逃避、敵意、排他的、夾帶階級歧視的意識型態。

長老教會神學院在一九六〇年代的台灣，曾有神學院教師赴歐美攻讀學位或短期進修時，接觸到對於非歐美地區的非基督宗教研究的勃興，開始在神學院開設以基督宗教立場，探討宗教本質與宗教現象、認識其他宗教的課程。例如台南神學院劉華義牧師教授台灣民間宗教、蕭清芬牧師教授宗教學課程。[41]東南亞神學院的神學訓練，也提供以亞洲文化為主體的神學教育方向，[42]以下所引介的董芳苑和陳主顯兩位牧師，分別曾在長老教會北部與南部神學院，教授非基督宗教、尤其在地台灣民間信仰與文化神學。長老教會基於宣教與護教的目的，知己知彼，透過宗教學的理論來認識其他宗教，尤其對於台灣民間信仰的認識，藉由批判民間信仰的意識型態，來建立自身在信仰價值上的優越性。根據我多年來的觀察，長老教會一般信徒對於台灣其他宗教的態度，雖長久以來參與台灣政治與社會的關懷，對在地的宗教釋出善意的牧師與信眾不少，但消極迴避、敵意與貶抑者也很多，尤其牽涉到多元宗教市場生態的競爭關係。

上述的「實況化」神學家對於台灣其他宗教的態度，曾有宋泉盛以「普世神學」的角度將亞洲人民的非基督宗教歷史文化，視為

41　根據陳主顯牧師寫給我的電子郵件（2012年12月16日）。

42　東南亞神學研究院（The South East Asia Graduate School of Theology）創立於一九六六年，東南亞各區域包括：香港、印尼、馬來西亞、新加坡、緬甸、菲律賓、台灣。台灣分院是由台南神學院、台灣神學院、玉山神學院組成。

新的信仰實踐底盤。[43]宋泉盛引用亞洲宗教思想，像透過佛教和儒家的宗教象徵來找尋神學新反省，[44]以「蓮花」和「十字架」的象徵，來肯定不同宗教傳統的象徵系統都能將生命帶往靈性最深處的真實。[45]將亞洲傳統宗教的精神文化與生命體驗，納入新神學的前瞻之中。宋泉盛曾以佛陀慧劍斬斷輪迴之根、菩薩以永恆活出現在，來比喻戰勝死亡與對苦難的救贖，是宗教共同的任務。[46]宋泉盛以文學化的人文神學筆調，從民間故事、神話、傳說、歌謠、嘗試在生活化的脈絡中，理解邊緣底層受壓迫的聲音，建構屬於亞洲文化的新神學。[47]

　　相較於宋泉盛以融合宗教學和文學性的亞洲宗教神學路徑，以下僅提出三種針對台灣民間信仰的宗教神學詮釋，來探討長老教會如何從民間信仰的文化體系，去找到和基督宗教的對比與轉化。「轉化」意味著從對比之中，嘗試將民間信仰的特色，以基督宗教的信仰態度去融合。以下先從董芳苑與陳主顯這兩位牧師，以其宗教學的訓練，加上長期對民間信仰文化的研究，所提出的「本土化」宗教神學的理解。接著再以葉明翰牧師對於從民間宇宙觀轉化到基督信仰的宣教學，來略述這些聖界交鋒的詮釋光譜。

43　宋泉盛著，莊雅棠譯，《故事神學》，嘉義：信福，1991，頁37-38。

44　詳見宋泉盛著，莊雅棠譯，《第三眼神學》，台南：人光，2002，戰後台南神學院本土神學教育的發展21-23。

45　宋泉盛著，莊雅棠譯，《第三眼神學》，台南：人光，2002，頁248-272。

46　宋泉盛，《故事神學》，頁32-33。

47　陳南州，〈宋泉盛與亞洲神學的特質〉，《台灣教會公報》第2399期，1998年2月22日，周學蕙，〈戰後台南神學院本土神學教育的發展〉，成功大學歷史學系碩士論文（2008年）頁23-24。

四│宗教神學的詮釋與轉化

1. 宗教神學的對比：「八卦之民」與「十字架之民」

　　董芳苑牧師自一九七〇年代後期起，即在長老教會界引介非基督宗教（佛教、原始宗教、台灣民間信仰），尤其是和台灣民間信仰相關的多種著作。董芳苑的撰寫立場以比較宗教學與基督教神學的觀點，引介信徒認識非基督宗教。就台灣民間信仰方面，他曾經以「八卦之民」與「十字架之民」，來作為兩種不同類型的宗教人格的對比。這兩者董芳苑認為都指向「上帝」（至上神），宗教人都經驗生存危機和恐懼不安。厝宅犯沖與八卦牌的安奉，表現對於「小宇宙」與「大宇宙」從犯沖失衡到修補安頓的心理。基督徒則在於透過除去「罪」的悔改與釋放，尋求人神的和諧。[48]董芳苑認為，「八卦之民」的救拔思想繫於消災解厄、祈安求福的「現世實利主義」，民宅安八卦牌的行為是「一時需求」的拯救史，作為避邪守護，維繫神、人、宇宙之間的和諧。基督宗教雖然也有驅鬼與神蹟，但更重要的基督宗教是代贖性拯救觀，藉由耶穌的犧牲，救贖世人的罪過，並非來自倚重巫術，而是來自對上主的信靠。[49]

　　董芳苑也指出民間信仰對於「天公」（至上神的擬人化）或「太極」（形而上原理），和基督宗教一神信仰的至上神「天父」，均具慈愛世人、守護世人的品格。誰也無法自誇已經完全認識那位造化源頭的「至上神」。造化萬物的「至上神」對於人類的救拔，不但涉

48　董芳苑，《臺灣民宅門楣八卦牌守護功用的研究》，台北：稻鄉出版社，1988，本書是董芳苑的東南亞神學研究院神學博士論文（1981年）。

49　董芳苑，《臺灣民宅門楣八卦牌守護功用的研究》，第五章：「八卦之民」與「十字架之民」。

及個人厝宅沖煞的危機解脫，也關連到人類因罪所引起的苦難的釋放，救恩史包含整體萬物生存史，從原先帶有希伯來文化特性到成為世界文化。[50]

董芳苑企圖為民間信仰找到和基督宗教一神信仰會通之處。這裡民間信仰的「至上神」論述，牽涉到華人民間信仰「一」與「多」的神聖多重面向，董芳苑在該書中，因為以「八卦牌」現象作為詮釋範圍，只觸及到「天」作為至上神的「造物的天」與「倫理的天」的宗教神學，並沒有擴及到華人文化圈裡，特別是新興宗教在最近二、三十年來不同的「至上神」體系。不同至上神的整合，牽涉到不同民族的族（祖）神在長久歷史的變遷過程中，不斷和所對抗的其他宗教之間，進行神聖面貌與特性的鬥爭與整合。[51]

宗教學者鄭志明曾經就「至上神」的神觀，提出華人宗教信仰包含不同至上神體系之間的互相競爭與「同化」的多元並存過程，例如玉皇上帝（天公）之上，尚有無極界的神聖系譜，這些多重神聖系譜之間，並不需要分出誰是「最大」的權力高低。亦即，沒有哪位神是最高、最強的全能至上神，而是相對性的，因信眾個別相對的需求與因緣，來濟世渡靈。[52]形上理論的「至高」性包含權力意志的爭奪，「至上神」也是人類社會權力爭奪的投射，透過獨尊唯一、至高者的意識型態，來高舉自己、支配他人。

相對性也意味著面對「無限」的難以測度，與面對人的有限性

50　同上註。

51　參見伊利亞德（Mircea Eliade）的著作，例如 *Patterns in Comparative Religion*. Trans. by R. Sheed. New York: Sheed & Ward, 1958.或 *A History of Religious Ideas II: From Gautama Buddha to the Triumph of Christianity*. Trans. by W.R. Trask. Chicago: The University of Chicago Press,1978.

52　詳見鄭志明《台灣傳統信仰的宗教詮釋》，台北：大元書局，2005，頁47-83。

的自覺。「相對性」並非相對主義化，不相信有所謂的絕對價值，而是看到原先自以為「絕對」的價值，其實乃是囿於人的有限，將人的有限當成神的絕對。聖界的「無限」意味著，非以「武力」、威權來降服其他聖界，而是各聖界之間無所爭，共存、並行、合作。但是人往往心存競爭的權力意志，不斷去找尋最靈驗的神力，來安頓自身。鄭志明認為，中國文化的宗教尤其是民間信仰，各自以自身的「一」，去將不同宗教納入自身的至上神體系，現象上雖是多神信仰，但是在「道」、最高的主宰上卻合為一，和不同宗教間尋求相通，將異己的優點，融為自身的特色。[53]

在〈苦海慈航是耶穌〉一文中，董芳苑除了指出基督宗教和佛教、民間信仰救苦救難的共通之處外，批評「觀音崇拜只教人脫出苦海的方法，沒有教人正視苦難，與苦難中經驗平安的方法」，不若基督宗教要人背負自己的苦難去征服苦難，犧牲一己服務人群，基督福音不會使人看破紅塵，要人面對風險。他認為唯有耶穌基督才是肯定苦難、征服苦難的苦海慈航。[54]

董芳苑除了找尋台灣民間信仰和基督宗教會通之處外，他認為台灣民間信仰自中國流傳到台灣這三四百年來，已經發展出「本地化」的特色，神明從原先的海神、瘟神守護功能，轉變成無所不能，廟宇建築規格各顯身手越蓋越大，將不同神格特性的硬體外觀拼裝擴張，古裝與傳統格局的物質面，雖然比起西化、現代化的一般社會，依然保持傳統。但是帝王官僚的傳統社會組織與家父長制

53　同上註。
54　董芳苑，《福音與文化》，屏東：台灣長老教會屏東中會，2006，頁71-77。

投射下的帝王神格，依然深深影響現在的台灣社會。[55]然而民間信仰崇拜家父長的威權性格，也出現在基督宗教的文化現象之內。[56]

顯聖藉由世俗之物彰顯出來，但是宗教人清楚知道，這世俗之物在聖化過程之後，就已經具有靈力，所以，宗教人所敬奉的是顯聖，而非物質，以有形通無形。拜大樹公，不是拜樹，不是拜無生命的「偶像」，而是敬拜顯聖的能量所在。[57]基督教把神聖象徵物視為純物質的看待方式，一方面因為改革宗神學拒絕任何將自由無限的上帝固定在有形的事物中的企圖，堅絕掃除任何可能侵犯上帝主權的外在宗教形式，或是「自我神格化」的人物或作為。[58]另一方面，正是受到啟蒙運動之後對於自然世界「除魅化」的科學理性所致。長老教會從外籍傳教師來台傳教迄今，經常以兩套標準去看待宗教，一邊是對於其他宗教的聖界「除魅」，視為人的產物。另一邊是對於自身的聖界則視為絕對、至高無上、非人的理性可以掌握的「上帝主權」。「實況化」神學家則再加入以關心人的實存、關心受壓迫者、社會邊緣者、反霸權的「人文」精神。

2. 台灣俗諺智慧文學的詮釋

另一位也從長老教會宗教學立場，進行民間信仰研究的陳主顯

55　董芳苑，《台灣宗教論集》，台北：前衛，2008，頁36-91。

56　董芳苑牧師的護教式宗教學曾受到昭慧法師與盧俊義牧師的質疑，詳見http://hongshi. org.tw/articleCview.aspx?nono=120，盧俊義，《台灣之愛II》，台北：前衛，2004，頁146-149。董芳苑的回應見《台灣宗教論集》，頁496-499。

57　詳見王鏡玲，〈神聖的顯現：重構艾良德（Mircea Eliade）宗教學方法論〉，第二章〈顯聖與宗教象徵系統〉。

58　鄭仰恩，〈犯鬼趕鬼vs.破除偶像—初探台灣基督教史中的趕鬼經驗〉，頁207-208。

牧師，是研究台灣俗諺的學者。在〈太上感應篇的研究—經文的文史問題和宗教思想〉，也提出對於台灣民間的宗教倫理思想的理解與詮釋。陳主顯認為《感應篇》的「終極實在」有：天、天道、玉皇上帝、天公、三世因果，這些天羅地網式的心靈祕密警察、道德的「監察系統」，嚴重威脅著道德主體的心靈自由。《感應篇》「自力救濟」的宗教倫理觀，對於他力救濟說、原罪論、因善稱義論的神學人是重要的挑戰，不能不加以正視。[59]

這部著作雖未能進一步地提出基督教神學如何從民間信仰倫理中，開出自己的「智慧文學」（Wisdom literature），不過，陳主顯接下來的十卷《台灣俗諺語典》，致力將基督信仰融入在詮釋民間倫理與處事之道中，建構出台灣宗教人「智慧文學」式的俗諺詮釋。

在《台灣俗諺語典》卷一《人生哲理》第一節陳主顯用「人是什麼？」來作為十卷台灣俗諺語典的開場。[60]在卷七《鄉土慣俗信仰》除了傳統宇宙觀（天道天命、因果報應）、神鬼、民俗節慶之外，還加入了台灣賢哲、傳奇人物性情的台灣人列傳，例如收錄的「死渭水嚇破活總督」，陳主顯註解「蔣醫師犧牲的大愛！這種精神感動無數台灣醫生、各階層台灣人從事社會、政治改革，反暴政、反

59　詳見陳主顯，〈太上感應篇的研究—經文的文史問題和宗教思想〉，東南亞神學研究院神學博士論文（1981年），第七章：感應篇道德觀的宗教基礎、結論：感應篇重要的宗教思想的時代意義。

60　陳主顯，《台灣俗諺語典》，台北：前衛，卷一台灣俗諺語典的人生哲理、卷二台灣俗諺語典的七情六慾、卷三台灣俗諺語典的言語行動、卷四台灣俗諺語典的生活工作、卷五台灣俗諺語典的婚姻生活、卷六台灣俗諺語典的社會百態、卷七台灣俗諺語典的鄉土慣俗信仰、卷八台灣俗諺語典的天氣、田園與健康、卷九台灣俗諺的應世智慧、卷十台灣俗諺的重要啟示。

侵略，以建設台灣成為更美好的國家。」【61】

　　陳主顯也巧妙詮釋民間信仰與國家認同的關係，例如將選舉競選時統派候選人攻擊獨派候選人「欲將台灣和大陸分離」的「關公在受氣，媽祖流目屎」，陳主顯提出新俗諺：「看台奸，關公怒，歷歷大刀敢不悔悟？聽肖話，媽祖哭，共產無神欺我透透！」【62】在第九卷《應世智慧》，陳主顯提出對民間文化「應世」的不同層面詮釋：第一層字面上係指應付日常生活的種種活動；第二層「應世」有「應變」之意，因為人生在世難免遭遇大大小小難題，將「有問題」變成「無問題」，以得平安快樂的生活。第三層的意義，就是人生的自我成全（self realization），「成為」什麼樣的人，成就什麼樣的大冒險、大工程。【63】

　　《台灣俗諺語典》最終卷（卷十）陳主顯透過俗諺的詮釋，結合他做為長老教會倫理學學者的角度，提出以下論點：1. 對於命定論人觀的批判，認為台灣人應該從「權貴血統」的迷信覺醒、從「驚收不盡」（台語）【64】的沒安全感、沒自信的恐慌中，走向勇敢求變。【65】2. 俗諺反映台灣史，有唐山過台灣的苦境、歷代殖民的慘況、地方民情和族群間的緊張、台灣有名人物寫照、台灣選舉奇觀、獨立建國的願望。 3. 民間信仰俗諺反應天命天道、鬼神世界、歲時

61　陳主顯，《台灣俗諺語典卷七：鄉土慣俗信仰》，台北：前衛，2003，頁175-177。

62　陳主顯，《台灣俗諺語典卷七：鄉土慣俗信仰》，頁188-189。

63　陳主顯，《台灣俗諺語典卷九：台灣俗諺的應世智慧》，台北：前衛出版社，2008，序言。

64　「驚收不盡」（台語）指很多沒安全感的信眾，必須不斷從民間收驚儀式中，去找到暫時的平安，由此衍生整體台灣人對於實況處境與未來前途的沒安全感。

65　陳主顯，《台灣俗諺語典卷十：重要啟示》，台北：前衛出版社，2009，頁57-58。

祭儀、因果報應等等。 4. 俗諺的應世智慧反映傳統社會保守的實事求是、關心「私德」的時代性，因為時代限制尚欠缺對於社會公義、監督政府、關心地球整體的格局。 5. 從家庭倫理到公民意識，父母用心教母語、訴說台灣的故事，培養兒女慈愛與公義、辨明事實的判斷力和勇氣。[66]以上這些結合台灣俗諺與這時代人文精神的詮釋，可視為長老教會神學菁英結合台灣民間倫理觀，所開出的「實況化」人文精神的成果。

3. 屬靈責任「轉移」的宣教學

葉明翰牧師則因以個人曾是算命師皈依基督教，成為長老教會牧師的個人見證，從剖析民間信仰文化，來達到改宗基督教的勸說。從民間信仰被命運、禁忌、凶煞所束縛的宇宙觀，勸導民眾選擇跳脫命運與民間禁忌束縛的基督信仰。葉明翰並未直接否定民間信仰的宇宙觀，而是採取比較式的，呼籲哪一種神可以為人而死、為人受罪、讓人脫離禁忌與凶煞的束縛，以及將民間宇宙觀最終極的「道」和天理循環的法則，回歸基督宗教的上帝。[67]葉明翰並未否定其他宗教的聖界，而是提出基督宗教的神是萬神之神、萬主之主，把民間信仰和基督宗教的張力，從真假的二元對立，轉換成「更好」的選項。葉明翰肯定「多」神文化，但是從不同宗教價值觀的差異中，勸誘人們選擇更好的信仰價值，符合宗教市場競爭的護教學。

66　詳見陳主顯，《台灣俗諺語典卷十：重要啟示》，頁34-121。

67　參見葉明翰，《在基督裏的「關邪妙方」》，台北：大光，2005；《從聖經來談姓名與命運》，台北：大光，1998；《好風好水何處覓》，台北：大光，2005。

透過民間信仰象徵的轉化方式，以及民間信仰許願償還的慣俗，葉明翰將「改宗」成為基督徒，視為屬靈責任的「轉移」。他主張將曾經向民間信仰的神明許願發誓的「屬靈責任」，透過火化的「轉移」儀式，轉給「主耶穌」，由「主耶穌」承擔改宗者之前與神明之間的責任義務。[68]葉明翰和過去以來長老教會只把神像當成「偶像」燒掉的態度有所差異，加入了尊重神像和祖先牌位裡頭的「靈」的存在價值，但需要轉變新的歸屬之處。「聖別禮拜」包含「讓神明退位，歸順耶穌」的典禮，將祖靈和神像的「靈」都歸到主耶穌之下，由上主來保守這些「靈」，再將祖先牌位和神像帶回教堂「火化」。[69]

　　對於「火」的燒化儀式的象徵詮釋，是一項很重要的宗教神學轉化的課題。在台灣民間信仰脈絡裡，「火」作為潔淨、加強與轉化的功能，有形的物質世界透過燒化的儀式象徵轉換，轉變為另一個無形「彼岸」世界救贖的應許。[70]葉明翰對於聖別禮拜的「火化」，賦予轉化聖界責任的意涵，將「火化」的象徵從否定的燒毀，延伸到改宗、選擇更強大的聖界靈力。這種選擇更強大聖界的改宗態度，從二元對立的一神信仰，轉為在多神信仰中的「擇一神」信仰，選擇最強大的神去信奉。

　　過去長期以來，長老教會將祖先牌位與其他宗教的聖物，都視為是異教、黑暗勢力，必須將之銷毀，避免這些聖物依然對改宗者具有影響力，危及上帝「主權」的完整度。這種透過「火化」來銷毀

68　葉明翰，《信耶穌，免驚！》，台南：台灣教會公報社，2012，頁16-17。

69　葉明翰，《信耶穌，免驚！》，頁26-46。

70　王鏡玲，《慶典美學》，頁222。

的儀式，讓很多第一代信徒相當不安，因為將長期信奉過的超自然
界以及自己的祖先，以如此粗暴、像對待邪魔一般、燒毀棄絕的方
式，並非華人文化對待聖界或對待靈界的態度。這裡除了牽涉到意
識型態的衝突之外，還牽涉到本書其他篇章所提及的對待超自然界
的態度，乃是將之視為親人長輩、庇佑者、甚至受苦受難靈魂的基
本倫理關係。長老教會的信徒中那些想全盤否定台灣在地其他宗教
信仰的人，必須重新審視這些被否定的宗教信仰，是否有和基督宗
教同樣具有對人、對苦難者關懷的價值。

4. 民間宗教象徵在禮拜儀式的轉化

　　長期探索崇拜儀式「本土化」的台南神學院（以下簡稱南神），
[71]曾經對於聖餐與台灣在地文化，例如從生命禮俗（出生、成年、
婚姻、死亡）、歲時祭儀（例如元宵、清明、端午、中秋）、或
二二八國殤紀念⋯等等，那些屬於台灣慣俗與歷史記憶的各種「情
境」，以及生活飲食的象徵轉化，例如蕃薯、茶、米香、米飯、桑
椹酒、湯圓、肉粽、月餅、年糕、紅龜粿⋯等等，進行舊傳統與禮
拜形式融合的嘗試，黃伯和、駱維道、王貞文、王崇堯⋯等等南神
的教師團隊努力多年迄今。[72]可惜本土化禮拜儀式的象徵轉化，一
直處於邊緣，無法在長老教會各地方教會，獲得進一步神學建構與

71　周學惠，〈戰後台南神學院本土神學教育的發展〉，頁38-42。

72　例如在王崇堯曾經帶領的南神「聖餐禮拜設計小組」，在重陽節的聖餐設計上，以菊花
　　酒取代葡萄酒，象徵菊花凌霜不凋作為延年益壽的象徵，又以壽桃取代傳統麵包，請教
　　會長者講述教會歷史或個人見證，將重陽節與傳承、尊重長者、提升暮年生命價值相結
　　合，詳見林始娟設計，「重陽節慶與聖餐」，收錄於王崇堯，《台灣本土情境中的聖餐》，
　　台南：復文，2006，頁174-176。

聖餐禮儀的落實。本文僅從以下一場南神「乞龜聖餐禮」（二〇〇七年）的儀式實驗，來探討宗教象徵轉化所遇到的文化衝突。

這次聖餐禮原本就屬於每週一次的師生大禮拜，照例由老師與學生輪流主持。學生必須做一場畢業講道，老師們則可以自行尋找團隊，自由發揮。[73]梁哲懋牧師建議由「乞龜」的民間習俗來思考，並在當天講道中提出對這項民間儀式的神學詮釋。那場聖餐禮以麵龜取代麵包，以桑椹汁取代葡萄汁，以謝籃作為奉獻箱。這樣的生活飲食素材的選取，和之前南神所進行的聖餐禮拜形式並無不同。梁哲懋在講道中介紹「乞龜」慣俗，乞龜拿越大，要加倍償還。領受上帝的恩典，像「乞龜」一樣，領受了要加倍償還。這種使用民間信仰還願祭物來作為象徵性聖體的嘗試，相當有啟發性，和長老教會曾使用過的傳統主食（飯、糕餅、粿、肉粽…）相較，更具有宗教神學在象徵轉化的詮釋。[74]

接下來講道完的禱告，羅光喜牧師的奉獻禱詞大致包括：「玄天上帝、至高的耶和華，善男羅光喜、信女王貞文，帶領台南神學院師生一同，叩首、叩首、再叩首…」。他以帶有文白交雜的民間裏神語調，捧著謝籃祈禱。但是由於「玄天上帝」這個彷彿「異教」神明的稱呼，出現在奉獻的禱告裡，讓現場有些參加者一時之間驚慌。羅光喜認為，在《舊約聖經》的時代脈絡裡，希伯來人視「耶和華」具有把土地神、自然神吸納進來的屬性。台灣上帝的聖性也

73　根據與王貞文牧師二〇〇八年十月份和二〇一三年一月份的電子郵件討論，「乞龜聖餐禮」事件那時，她是南神禮拜組的組長。

74　根據二〇〇八年十一月二十一日下午在口碑教會對梁哲懋牧師、王貞文牧師、李孝忠牧師的訪談。

不應自我封閉，而是應把所有民間信仰的神聖屬性都納入。「玄天」是指「很高」的耶和華，不一定是「至高」。在《舊約聖經》的時代，外邦異教的神可以成為以色列的神「耶和華」的別稱。[75]

　　這場儀式引起一些參加禮拜的南神師生對於台灣民間信仰象徵的不安與恐懼。長期不敢使用民間信仰的宗教象徵，去轉化為基督宗教文化象徵的長老教會神學界，即使有嘗試者，也還在孤掌難鳴階段，不免受到信徒否定，和「除魅式」的攻擊。宗教信仰的文化主體性，包括對外——面對台灣不同多元宗教文化之間的交會，以及對內——面對「非理性」、獨佔式、追求靈恩體驗者在人性戰場的挑戰。[76]

靈力交鋒的宗教現象

一 | 靈性體驗的光譜

　　在上述李春生的神學論述裡，「靈驗」是宗教經驗的關鍵性要素，「靈驗」包含「神聖」力量，顯現在個人生命史與集體社群命運時，如何透過話語（預言）、異象、神蹟行動，來確認或兌現對於宗教人曾經許下的承諾。「靈驗」的信仰現象，不管是基督宗教見

75　根據二〇〇八年十一月二十一日在台南神學院對於羅光喜牧師、梁哲懋牧師、王貞文牧師的訪談。

76　根據二〇〇八年十一月二十一日對於梁哲懋牧師的訪談，他指出作基督徒為何需要和原先的民間文化切割？民間信仰可以給基督信仰怎樣的啟發？是否可以找到透過民間信仰來豐富神學，基督徒如何去認識民間信仰，從中體悟到對於土地與歷史的感情與智慧。不要害怕接觸民間信仰，誤以為怪力亂神，民間信仰對於台灣人作為生命共同體，有重要的意義。

　　　　　　　　│ 分別為聖——長老教會‧普渡‧通靈象徵 │

證聖靈的臨在，或者台灣民間信仰的通靈體驗，都是宗教人將攸關個人或集體命運的禍福，和聖界旨意的吻合與否，視為有因果關係。但是靈驗與否，意味著人對於聖界所設定的價值觀與意識型態的確認，這就牽涉到以人的有限去體驗神聖的「無限」時，往往因為宗教人對於「小我」與「他者」或「大我」之間，不同利害關係的取捨價值觀，而產生詮釋神聖的差異與衝突。

　　台灣大環境下的漢文化通靈傳統與原住民通靈傳統，受到日治時期以及國民黨政府戒嚴時期嚴厲管制與打壓，讓通靈現象在台灣被污名化為怪力亂神的迷信，也蒙上難以理解的神秘面紗。長老教會則是因為上述外籍傳教士所受的啟蒙運動傳統，歷經日治時期的現代化殖民政策與學校教育，以及國民政府時期以來的學校教育，已經將「非理性」的宗教體驗，轉向為道德實踐與現代科技、醫療救治，[77] 以及信徒物質面的生活改善，來作為聖界「靈驗」的見證。長老教會並不鼓勵信徒追求看見異象、說預言、說靈語、看見耶穌、看見魔鬼、行神蹟（醫病趕鬼）等等，那些被視為啟蒙「除魅」前才有的「迷信」態度。早期長老教會第一代信徒往往將現代醫療對於生活習慣的改變（不再賭博、不再吸鴉片、不再偷竊欺騙…等等）、疾病的救治與物質生活的改善，視為上帝的威能與靈驗。[78]

　　這些靈性體驗被長老教會神學主流的人文精神所貶抑，認為

77　這也是宗教學家奧托（Rudolf Otto）所批判的，詳見成窮、周邦憲合譯，《論「神聖」：對神聖觀念中的非理性因素及其與理性之關系的研究》（The Idea Of the Holy），成都：四川人民出版社，1995，第一章：理性與非理性。

78　鄭仰恩，〈犯鬼趕鬼vs.破除偶像—初探台灣基督教史中的趕鬼經驗〉，頁207-208。黃武東，《黃武東回憶錄》，頁30-40。

改革宗神學拒絕任何對上帝的控制或操弄，或是將自由無限的上帝固定在有形的事物中，不管是圖像、聖餐中餅酒、或是教會組織結構或政治意識型態。宗教信仰在神學家的角度裡，不應帶有交換條件、利益交易的目的。學院派神學將神學立場和啟蒙運動以來的人文主義傳統銜接，對於追求靈視異象、強烈的感官肢體語言（哭與笑、嘔吐、顫抖、說靈語）、非現代醫療的內在醫治與肉體醫治、「趕鬼」…等等靈恩現象，加以貶抑，認為有操弄神聖權威、為功利主義或特定意識型態服務之嫌。

長老教會傳統的崇拜方式，特別是都市教會，已經將大自然物化、視為被人類宰制對象的工具性，難以再從大自然與天地眾生的「尊重」關係下，和聖界相通，失去將身體視為小宇宙與大宇宙相通的靈修路徑。長老教會的「靈修」，遲遲無法和以東方靈修的空靈和諧的修行傳統，例如印度瑜珈、禪宗與道家養生等等尋求會通的可能性。泛基督宗教系的靈修，例如歐式的泰澤（Taizé）敬拜，結合天主教和東方式的避靜靈修，成為長老教會少數信徒另一種尋求在靜默中，與自然、勞動、生活結合的嘗試。[79]資本主義社會的作息，已經將教會生活嚴重壓縮，教會的崇拜方式從過去農業時代的吸收新知、道德勸說，到現在資本主義社會下，如何去修補身心靈疏離失調的需要，都顯示了傳統崇拜方式也面臨挑戰。

隨著長老教會第一代基督徒比例的下降，各教會大家族人口的繁衍擴張，成為教會主要的信眾來源。長老教會的都會化和中產階級化，以及長期和地緣、血緣疏離的學校教育，讓年輕世代離開家

79　我個人在一九九〇年代也曾在台北參加幾次泰澤式的祈禱，與天主教隱修院的避靜。

鄉，到大都會就學後，開始有機會遇到積極傳教的教會團體，尋求以年輕世代為主的人際網絡，取代傳統血緣與地緣為主的信仰圈。這些都有助於都市教會，尤其是年輕世代人口高度集中的台北都會。但是長期禁母語、華語獨大的學校教育，也讓長老教會的母語路線，受到很大的衝擊而被迫妥協，改成雙語（母語和華語）的主日崇拜方式。

另一方面，「實況化」神學所訴求的社會正義的公共性，遠水救不了近火，各地方教會為了自身的凝聚力、增加教會信徒人數，不斷將非理性的神聖威權功利化，轉為行神蹟與靈恩式的個人靈性救贖。「公共性」與「個人性」的這兩條路線都在長老教會「本土化」過程中交纏。只不過「實況化」神學往往迴避面對教會崇拜的個人化、「非理性」的靈性操練，將信仰的激情轉為社會公義的論述與社會運動的行動參與。

此外，追求靈恩的教會因為對於台灣本土宗教神聖力量的敵意，以及不同宗教爭奪信仰市場的攻防戰，常以「妖魔化」在地其他宗教，與強調自身的聖界最有力，來作為自我凝聚與自我標榜，將非基督宗教的神聖力量視為敵基督的黑暗勢力，例如他宗教信仰的神佛、祖先、民間的避邪物，都被視為驅除的邪魔，【80】要求信徒

80　參見石素英主編，《基督宗教與靈恩運動論文集》，台北：永望，2012。石素英主編，《穿越傳統的激烈神聖會遇──台灣基督長老教會靈恩運動訪談紀錄》，台北：永望文化，2012。譚昌國，〈靈恩醫療與地方性基督教：以一個台灣南島民族聚落為例的研究〉，收錄在Pamela J. Stewart、Andrew Strathern、葉春榮合編，《宗教與儀式變遷：多重的宇宙觀與歷史》，台北：聯經，2010，第五章。高瑜，〈神力的展演：台灣基督教安提阿中央教會的個案研究〉，清華大學社會學研究所碩士論文（2002年），第四章精兵：力量的身體，戰鬥的精神。

徹底拋棄原先的所屬的宗教信仰。這和前面所提二十世紀初期宣教師要第一代信徒所做的「除偶像」和聖別禮拜，就其否定台灣在地宗教信仰的態度上，並沒有太大的差別。

這種競爭聖界能力的高低，也正是台灣多元宗教宗教之間，常見的意識型態競爭。對於這派的長老教會信徒，雖然他們的「在地化」是想在意識型態上排除他宗教，但是他們在宗教行為上，卻和台灣通靈信仰的民間新興教派，對於靈力競爭的展演態度，有不少相通之處。[81]

二｜「敬拜讚美」與靈力展演

長老教會信徒透過在政治運動的參與，在一九八〇年代新的選舉造勢文化風起雲湧之際，曾經塑造過新的神聖儀式活動。在不少地方民意代表選舉造勢的場合，出現長老教會色彩的台語聖詩或改編的聖歌、文宣、甚至聚會形式，傳道人在政見發表會場宣揚民主、人權與各種社會公義的議題。近二十多年來長老教會基於對於國族認同與社會正義的關注，所投入「街頭運動」不計其數，這些「街頭運動」帶有理想性格與激情，對於既有政治體制的不滿，在宗教信仰理念的號召下，群眾運動具有與強權抗爭的性格。[82]這和「敬拜讚美」的靈恩激情，都指向對於既有體制的不滿與發洩，「街頭運動」帶有集體公義、族群危機、對國家機器的控訴。靈恩運動

81　參見本書第五章〈神話口述與通靈象徵——「天山老母」女乩現象〉。

82　在二〇〇一年由朱約信（豬頭皮）和蕭福德為首所組成的「搖滾主耶穌」樂團，曾在二〇〇一年起到二〇〇四年間以電吉他樂團和電音搖滾節奏的樂曲，創造出不同於傳統長老教會的聖樂方式。可惜教會諸多保守勢力的冷漠，讓屬於這時代台灣「文青」的聖樂無法在教會圈蔚為流行，反而成了台灣小眾另類音樂，和長老教會的街頭運動結合。

則專注於個人內在靈性與生存危機的救度，對於既有陷入僵化的教會體制的反動。【83】

在崇拜儀式展演的文化現象上，現今長老教會所面臨的意識型態分歧，並非只是對於社會資源分配不公的抗爭，也不只是卯上西方基督教神學與本土文化之間支配與被支配、殖民與反殖民的對抗關係，更關鍵的是宗教經驗自身最直接的挑戰。亦即，強調感官肢體語言、非理性的情感、獨佔式、立即「顯聖」的宗教體驗，槓上了強調理性秩序、莊嚴肅穆、制式化的宗教儀軌。這裡頭也包含不同階級對於表達信仰經驗，與儀式展演方式上的文化差異。【84】

靈性復興運動不只是長老教會所面臨的儀式展演上的挑戰，也是台灣整體傳統信仰環境所面臨的，制式化傳承的靈力結構與個別教會領導者「卡里斯瑪」（charisma）【85】的權力意志下，靈力展演的競爭。傳統農業社會、手工藝時代的氛圍裡，風琴素樸簡單、空緩淡定。這些引導默想放空、帶有異國情調的聖樂，將第一代信徒從廟會的熱鬧拼場亢奮中，透過風琴這項日式西化樂器的媒介，拉向靜謐而內在的人神關係。傳統制式化傳承的神聖權威與儀式結構逐漸僵化，中產階級化的信徒隨著經濟力的增強，教會學習西式音樂人口的蓬勃發展，台灣各地大教會追逐豪華視覺系的樂器裝備、精

---

83   參見王崇堯，〈神學的整全：台灣靈恩運動與街頭運動〉收錄於《台灣本土神學對話——為台灣教會把脈》，台南：台灣教會公報社，2011。

84   參見高瑜，〈神力的展演：台灣基督教安提阿中央教會的個案研究〉，第四章精兵：力量的身體，戰鬥的精神。我曾經去過台南天橋教會、新北市淡水長老教會、新北市樹林長老教會、桃園大溪榮美教會，參加過「敬拜讚美」與靈恩風格的主日禮拜。

85   韋伯（Max Weber）著，簡惠美譯，《中國的宗教：儒教與道教》（The Religion of China: Confucianism and Taoism），台北：遠流，1989，頁94。

湛技藝的聖歌隊、名牌鋼琴、室內樂表演，逐漸成為經濟力優勢教會的崇拜特色。

教會的崇拜特色反映了長老教會，在台灣中產階級都會人的品味，這樣的階級門檻也成為底層弱勢族群相形見絀、無法「高攀」的宗教團體。那些「自慚形穢」、不得其門而入的弱勢者，另外找尋可以安頓他們信仰價值與階級身分的宗教團體。長老教會的神學反映著中產階級在都會文明裡的集體意識，實況化神學工作者雖然致力於長老教會教義和社會現實關連，在強調聖靈的啟蒙光照下，重理性、以聖經信息作為信仰生活的指引。[86]但是以理性的道德勸說，用頭腦去瞭解經文與應驗信仰，往往忽略了以身體語言、以感官激情作為展現靈力的宗教體驗。

對於肢體的儀式展演，長老教會過去固守禁欲主義的制式化模式，隨著國語教會「校園詩歌」，以及最近二十多年來「敬拜讚美」的趨勢，帶有現代校園民歌和救國團的團康曲風，這些都是在政治長期去台灣化、打壓母語的環境下，企圖找出和聖界溝通的情感抒發。其實，沒有人可以限定聖界顯現的方式，正如任何一種自以為標準模式的敬拜，都只是眾多和聖界相逢的其中一條路徑而已。顫抖搖晃、不斷吐露的靈語、因為內在力量衝突而產生的嘔吐、打嗝、哭笑，都可能是肉身展現靈性能量的一種方式。

受現代人文教育影響的教會領導人，因為發現到靈恩運動強調個人意志的獨佔式「靈驗」，挑戰教會體制的權威、反傳統宗教文化，以及與多半來自美國、韓國的外來靈恩文化影響，曾經貶抑

86　鄭仰恩，〈犯鬼趕鬼vs.破除偶像─初探台灣基督教史中的趕鬼經驗〉，石素英主編，《基督宗教與靈恩運動論文集》，台北：永望，2012，頁208-209。

這些「非理性」的靈動。[87]但是近年來隨著基督教靈恩文化在台灣一般基督徒教會逐漸盛行，長老教會越來越多信徒也從拒斥轉為接納。就宗教現象而言，這些靈恩的通靈能力展現，和台灣在地民間信仰的通靈表現頗有相似之處。這些顯現出擁有靈力的宗教人，也都會出現以自身所奉祀的靈力之名，以自身的信仰見證，去論斷其他信眾信仰的真假。當新的聖界展現形式無法被既有體制合法化，新舊不同意識型態之間的衝突就不斷發生。長老教會比起其他不強調啟蒙人文精神的教派，面對自身「在地化」的不同路線衝突時，遇到更大的內部張力。[88]

敬拜讚美的崇拜現象和「實況化」神學的訴求路線，是否在「集體公義」與「個人靈性」之間難以兩全？「理性」的訴求與立即應驗的「激情」之間，是否難以相容呢？在語言表現上，敬拜讚美以華語為主的趨勢，一方面弱化了以母語為主的長老教會崇拜傳統，另一方面「敬拜讚美」與綜藝化的聚會模式，所挑戰的顯然不在於「私人」與「集體」信仰實踐上的衝突，而是更深層的雙重挑戰。第一重表現型式的衝突，挑戰了傳統「禁欲」嚴肅儀式的空洞化。第二重意識型態的衝突，則是以更獨佔式、排他、妖魔化其他宗教、敵我二元對立的靈驗神學，[89]去挑戰長老教會對於其他宗教

87　鄭仰恩，〈台灣靈恩運動發展初探〉，石素英主編，《基督宗教與靈恩運動論文集》，頁79-80。參見石素英主編《穿越傳統的激烈神聖會遇》，台北：永望，2012。

88　我也曾聽聞遇到一些牧師和信徒的衝突原因之一和採取靈恩信仰形式有關。在楊雅惠牧師的《背著十字架的女牧師——楊雅惠牧師的信仰歷程》中，也多次提及她後來走向靈恩的信仰形式，在擔任教會工作（牧會）時受到許多長老教會神職人員與信徒的質疑。

89　楊雅惠，《背著十字架的女牧師——楊雅惠牧師的信仰歷程》，作者出版，台灣教會公報印行，2008，頁340。書中提到她在靈恩訓練之後，把非基督宗教的宗教經驗當成「邪靈綑綁」，在該書337-338頁也提到學習「八字算命」、「密宗」的信徒也被認為「邪靈」跟隨，需要「趕鬼」。

存而不論或消極迴避的態度。

從各種感官經驗去發掘接觸「神聖」有別於日常生活的異質性，是一般宗教經驗的特色，有的注重視覺上的效果；有的閉上眼睛，通過聽覺，在主持者的口語感召（或煽動）與演唱／演奏的曲調、旋律推波助瀾下，從肢體動作的舞蹈或動靜節奏、呼吸吐納等等，通過這些具體的象徵媒介，去顯現出超越一般感官機能之上、「過度」與爆滿的意境。並加入呼應聖經的口號，以及呼應個別信仰者切身問題的投射（身體病痛、情緒困擾、財務危機、生活挫敗…等等）。

長老教會信徒轉向敬拜讚美的立即性、外顯激情的表現形式，在聲光熱力四射的歌舞歡樂中，感官經驗獲得立即性的強大震撼。在儀式的過程裡，更有效地釋放或安撫他們在生活上或病痛上的煩憂與困頓。全能的上帝轉換新包裝，以神通廣大、救苦救難、金光閃閃的超級天王之姿穿梭人間。這樣金光閃閃、彷彿與超級大明星同歡的綜藝化嘉年華風格，不也反映了自解嚴後台灣蓬勃發展的一般民眾KTV娛樂文化，以及大型選舉造勢的群眾活動嗎？走上街頭的長老教會獲得台灣社會「未信者」的注意，「敬拜讚美」吸引最多的卻是基督徒自身，而不是一般台灣的「未信者」。

敬拜讚美現象以及越來越常見的醫病趕鬼、神視、說預言…等等，這樣的宗教經驗不應只是停留在被壓抑情感的片面激情，以及抒發綜藝巨星式的神蹟表演。更重要的是，將這時代的基督宗教宣教神學，引向更多重意義的探索面向，那種既神秘又戰慄的感覺（mysterium tremendum）、既神秘又令人著迷的情感（fascination），[90] 將台灣人對於「上帝」顯現的理解，跨越了制式化語言概念的限制。這種靈恩現象與台灣自解嚴之後，越來越興盛的民間信仰靈力

運動（例如會靈山），都是值得注意的信仰個人化的展現。[91]靈性復興讓宗教人發現更多立即性的身體體驗，但靈恩的獨佔性也讓信徒對於非我族類的神聖感應，視為對立面的邪靈妖魔。至於靈恩團體裡頭一再被否定的邪靈妖魔，顯然是不同宗教之間的宗教市場權力「聖界」爭奪的現象。

三 | 長老教會的「趕鬼」現象

　　靈力大車拼在長老教會裡歷史悠久，自有基督宗教傳入台灣以來，不同宗教的「仙拼仙」，就像台灣早期移民各族群間的分類械鬥一般，幸運的是台灣尚未發生以宗教之名互相屠殺的悲劇。[92]「趕」的「鬼」究竟是誰呢？台灣一般的在地宗教，將「鬼」視為需要為之超渡、助其修行、前往聖界成佛成神、或前往投胎轉世的超自然界。基督教「趕鬼」的現象，以敵我二元對立，擊敗惡勢力、消滅異己、聖靈獲勝的靈力戰場，[93]以敵對的態度去對待民間的宇

90　奧托（Rudolf Otto）著，成窮、周邦憲合譯，《論「神聖」：對神聖觀念中的非理性因素及其與理性之關系的研究》，第一章到第六章。

91　丁仁傑，《當代漢人民眾宗教研究：論述、認同與社會再生產》，台北：聯經，2009，頁112-136。

92　盧俊義牧師曾撰文指出：「台灣的基督徒最應該感謝的，就是民間宗教徒和佛教徒對基督徒的寬容態度。因為在早期基督教來台之初，台灣民間宗教廟宇經常提供廟埕給基督教傳教師開佈道會，並且還免費提供茶水、電源，使佈道會得以順利舉行，這一點是非常確切的事，恐怕也是基督徒無法想像的事。」（自由時報「自由廣場」，2003年3月26日）。

93　詳見石素英主編，《穿越傳統的激烈神聖會遇——台灣基督長老教會靈恩運動訪談紀錄》，台北：永望文化，2012。譚昌國，〈靈恩醫療與地方性基督教：以一個台灣南島民族聚落為例的研究〉。高瑜，神力的展演：台灣基督教安提阿中央教會的個案研究，第四章。葉明翰，《在基督裏的「闢邪妙方」》，頁13-20。

宙觀（例如算命風水）和聖界象徵，例如民間信仰的神佛、祖先、鬼魂和民間信仰相關的圖像（例如龍、八卦、寶劍、祭品等等）。

為何要「趕」？表示被視為「鬼」的力量，宛如一個危及個人生存的「他者」，將這個危險的「他者」從個人身體內與意識裡趕走，藉此讓這位信者心靈得到平靜，宣稱基督教上帝的靈力戰勝其他宗教的聖界。這裡顯然不是其他宗教聖界是不是和基督宗教「上帝」對立的問題，並非「是」與「非」、「正確」或「謬誤」的問題，而是多元宗教文化的生態裡，不同聖界之間價值或意識型態「差異」的問題。差異並不表示彼此不同就是邪惡、就是錯。不同宗教都共同面對的關鍵是人性：因人性而起的陰暗面，那些因為現實生活所出現讓人心理不安、受威脅的力量，都需要面對與化解。

曾在高屏地區長期牧會的葉媽識牧師，傳神地訴說了「趕鬼」時的情節，一位自稱是港仔埔的黑狗精、被九（狗）元帥附身的青年，曾嗆著要趕他的教會長老，與之鬥法。[94]張思聰牧師曾遇到自稱高雄太子爺的將軍，附身在信徒身上。[95]葉明翰牧師和信徒手牽手圍圈圈，唱聖詩逼走女童乩身上的「邪靈」。[96]鳳屏教會女信徒在「除偶像」之後，上廁所發現牆上有之前拜的觀世音菩薩佛像顯現，幫女信徒進行內在醫治時，再度出現蓮花的顯像，讓她的手無

94　詳見葉媽識，〈魔鬼逼人入天國──葉媽識〉，收錄在石素英主編，《穿越傳統的激烈神聖會遇》，台北：永望，2012。關於「趕鬼」現象，二十年前我也曾跟《張老師月刊》編輯龔卓軍和攝影連震黎，訪問過葉媽識牧師，詳見王鏡玲，〈奉主之名，我命令邪靈出去──基督教牧師的驅魔智慧〉，《張老師月刊》227期，1996年11月，頁88-95。

95　曾如芳，〈論基督宗教神聖感之體現──以長老教會內在醫治為例〉，政治大學宗教研究所碩士論文（2005年），頁224-225。

96　葉明翰，《在基督裏的「關邪妙方」》，台北：大光，2005，頁13-20。

法動彈；被齊天大聖附身的人，會一直翻跟斗。【97】潘雪雲牧師曾以「方言」禱告、比手勢和行「邪術」者鬥法。【98】在譚昌國的台灣南島民族聚落的田野觀察上，原住民傳統信仰也被視為崇拜偶像、是嚴重的罪、也將祖靈視為患病來源，甚至天主教也被視為偶像崇拜，必須放棄。【99】

　　拯救「人」必須正視「邪靈」、「鬼」所指涉的文化象徵，才能正視人性在恐懼陰影裡的自我衝突。那些理性無法測度的「他者」，透過更多元的「理性」與「非理性」一體兩面的理解，透過「有知」與「無知」的辯證，而開展出更多對於宗教現象的理解與救度的可能性。尤其尋求以暴制暴的「趕」鬼之外，其他脫離痛苦與折磨的救度之道。非基督宗教的宗教象徵、和基督宗教爭議的倫理觀（例如同性戀、婚外情）也被視為「邪靈」。【100】

　　「趕鬼」所進行的儀式就是身體主權的爭奪戰，聖界的「合法」範圍，往往被侷限到只有趕鬼執行者所認定的神聖特質作為唯一「合法」的聖界。【101】對於民間信仰者而言，被附身是一種人與人之外的神聖力量相通的機會，「附身」現象對於「被附」的人而言，因其信仰詮釋的差異，可能被詮釋為一種任務或使命的召喚，也可能

97　曾如芳，〈論內在醫治中的趕鬼—以長老教會的觀察為例〉，收錄在《基督宗教與靈恩運動論文集》，頁226-227。

98　石素英主編，《女裙、聖職與決策——台灣基督長老教會女性領袖生命敘事》，頁178。

99　這裡譚昌國使用「南島民族聚落」，文中牽涉到排灣、魯凱、卑南等族群。

100　在楊雅惠《背著十字架的女牧師——楊雅惠牧師的信仰歷程》，多處寫出靈恩運動二元對立的衝突，楊雅惠把其他宗教的信仰象徵當成邪靈，自己所推動的同志神學也被反同者視為「邪靈」，頁346-347。

101　曾如芳，〈論基督宗教神聖感之體現—以長老教會內在醫治為例〉，頁227-230；譚昌國，〈靈恩醫療與地方性基督教：以一個台灣南島民族聚落為例的研究〉，頁229-237。

被解釋為因果報應，需要去處理和「被附」力量之間的恩仇關係。能否安頓「被附」力量的干擾與威脅，也正是民間信仰中信仰權威確立的表現。對相信「趕鬼」彰顯靈恩威力者而言，則是必須以基督宗教的神聖力量，掃除一切被視為威脅上帝靈力的「對敵」。

對於已過世的靈魂，石素英曾提出祖靈的定位，對於原住民復興傳統文化，具有關鍵影響。[102]譚昌國認為祖靈或死者之靈，雖被長老教會正統教義視為異端，但靈恩醫療者多半以讓病人不再為祖先所犯的過錯負責，來企圖切斷病人與祖靈的關係。祖先的罪常因為祖先並未信奉基督教，甚至是擔任巫師職，而被視為有罪，並將子孫的患病視為上帝對於祖先犯錯的懲罰。透過靈恩團體的領導者，引導集體禱告的醫療效能，來改善信徒病情，帶領病患與觀眾見證神蹟，並引導他們改宗。[103]

「趕鬼」現象正是基督宗教「本土化」過程中，和其他宗教與傳統慣俗最直接的「聖界」衝突。這裡頭直接衝擊基督宗教在當代西方人文精神影響下的「無限」、「慈悲」、「救度」、走出敵我二元對立的神觀。靈恩運動的神聖觀並沒有受到當代以人文精神和他宗教對話、和解的態度所影響，「趕鬼」的靈恩現象並未接受人類對於難以測度的無限聖界，抱持謙卑與開放的信仰立場。反而因為抒解所面對的身心壓力需要，必須以二元對立的方式，把不同於基督宗教聖界之外的宗教傳統加以否定。

長老教會對聖界的「本土化」，從一開始就包含兩種極端，第

102　石素英，〈福音與文化〉，收錄在《基督宗教與靈恩運動論文集》，頁109。

103　詳見譚昌國，〈靈恩醫療與地方性基督教：以一個台灣南島民族聚落為例的研究〉，頁228-229。

一種是和在地一般的民間信仰一樣，以靈驗的強弱來作為西瓜偎大邊的宗教信仰。這樣的信仰態度包含不斷見證自己的神，如何讓自己在生活上勝過其他異教徒的「成功神學」，以合法化否定改宗前的宗教傳統和慣俗，全面擁抱外來的救世主。

第二種對待聖界的「本土化」態度，則是「去神聖化」。持「去神聖化」態度的基督徒，將台灣的諸神異教（也包含看待世界其他宗教的聖界）視為一種歷史、風俗的產物，屬於人所創造出來的文明。這陣營的基督徒不會將「異教」廟宇視為邪靈禁地，而是當成「去神聖化」之後、歷史古蹟和民俗文件的人文知識。這些信徒對於正在發生的其他宗教的處理方式，大都當成社會新聞檔案的處理方式。

四｜「拜祖先」的聖界交鋒

如果說本文第一部分所提及的李春生提出基督信仰作為強國進步、將基督信仰的價值視為「普遍」真理，來轉化李春生所認為的傳統儒學的不足。以此作為十九世紀末基督教菁英的第一波信仰「在地化」神學的代表。那麼，第二波的神學「在地化」，則是參與在台灣政治社會實況、反威權壓迫的神學類型。但是這裡都避開一個關鍵卻牽涉到不同宗教宇宙觀「在地化」的探討，那就是基督宗教如何看待台灣在地的宇宙觀和非基宗教的聖界，包括祖先、鬼魂與神明、泛靈信仰，以及陰陽五行…等等的人與天地萬物的關係。除了上述所論及的宗教神學對民間信仰象徵的詮釋轉化之外，在本文有限的篇幅裡，我們僅就最常見的「拜祖先」宗教現象提出來探討。

帶有蘇格蘭十九世紀啟蒙運動文化神學傳統影響下，台灣

教會初代宣教師馬偕牧師和梅監務牧師（Rev. Campbell Naismith Moody），都看出拜祖先對於漢人信仰的重要性。[104]馬偕曾精確地指出漢人「真正的宗教是拜自己的祖先」。[105]「拜祖先」是習俗，也是信仰，帶有強烈的華人父系血緣的認同與排外，對於基督教的態度，二十世紀早期台灣人認為「拜番仔教，大不孝」。[106]遇到基督宗教，就包含「父權」之間合法性的對決。過去基督教會的歷史，曾經透過武力與經濟力將所佔領的各地宗教信仰（包含人類對於感通大自然各種能量的信仰）、拜祖先（祖靈）信仰加以打壓，將異教打為魔鬼，將對「異教」表示友善、想與之融通的教內信徒打為「異端」，以集權暴力來將基督宗教的「聖界」絕對化為單一強權，將一切自然界與超自然界都歸之於基督宗教的聖界（包括天使等級與聖徒等位階）來支配。

多神信仰的聖界權力，安頓在彼此角力的恐怖平衡，包含吸納更多功能的聖界特質，以及更古老、崇高、龐雜多元的神譜網絡競爭，因此有「多重至上神」角力的多樣性。一神信仰在已經被征服的基督宗教信仰圈，作為最大的宗教勢力時，難以分享「聖性」。難以分享聖性來自宗教人將聖界絕對化的權力意志的獨佔與捍衛，但是處身在多元宗教的台灣社會實況中，基督教如何與不同宗教之間和平共存呢？就不是抽象宗教理論的設定與演繹，而是具體的「我」與「他者」之間的生死存亡的問題。這裡就包含理想面與現實

104　鄭仰恩，〈犯鬼趕鬼vs.破除偶像—初探台灣基督教史中的趕鬼經驗〉，頁194-195。

105　馬偕（George Leslie, Mackay）著，林晚生譯，《福爾摩沙紀事：馬偕台灣回憶錄》（From Far Formosa），台北：前衛，2007，頁121。

106　黃武東，《黃武東回憶錄》，頁33。

面的衝突，理想面是像「實況化」神學家所追求的多元文化並存的宗教家胸襟，但是現實面則是擴張教勢的宗教市場競爭關係。但是不管是理想面還是現實面，來到長老教會作為台灣文化光譜中的一支，在政治社會實況認同台灣主體的同時，如何在「聖界」的實況上，也展現出尊重差異的宗教神學實踐呢？

在台灣的漢人文化脈絡，這麼錯綜複雜的宗教文化衝突問題，我們只把問題先聚焦在：為何「拜祖先」會侵犯到上帝的主權？為何祖先和上帝之間是二選一的問題？在個人與上帝之間，還可以有怎樣的祖先位置？非一神信仰者清楚「祖先」、「神明」和「鬼」的差異，反而基督徒把這三者都視為威脅上帝主權的共同敵人。為何「祖先」、「神明」和「鬼」不能成為上帝的朋友、或是「鄰人」，只能是上帝要支配與消滅的「對手」或「敵人」呢？在這個重視他者、重視「差異」的時代，也該是基督宗教面對自身壟斷聖界霸權心態的時候了。

宋泉盛曾從韓國、越南和中國等傳統習俗儀式中，看出了拜祖先的家族祭儀是亞洲重要的信仰象徵。拜祖先並非將死者當成基督教的上帝一般的敬拜行徑，而是藉由祭拜，一方面讓子孫緬懷先人的過去，另一方面藉由祖先作為家族認同與延續的象徵。這種家族的象徵，宋泉盛希望進一步地通過主耶穌的「聖餐禮」，將血源的家族生生不息延續到未來象徵，轉換為基督信仰團契的上帝，在現今、未來與過去的救贖應許，上帝的愛讓生者與死者超越時空地獲得真實的生命。[107]

107　宋泉盛著，莊雅棠譯，《第三眼神學》，頁354-363。

如果說西方傳統基督宗教社會到現今所遭遇到的最大挑戰之一，是其他宗教與無神論價值觀的宗教「市場」競爭，導致維繫原先社會真實的單一合理性受挫而裂解。[108]那麼，在漢人社會裡這個維繫社會形上的社會真實的合理性——拜祖先的父系血緣象徵，也因為資本主義社會結構變遷、小家庭化，西方個人主義的價值觀與基督宗教的加入而動搖。

　　當家族成員的所有經濟來源和財產分配，都以父系血緣共同體的家族資本作為唯一來源時，祭拜父系祖先象徵著家族共同體的成員之間，靠父系血緣傳承的現實利益所凝聚的集體性。凝聚的同時，也包含對於出嫁女性後代視為外人加以切割，或是藉由聯姻，再度鞏固與擴大父系家族影響力。拜祖先延續長輩在生前與家族的權利義務，死後繼續執行的「人倫」。不拜祖先受懲罰、或者祖先有難而遭連坐的傳統觀念，都說明拜祖先不只是「孝順」的道德訴求，也包含因果報應的人際關係投射。

　　正如在第一章所提及的，拜祖先具有家族的凝聚力與排外性。「祖先」不庇佑該家族以外的外人，肥水不落外人田，非同姓血緣者，無法繼承財產。家族在資本主義、工業社會的分工裡，除了家族企業外，家族成員不再被血緣和地緣凝聚或綁在一起，而是被勞動場所決定，家族反而四散各地，不再是現代社會凝聚的主力。

　　另外，女性的經濟生產力，也不再只是依附在男性父系的家中，女性經濟的獨立，讓女性不再需要唯夫家是從，女性的經濟力

108　參見彼得・柏格（Peter L. Berger）著，高師寧譯，《神聖的帷幕》（The Sacred Canopy），
　　　上海：上海人民出版社，1991，第二章：宗教與世界的維繫。

讓女性對於原生家庭的認同，或是所謂蔭「外家」，不再被視為禁忌。少子化後獨生女對於原生家庭的責任與財產繼承，也讓獨生女與拜祖先、甚至拜母姓祖先，成為未來父系祖先獨大傳統的轉變關鍵。

但是，即使拜祖先牽涉到對於父系子孫庇佑的聖界權力，這樣的權力也只限於血緣的共同體，和超越血緣共同體、關心世界苦難者命運解放的基督宗教聖界，顯然和「私」的「家族」聖界共同體不同。基督宗教的聖界是「天下為公」、「普世」、以全人類作為救贖對象的價值觀。

在董芳苑牧師對「拜公媽」的看法上，認為基督教是「神本倫理」，強調由敬神再敬人、孝敬父母；台灣民間則是「人本倫理」，從個人家族拜公媽到敬神敬天。兩者對於祖先的重視類似。基督教強調「生之孝」，台灣民間則因為「亡靈崇拜」而注重「死之祭」。董芳苑主張「亡靈崇拜」的迷信行為，需要耶穌福音來糾正改造。[109]董芳苑站在拒絕人死為鬼的教義立場，認為人一死，靈魂不管善惡就到上帝那邊，無須對亡靈崇拜。

董芳苑對於台灣民間的「神鬼」詮釋，先採取現代社會科學的人類學分類，稱之為「亡靈崇拜」。[110]再跳回到基督教神學立場，認為人死後靈魂歸上帝。在此，我們要進一步指出，「崇拜」（worship）這屬於一神信仰的概念，在台灣多神信仰的祭祀文化

109　董芳苑，〈從宗教神學看祭祖問題—論「拜公媽」〉，收錄在《基督徒與祭祖》，出頭天工作室策劃，1996，頁78-81。

110　董芳苑，〈從宗教神學看祭祖問題—論「拜公媽」〉，頁75-76。

裡，需要做更多的區分，對待不同超自然的聖界分工，並不適合用「崇拜」來含括。[111] 這種對於聖界的兩套標準，依然是用神學來看待自身的宗教，用社會科學和歧視去看待「異教」。

台灣的基督宗教徒從十九世紀末到現在，依然還有很多人藉由物化貶抑非基督宗教的信仰，誤以為對方是以有限物質的有形之物，去做為無限的神聖本尊。例如誤以為台灣人拜神像和拜神主牌位，是拜木頭，或者嘲笑泛靈信仰未能辨識自然只是自然，只是上帝的受造物。這些歧視在地民間宗教信仰的態度，先以現代科學的理性，去貶抑在地傳統宗教神話和民間宗教，對於自然與物質世界的靈力邏輯；再用基督宗教的一神獨佔式的權力，對於他宗教的大自然、靈魂、命運等信仰觀，以支配性的仇恨心態打入地獄。[112]

二十世紀後期以來的宗教學研究已經清楚地闡述，行使巫術並非「拜物」，而是透過可見的物質面，去展現無形的、對於人與世界支配與調和斡旋的權力。[113] 本書的其他篇章也可以看到對聖界的尊崇和靈性能量的使用，所具有的救度解脫的宗教精神。行使神聖能量的儀式者，清楚自身並非能量本身，而是能量的媒介，拜祖先者也相當清楚木牌並非祖先本尊。

祖先的「聖性」何以被視為和基督宗教的「上帝」一樣，被視為上帝的敵人或邪靈，這就牽涉到「聖性」往往被長老教會區分為抽象的二元對立：正與邪、善與惡的範疇。不屬於上帝的「善」，就

111　參見Mircea Eliade, editor in chief. s.v. "Worship and Cultic Life," *Encyclopedia of Religion*, MacMillan, 1987.

112　馬克・霍克海默與提奧多・阿多諾合著，《啟蒙的辯證：哲學的片簡》，頁34-37。

113　參見Mircea Eliade, editor in chief. s.v. "shamanism," *Encyclopedia of Religion*. MacMillan, 1987.

屬於魔鬼的惡。不是被上帝祝福、由上帝掌控與照顧的基督徒祖先，就是不信上帝、被上帝咒詛、該下地獄的「異教鬼」。

這種二元對立的分類，把任何不同於基督宗教的超自然界，都齊頭式平等地視為：要不和上帝具有神聖「本質」上的「同一」，要不就是「對立」。不然，就是完全沒有上帝聖性的受造物，受上帝支配與照顧。這樣的傳統二元對立式的區分，忽略了神聖所包含的無限性，意味著包容各種聖性之間差異價值觀的多元，將不同的神聖力量視為親疏、遠近、好壞、強弱、上下⋯等等的差異並存關係，而非絕對的對錯與善惡。[114]

家族史和過去的家族記憶息息相關，但是基督教會卻想要「去神聖化」。神主牌位裡祖先的名字，是家族史的象徵，祖先與子孫之間的權利與義務，包含著家族共同體因果報應和利益交換。長老教會指責拜祖先的功利心態，也反映在長老教會自身。基督教對於祖先牌位的恐懼，正是過去威權家父長制遇到另一威權的競爭、奪權對立的心理反應。[115]基督徒把這種子孫與祖先之間的家族共同體的責任與義務關係，把光宗耀祖視為威脅上帝主權，因為只能榮耀上帝，但其實對於基督宗教家族而言，同樣把家族成員的成功視

114　馬克・霍克海默與提奧多・阿多諾合著，《啟蒙的辯證：哲學的片簡》，頁32。

115　台灣更多非長老教會的基督教派，將信奉民間信仰的祖先視為罪人，更將一般台灣的宗教活動、瑜珈、靜坐、放天燈、算命、豐年祭⋯等等，都視為邪靈、「魔鬼的約定」，參見趙曉音，《走出黑暗》，台北：榮益，2012。這類基督教徒所進行的為祖先和為自己除罪的儀式，以及透過趕出身上「邪靈」，來讓身心回復健康的靈療，和目前台灣諸多宗教為祖先舉行各種救度儀式，以及透過身體的靈動、資深通靈者的引導、透過「開文」來救度、懺悔，請聖界力量協助等等，為自己和在世親人、祖先消災解厄的現象，都可以視為一般「非理性」的聖界力量展演。參見本書第四章〈能量的戰場──海邊「普化」儀式探討〉。

為家族的榮耀。

　　把拜祖先視為威脅上帝主權的這種指控，其實陷入了台灣作家李喬所言，以有限的人倫關係，等同於人與上帝之間的關係。李喬指出，祖先是「有限的」、屬於受造的人，屬於個別家族自身，並不具有普遍性。上帝是無限的，對每位基督徒而言，都是唯一，對整體基督宗教而言，上帝是信仰的根源與動力所在。[116]拜祖先和信上帝的差異，信徒不會因為拜祖先，就無法成為敬虔的教徒。

　　上帝作為絕對的公理與正義的審判者，這並不是華人賦予祖先的角色。正如一般台灣人不會把祖先與「天公」或是「道」相等同。祖先是私人、家族共同體的生命記憶史總稱，就像舊約聖經猶太人紀念自己的族長史一般。華人文化圈的基督徒不需要把上帝和祖先視為同一種特質的聖界，不需要以「祖先」作為血緣共同體的象徵，去等同於普遍公理與正義準則的「上帝」。

　　就文化象徵系統的現象而言，基督宗教信仰裡對「上帝」的體認，和中國傳統文化裡的神明、神仙、鬼怪、祖先、祖靈、自然各界的神祇，原本屬於不同「神聖」範疇的分類學。在華人宇宙觀裡，人與神都屬於「道」，這裡不是「一元」的同質性自我認同，而是「多」元在一種互相關連的相對秩序系統內、互為主體的變動，例如陰陽五行的相生相剋系統裡對於神明的看法，不同於自身就是宇宙法則的根基（Being）與變化（Becoming）的基督教上帝。

116　〈基督徒切身問題座談會（一）敬祖與祭祖—談「拜公媽」的問題〉，《台灣教會公報》第2367期，1997年7月13日。

結語：神聖的差異

本文第一部分從早期進入台灣文化的長老教會，在一神信仰的神觀上，如何從外來文化和在地台灣宗教信仰文化之間，在不同信仰價值衝突的轉化上，展現出當代台灣社會新舊宗教文化的交融替代，以及社會人際網絡與社會階級的轉變。長老教會所表現出來的台灣新宗教文化，對第一代教徒而言如何呈現愛恨交織的複雜文化叢結。

第二部分「在地化」神學進行式，闡述了外來信仰在地化、實況化過程的幾種重要特色，首先，從李春生將傳統華人儒學體系與道德實踐，轉化成基督宗教的「在地化」神學。再者，第二部分也探討了長老教會神學菁英們如何透過宗教神學的宗教比較、俗諺智慧文學、以及宣教實踐，來進行新的基督宗教的文化詮釋與轉化。

第三部分則從靈力交鋒的宗教現象，透過對於「靈驗」宗教經驗的闡述，從「敬拜讚美」與靈力展演、長老教會的「趕鬼」現象、「拜祖先」的聖界交鋒等現象，探究人如何以有限去體驗神聖的無限時，因為「小我」與「大我」之間、普遍與個別之間、對神聖的非同一性所產生的差異關係的詮釋轉化以及衝突。

基督宗教在台灣超過一百五十多年了，已經是台灣多元文化重要的一環，尤其長老教會的知識菁英，在扮演西方文明知識引介的投入上，讓他們在台灣這個西方宗教霸權依然蔑視在地宗教的島國，還佔有政治與經濟影響力上關鍵少數的地位。正因為台灣社會「崇洋貶土」的意識型態如此強大，基督宗教並不認為需要回過來反省自己意識型態上的傲慢。甚至希望藉由都會化、個人主義化的社會趨勢，逐漸淘汰拜祖先的習俗信仰。

本文最後想提出的是，當台灣基督長老教會想以基督教「一神論」的神觀，去當作理解華人文化裡的「神」的概念與信仰體驗時，無疑地將落入一種將差異的「他者」，扭曲為自我中心式的整體化詮釋。一旦這些民間神靈系譜被依照基督宗教「一神」聖界特質「絕對化」之後，就成為基督教會誓不兩立的攻擊對象，被當成「禁忌」、「偶像」或「迷信」，當成「善」的對立面加以否定與棄絕。

　　基督教神學工作者有待深入的問題，恐怕是如何面對台灣的華人傳統文化裡「神聖」權威譜系的意識型態，並非因為他們是異教「神」類就得被消滅。台灣在地宗教信仰的「聖界」，究竟是指哪些被視為侵犯上帝主權的意識型態？還有哪些其實和基督宗教的價值觀並沒有衝突。基督宗教要對抗的是那些被賦予絕對化的「神聖」權威，包括以「國家安全」之名對人權的侵犯、以「愛國」之名排除異己、以物質面獲利的成敗來論斷人的價值、絕對化某種階級、族群、性別的價值觀…等等，看它們如何壓迫人、奴役人，讓人失去自由，這些權威可能以宗教之名、也可能是當前商品化消費社會裡過度膨脹的物質慾望。

　　對啟蒙運動之後、追求人作為自身命運掌握者的時代精神而言，基督宗教自身並未賦予人真正的自由；跳脫民間信仰的命定論，卻又進入基督宗教被教派教義所主宰的命運。就追求人獨立於超自然之外的「啟蒙」精神而言，基督宗教對於其他宗教的批判，只是意味著有更強勢的聖界與「利多」選項的宗教市場條件。從現代「啟蒙」精神來看，是以理性祓除人類的恐懼，讓人成為自身的主宰。[117]但是長老教會的傳統，則以上帝的絕對主權、拒斥那些被視為威脅上帝聖界主權的其他聖界。希望藉此將台灣人從被迷信與無知的異教中解放，透過否定虛假的聖界，來找到真正的「真

理」、「獨一真神」。

　　「實況化」神學反對政治法西斯獨裁與文化霸權的意識型態的同時，還要自我警覺是否以某一種自以為優勢的外來神學菁英的價值體系，去主導和支配其他的政治意識型態或文化體系的霸權心態。「一神」信仰的「一」是消滅與對抗異己的「一」呢？還是在面對不同的「異己」、不同的「我」與「他者」互動關係時，祂甚至是成全、孕育、為他者犧牲的「無限」聖界呢？台灣多元傳統宗教文化對於長老教會而言，一直是存而不論的邊緣議題。長老教會自挑戰戒嚴時代以來台灣統獨國家認同的禁忌議題迄今，如何和不同宗教的「聖界」在怎樣的信仰精神下共生，是長老教會做為台灣宗教文化共同體，重要的自覺所在。

117　馬克・霍克海默（Max Horkheimer）與提奧多・阿多諾（Theodor W. Adorno）合著，《啟蒙的辯證：哲學的片簡》，頁26。

第三章

菜市場裡的靈光

淡水龍山寺的普渡儀式

那些看不見的先靈,也重新召喚出過往記憶
的潛意識,體驗到在儀式調度中,消逝母語
的歷史記憶,以及在「此時－此地」聲音劇
場的靈性微光。

「爆滿」與「空緩」的普渡慶典

死亡從來就不是終結，死亡是活著的每一個生命永遠想逃離又直逼過來的威脅，「死亡」的集體記憶沒有隨生命消逝、歲月流逝而遺忘，反而繼續蔓延、濃縮、進入變形組合，照亮或威脅此時此地的「我」——每一個活著的個體。中元普渡的慶典表現了台灣傳統信仰文化對「死亡」的禁忌，也釋放了對「死亡」的恐懼。中元普渡是所有台灣的慶典中，最能夠以死亡的虛無，照亮了眾聲喧嘩的生機，折射出令人顫慄又魅惑、最親近又最遙遠的生死觸感。

> 每一個進入慶典人潮中的「我」，在如此強大紛雜的聲色刺激下，「我」的思想主體性逐漸被「我」之外的肉身與肉身之間、一波接一波亢奮的氛圍所吸引，但吸引中，卻依然還帶有保有警覺的界線，直到被排山倒海的聲色強行入侵，進入「我」被匿名的「我們」所牽制、包圍、甚至暫時「忘我」的亢奮狀態。…但終究在感官功能彈性疲乏中，失去辨別箇中差異的動力。[1]

民間普渡慶典所包含的「形而上」繁複宗教科儀的救度，以及「形而下」豐富祭品，同時滿足精神與肉體的欲望需求。普渡慶典的場面具有一體兩面：既是從外顯的「爆滿」、「從外而內」的狂歡氛圍之中，以剎那來照亮永恆。另一方面也透過宗教人內斂收放、「從內而外」神話角色（例如地藏王入地獄救度亡魂的神話）扮演的

---

1   王鏡玲，《慶典美學》，頁242。

宗教想像，以及佈施救贖的歡喜心，來對抗人生的無常與虛無。隱性內斂的普渡慶典特質，雖然不像顯性的狂歡那樣地具有外在可見的感官發洩快感，卻同樣地也釋放了對「死亡」的恐怖，以及民間佛教所顯示的「空」的寬容與解脫的意境。[2]在變動不確定的時代裡，給予生命暫時安然自在的承諾。

淡水龍山寺普渡儀式的參與者，多半是五、六十歲以上的中老年信眾，九成以上是女性。老年人的肉身宛若一個變形金剛，將那些從年輕到老各項愛恨記憶庫裡的零件重新組裝。老年肉身在救贖儀式的現場裡，以生命記憶體的總動員，從面對他人的「死」與「再生」，讓自身逼近死亡的肉體，增加與之搏鬥的勇氣。這樣貌似「存在主義」式的審思，不只是抽象的理論概念，更是我在民間儀式現場裡一再遭逢的親身體悟。在此我沒有要為民間儀式信

普渡法會入口，拍攝於淡水龍山寺。

2　　關於淡水龍山寺主神是觀音菩薩，屬於「民間佛教」的相關論述，詳見林美容，《台灣的齋堂與巖仔：民間佛教的視角》，台北：台灣書房，2012，頁12-14、頁182-189。

普渡法會正殿，拍攝於淡水龍山寺。

仰者代言，只是通過同是宗教人參與其中的儀式展演，去開啟對
於民間佛教普渡祭儀的理解。我的詮釋立場受到海德格（Martin
Heidegger）對於死亡的看法，[3]以及伊利亞德（Mircea Eliade）[4]和
彼得・柏格（Peter L. Berger）[5]宗教現象理論的影響。這些是我所
承接的思想養料，這些思想的啟發，幫助我進入詮釋的理論視野，
成為宗教「異鄉人」回返的凝視張力與動力之所在。

3　參見海德格（Martin Heidegger），*Being and Time* (German: *Sein und Zeit*), Trans. by J. Macquarrie
　　& E. Robinson, New York: Harper & Row, 1977。

4　Mircea Eliade, *Patterns in Comparative Religion*, Trans. by R. Sheed.New York: Sheed & Ward.
　　1958. 王鏡玲，〈神聖的顯現：重構艾良德（Mircea Eliade）宗教學方法論〉。

5　彼得・柏格（Peter L. Berger）著，高師寧譯，《神聖的帷幕》（The Sacred Canopy），上海：
　　上海人民出版社，1991。

慶典時間與國家權力

我們所關注的焦點不是去追逐近年來被媒體一再報導的盛大普渡慶典，也不只是把一項儀式步驟鉅細靡遺寫出的記錄。我選擇一個鑲嵌在個人日常生活脈絡裡，經常買菜路過的菜市場裡的迷你古蹟—淡水龍山寺作為書寫的主軸。這是日常生活裡的「非」日常經驗，以下普渡儀式的書寫將出現兩種交織對照的場景，一方面會和我過去所參與過的普渡儀式有所呼應，另一方面也會和淡水龍山寺農曆初一或十五的禮佛拜懺共修的儀式展演作連結，藉此來連結民間儀式空間更多層面的探究。

淡水龍山寺的儀式空間包含了歷史記憶與顯靈神蹟，[6]包含了從族群械鬥的據點，到跨族群的在地信仰場所，例如清法戰爭顯靈助陣拒退法軍以及信徒個人的見證。[7]不過，這間淡水龍山寺因為都市開發的擴張，廟宇空間嚴重被擠壓。可見傳統信仰雖然是對抗外來強勢西方流行文化的重要資源，但也因為長期被大環境邊緣化後，傳統信仰失憶失根，上一世代所信奉的神聖力量在前往下一輪新時代時，已經瀕臨被遺忘與消逝。

台灣宗教慶典節期的時間感，已不再由宗教團體所決定，而是受制於國家權力對於假日作息的排序。工業社會的上班與學校上課

6　淡水龍山寺的觀音佛祖除了在清法戰爭滬尾之役顯靈助陣拒退法軍，也拯救了個別人民。例如暫住工人楊阿爐的生命，張建隆，《尋找老淡水》，台北：台北縣立文化中心，1996，頁201。

7　我在參加初一、十五拜懺時，也曾聽到六十多歲的婦女在聊天時提到，日治時期她的阿嬤小時候有一次和幾個小孩在龍山寺玩耍，被一名白衣婦人趕走後，馬上發生大地震，才發現觀音佛祖顯靈。但這些在地過往的顯靈傳說，在現代社會已經從廟口的口耳相傳，轉變成在媒體與網路的媒介上流傳。

的作息，把假日固定在週末，一般人（上班族和學生）無法在非假日參與宗教活動，讓原先以傳統民俗神話、族群歷史記憶、大自然節令、以及結合地理特色的慶典儀式與娛樂休閒，一方面被迫遷就週休二日的作息，[8]另一方面祭祀圈人口的遷移，與土地開發的快速變化，讓傳統廟宇的儀式節期，面臨信徒凋零與散離，反而必須配合官方假日作息，才能方便信眾前來參與。

多元宗教並存的台灣社會，宗教節期不放假，媽祖、佛陀、觀音菩薩、天公、三官大帝、耶穌…等等天王級神誕日，都沒有放假。[9]這是在多元宗教並存的工業社會裡，藉由國家權力來控制宗教的政策，藉此展現表面上是「政教分離」，其實是以政治權力來掌控宗教。宗教慶典在現代工業社會不像農業社會，原本作為農忙與休閒區分的慶典時間軸已經被打斷。不過，就農曆七月普渡儀式來看，也正因為各地普渡時間配合週休二日的作息，不再受限於過去政府曾要求農曆七月十五日統一祭拜的規定，[10]近年來整個農曆七月甚至到八月初，都可以看到各地的普渡活動。沒有國定假日的

---

8   聖誕節十二月二十五日曾以「行憲紀念日」之名，從一九六三年到二〇〇一年之間列為國定假日放假。呼籲中元普渡為國定假日在一九九二年時，人類學家林美容已經提過了。參見姑娘廟民眾文化工作室，《天地人神鬼》，台北：前衛，1994，頁117。

9   在台灣，屬於凝聚國家認同的假日如元旦（開國紀念日）、二二八紀念日、國慶日；屬於家族團聚日例如清明掃墓日、中秋節（家族團圓）、農曆新年（家族團聚），再加上被國家收編的民俗日端午節（紀念愛國詩人）。

10 根據一九九一年內政部台灣省民政廳編印的《宗教禮俗法令彙編》，自民國五十七年（一九六八年）起內政部頒佈的「改善民間祭典節約辦法」第二條，農曆七月普渡被統一訂於農曆七月十五日舉行。但根據一九五〇年代的自立晚報資料庫顯示，一九五〇年代政府已經開始管制普渡舉辦的規模，一直到一九八〇年代末期解嚴之後，才開始有較大篇幅報導農曆七月普渡的「正面」新聞。

統一性，反而回復過往幾乎長達一個月的「彈性」普渡時間。[11]

　　淡水龍山寺的普渡法會並沒有像較大型地方信仰中心的廟宇，例如同樣是以觀音菩薩為主神的新北市蘆洲湧蓮寺，有三天的普渡祭典。而是集中在農曆七月最後的週日，從上午到傍晚，在天黑之前法會結束。像這樣將祭典時間加以濃縮成一天，也變成工業社會宗教祭典的變通之道，[12]讓來參加的信眾得以短暫跳脫原來的生活作息，又可以很快地回返。淡水龍山寺也沒有像蘆洲湧蓮寺暗夜遶境放水燈的祭儀，留給信眾、聖界與冥界，共融在大地暗夜的廣袤遼敻下的美感印象。普渡祭典就在仲夏陽光不同照射角度轉變下，從耀眼炎熱到夕陽西下有晚風涼意，在華燈初上之際嘎然而止。

進入擁擠蕭穆的儀式氛圍

　　「擁擠」是地狹人稠的場所空間基本的特色，這樣的特色一直被「出世型」的宗教人與知識菁英所排斥。「出世型」的宗教人嚮往空靈清靜，對於擁擠、滾滾紅塵的濁世，或者拒斥、或者保持距離。台灣多神信仰的聖界和一神信仰的聖界相較之下，的確「擁擠」到爆，特別是普渡祭典的現場，數不清的諸聖眾神和冥界先靈齊聚一堂。「擁擠」讓處身於「擁擠」狀態下的個體，常常變成無差別，失去了獨特的個別性，聖界亦然。

　　當諸佛聖眾以群體樣態現身儀式現場時，祂們象徵著聖界團隊

11　對於生者的消災解厄的救贖，以及對於過往眾生的救贖並不限於農曆七月，例如本書第四章所探討的海邊普化儀式。

12　農曆的初一和十五的傳統廟宇作息，因為無法和週休二日的工業社會作息相配合，多半是工作不受上班時間限制的信眾，以及無須工作的信眾，才能繼續這種非工業社會的儀式時間調度。

的整體，但是卻不是抽象的概念，例如《甘露施食要集》裡的阿難尊者，被視為施食儀軌最初的神話源頭的主角。[13]而且在儀式中以「多」到難以計算的神佛數量，來增加信眾信靠的安全感。另一方面透過儀式所想像的多神臨在，也包含聖界與個別信眾之間親疏優先順序的感應關係，例如和哪位神佛比較親近。這樣的人與聖界的關係，也是日常生活人際關係的投射。

社會環境的變遷並沒有降低對於鬼魂的恐懼忌憚，對於鬼魂的看待方式，依然象徵著人對於個體生命與所生存的社會的不確定與沒安全感。因此，對於超自然的恐懼敬畏，是人最自虐、施虐與被虐的存在實況，以及集體愛憎記憶對決的戰場。當鬼魂、亡靈被投射在無止盡的時空輪迴裡時，「鬼」就是相對於「我」的「祢」（們）——以第二人稱，而且是匿名的、無名的、集體的、流動身分的多義詞。[14]更重要的，這裡頭可能是不公義和難以化解的憎恨冤仇投射下，那些受害意識或罪感意識所導致的存在威脅感。越深沈的恐懼，越需要不斷地悔改與自我救贖，以及反覆召喚慈悲全能的聖界團隊，來擔任赦罪救度的保證。

當人間的國家法治無法滿足人們對正義的信任時，地獄就成為因果報應的公平機制底下，正義的最後保證。另一方面地獄揭示各種酷刑凌虐的懲罰，讓活著的人悲憫那些身陷地獄凌遲的過世靈魂，也為自己的所作所為，在死後恐遭懲罰，而感到戒慎恐懼，尋求懺悔赦罪。因此「救贖」不只是為了超自然的「他者」，也藉由救

13　《甘露施食要集》，頁6，根據照承法師二〇一二年九月二十八日的訪談。詳見呂明原，〈台灣當代蒙山施食儀式研究〉，玄奘大學宗教學系碩士論文（2008年），頁60-61。

14　王鏡玲，〈慶典美學與中元普渡〉，收錄於《慶典美學》，頁226。

左｜普渡受邀的各種冥界名單。
右｜各式供品。

度「他者」，來救度個人，為個人所面臨的人間種種考驗，尋找發洩慰藉的出口。除了形而上的教義作為救贖儀式的應許，也正是讓汲汲忙碌於工業社會作息的人們，透過普渡儀式的參與，將難以面對處理的現實難題，經由儀式的超現實轉換，找到缺憾、愧疚、不安、挫敗等的暫時慰藉。

在台灣擁擠的都會空間裡，吵雜是常態，在宗教儀式裡眾聲喧嘩也是常態。宗教慶典的過度，往往透過鞭炮煙火的爆裂聲、加上各式陣頭擴音器的嗩吶鑼鼓陣，爆大量的聲光效果，讓人在亢奮、血脈噴張的感官刺激中，達到發洩、拼鬥與同歡的玩樂與競爭效果。這樣視聽上的亢奮與刺激，也變成媒體爭相獵奇的寵兒。讓狂歡混亂的社會奇觀，成為一般人對於普渡慶典的印象。

不過，普羅庶民宗教儀式所展現的「過度」，並不只是「爆滿」、「眾聲喧嘩」的過度，另一種比較不受重視的過度則是「肅穆」

的過度，異乎平常的安靜和緩的感官調度。我在之前的研究探討到普渡慶典「眾聲喧嘩」的過度，[15]本文的闡述主要以「莊嚴肅穆」的普渡法會，如何在擁擠吵雜的環境下，塑造出一個「肅穆卻動感」的儀式時空。「莊嚴肅穆」並非救贖儀式必要的氛圍，更非參與的庶民信眾的生活常態，但是在以「聲音」擔任儀式重心的超渡法會當中，肅穆的聲音秩序將是從「常」←→「非常」、轉換物質空間到精神想像的關鍵媒介。[16]

「召請」總動員

淡水龍山寺位於我經常去買菜的新北市淡水區清水街傳統市場內，由於民間佛教未曾是我研究或涉獵的領域，也非信徒，在二〇一二年六月之前，我也從未參加過淡水龍山寺任何佛事，路過時會向廟內的觀音致意，像跟長輩打招呼一般，僅止於此。但自二〇一二年六月之後往後半年裡，農曆初一或十五有空時，則成為我前去體驗禮佛共修的靈修場所。[17]二〇一二年六月剛放暑假的第一週，剛好是農曆五月初一，這是第一次在路過淡水龍山寺時，被肅穆的台語梵唄吸引而走進去聆聽。梵唄仿若過去參加天主教隱修院

15　王鏡玲，〈慶典美學與中元普渡〉，收錄於《慶典美學》，222-254。

16　李豐楙，〈正常與非常：生產、變化說的結構性意義——試論干寶《搜神記》的變化思想〉，《第二屆魏晉南北朝文學與思想學術研討會論文集》，台北：文津，1993，頁75-141。

17　二〇一二年三月一次在真理大學宗教系課堂講座裡，蘆洲湧蓮寺資深誦經團李老師教唱《普門品》的梵唄旋律，第一次聽到這段旋律，竟淚留不止。並非悲傷難過，也不是哭得激動，而是在簡單重複的節奏中，整個人進入另一種被洗滌的清明，眼淚像泉水湧出一般。從來沒這樣接觸聖樂的經驗，也打開了探索梵唄宗教現象的機緣。哭泣在一般宗教經驗中很常見，但上述個人唱誦《普門品》旋律的流淚，則第一次發生，唱第二次之後就回到平常狀態。

彌撒時聖歌的莊嚴清澈，激發我繼續參與梵唄儀式現場的興趣。

斑駁的石碑還辨識得出淡水龍山寺咸豐八年（一九八五年）主結構的立碑落款，歷經多次損毀，終在一九八二年大規模的修復。修復後因還保留見證歷史風霜的神色，在一九八五年被官方審定為三級古蹟。[18]正殿主祀觀世音菩薩，正殿右側奉祀註生娘娘，左側奉祀天上聖母（媽祖婆）。這三位深受愛戴、以女性儀態現世的神像，神色飽滿圓融，呼應著日常生活中台灣婦女的面容。[19]正殿兩側供奉十八羅漢、山神和土地公（福德正神），觀世音菩薩座前兩側，有韋馱和伽藍兩尊者護法。

主神觀世音菩薩的神像，古銅色的金身在廟內燈光照耀下，散發出母神信仰既神聖崇高又親切慈悲的氛圍。即使遠遠地站從廟門口外向內看，也可以感受到既遙遠而親近的慈光普照。佛寺每天與農曆初一、十五所進行的「出食」儀式，也是佛寺場所精神的表現，淡水龍山寺虎邊過水廊的出食台，不顯眼之處，扮演神聖空間無時無地不救度的慈悲。[20]

淡水龍山寺座落在擁擠、狹窄的清水街市場巷弄之中，廟門外每天來來往往的買菜民眾，常以買菜順便參拜的慣性進出。農曆初一和十五的拜拜，也常常是婦女們買菜時，家裡變換菜色的重要時間依據，從葷食變成素食的吃齋日。老年走路較吃力的婦女，往往

18　詳見淡水龍山寺官網。關於龍山寺的廟史沿革和廟宇建築，詳見劉淑音主持，《淡水龍山寺傳統建築裝飾藝術調查研究計畫》，台北：台灣藝大，2011。

19　關於淡水龍山寺的整修概況，參見謝德錫編著，《淡水龍山寺》，台北：淡水文化基金會，2007，頁32-37。

20　「出食」有色食、有法食，二食具足，救度地獄惡鬼，這是出家眾於晚課修行之際，同時發心出食給幽冥苦難眾生的實況。詳見：佛學問答（第四輯）　如本法師講述，「出家人為何晚上皆有出食？」，詳見http://www.book853.com。

淡水龍山寺外面的市場。

只有外出買菜時,才會走到離家稍有距離的地點,市場鄰近的廟宇
參拜,成為她們買菜之餘,主要的人際交流場所。

　　離淡水龍山寺不遠處,是沒落中低調隱匿的色情行業區。每天
各式各樣攤販所散發出的各式生鮮菜色混搭的味道,青菜、海鮮、
鮮肉、水果、小吃攤…和中元普渡供品的味道頗為接近。差別只在
於廟內信眾和廟方所提供的普渡供品,因為主神觀音菩薩的緣故採
用素食。但「素」不表示儉樸,供品有各式各樣琳瑯滿目的素零食
和主食,還包括近年來越來越重視、給「嬰童靈」豐盛的兒童零食
與玩具,救度越來越多無法來到世間的早逝生命。[21]這些菜市場裡
人與食物交織的氣味,隨著信眾的來去,和廟裡的縷縷清香與供品
氣味,一起在龍山寺內起伏聚散。

21　對於嬰童靈的救度也在本書第四章海邊普化儀式裡佔重要角色,可見墮胎與流產所造的
　　社會現象,反映在宗教儀式上的心態。

佛力團隊領軍者地藏王菩薩，以及各式各樣的素食供品。

　　淡水龍山寺建築格局面寬12.6公尺，縱深25.4公尺，約96.8坪左右、座西朝東的格局。這座迷你的寺廟就像一個向天際打開的長形容器，包容但不封閉，通風親和，沒有封閉空間的壓迫感。建築本身安靜但不冷酷，雖然具有台灣一般民間信仰廟宇把神龕塞滿的特色，但是中庭和過水廊，讓整個廟宇空間流暢而不擁塞，採光好與通風佳，具有傳統廟宇重要的建築特色。

　　透過民間佛教梵唄為主的超渡儀式，像陣陣的海潮音，在週日大淡水地區人潮最洶湧的市場內展開。[22]舉行普渡法會當天，一大早廟內擠滿前來「召請」普渡對象的信眾。這近兩百人陸陸續續主

22　這間廟宇過去以來所舉辦過的中元普渡，並不一定以佛教法會為主，帶有民間廟宇沒有固定傳承制度的機動性。近年來則由普照寺照承法師及其主法團擔任，我參與了二〇一二年和二〇一五年淡水龍山寺的普渡儀式。

　　　　　　　　　　　　　　　　　　│分別為聖──長老教會・普渡・通靈象徵│

普渡嬰童靈的供品。

要從淡水地區和少數大台北地區，[23]來到假日人口倍增的淡水市區，穿梭狹窄巷弄裡重重疊疊的人牆，來到藏身在魚攤、肉攤和菜攤後面的龍山寺。現代人平常介於勞動與休閒的二分作息，作為宗教人在這兩者之間再多了另一種宗教活動的作息。但是，像普渡法會這樣要參與至少一整天的儀式，讓忙碌的現代人，難以把將之歸類於「勞動」還是「休閒」。

　　早上的陽光尚未照進廟宇的裡面，相識與不相識的信眾陸續來到，有誰都不認識的個體戶、彼此聊天的姊妹淘、全家大小動員⋯⋯等等。信眾多數是中老年世代，以婦女佔多數，約佔八成五到九成，平均年齡層約六十多歲。在現場協助的廟方服務人員與誦經團

23　假日淡水觀光人口暴增，清水街菜市場則因為假日買菜人數暴增，往往在早市時間塞爆擁擠的市場巷道。在法師唱唸超渡對象的住址時，發現有些信徒從淡水移居大台北地區，再回來參加法會。

也以女性居多，儘管女性是普渡法會最主要的性別，但是主持儀式的主法團法師，和廟方負責人都是男性。以母神為主的廟宇，但現場的權力分配依然是傳統男性主導的文化機制。[24]

這一天，淡水龍山寺平時只有數十位參拜者進出的廟院空間，卻和廟外菜市場同樣人口密度了。每年的這一天是全寺人數最多的一天，[25]不到一百坪的廟內大概將近兩百人，除了擁擠的信眾外，更擁擠的可能是廟內虎邊過水廊牆面上貼滿一千五百多份冥界的受邀名單。儀式一開始是「召請」，意謂著邀請、召喚救贖儀式的對象，前來儀式現場。照承法師說，有些廟宇還會在前一天就先請信眾先來召請，以免第二天人數（以及無形的「靈」）太多，來不及請。[26]

被召請來的救度對象分成祖靈（歷代祖先或某位個別祖先）、冤親債主（累世累劫）、十方法界眾生、無緣住世子女、地祇主。信眾們仰天細聲召請，召喚自己所掛念的先靈前來現場。儀式讓對故人的追憶，與想像中對冤親債主的忐忑，都有了情緒上的虛擬出口。在廟門入口處招魂幡前的陣陣燒香氣息中，原先隨心所欲的信眾開始轉換姿態，不再是到菜市場的肢體常態，而是進入參與救度儀式的儀態。每一位在場者都不再是旁觀的第三者，召請完，信眾擠坐在廟院椅子上，拿著廟方所發的暗紅色《地藏經》和格黃色《佛門必備課誦本》，準備迎接開始接受主法者的調度。

24　李貞德，〈最近中國宗教史研究中的女性問題〉，頁24-25。收錄於《婦女與宗教：跨領域的視野》，李玉珍、林美玫合編，台北：里仁，2003。

25　根據照承法師二〇一二年十月十五日的訪談。

26　根據照承法師二〇一二年九月二十八日的訪談。

主法團的角色扮演

淡水龍山寺普渡法會的主法團是由附近三芝普照寺的法師團擔任，儀式現場所使用的語言是以台灣閩南語（以下稱台語）為主，主法者雖常使用華語來交代事項，但龍山寺的梵唄以稍帶有泉州腔的台語為主。現場穿著紅黃色系的主法團服裝。淡水龍山寺所屬的居士誦經團穿黑色海青，擔任輔助角色。[27] 普照寺主法團除主法者照承法師為男性之外，[28] 其餘五位都是比丘尼。[29] 廟方的誦經團以及擔任儀式協助的工作人員絕大多數都是中老年女性，這些廟方人員多數在這間廟宇超過十年以上。以中老年女性為主的普渡法會，雖然主法者為男性，但是主法團的比丘尼和誦經的女性聲腔婉約莊嚴，貫穿整場儀式，陰性中有陽剛音質，和純粹雄渾單一的主法者男聲的誦經音色，呈現出不同的音場氛圍。

對於冥界的想像，並不會因為工業社會或科技不斷「精進」而減弱。雖然醫療科技的發達延長了人的壽命，但另一方面也因為工業社會的快速經濟生產模式的變遷，移工或外地工作人口激增，非

27　這些異於日常生活的裝扮，象徵著傳統所賦予的宗教專業者身分。這些彷彿穿著戲服的視覺效果，增添儀式劇場的展演效果。傳統宗教服裝雖然生活中偶而會遇到，但已經脫離一般人的現實。對於年輕世代看來，比較像熟悉的角色扮演（cosplay）動漫祭活動裡的扮裝道具。當物件從日常生活脫節之後，真實與虛構就很難辨識，都牽涉到和背後所指涉的象徵體系之間文化記憶的親疏。

28　淡水龍山寺自二〇一〇年起聘請照承法師前來協助各項佛事法會。

29　維那師父為主法師的副手，主要負責敲擊引磬引導大眾動作的改變之外，在儀文舉唱時，亦由維那師父舉腔，由維那師父決定唱誦曲調之音高與速度。當維那師父舉腔後，其他的悅眾師父便要配合維那師父的唱誦來敲擊法器。這些法師團彼此有一定的默契，熟悉儀軌程序，讓信眾得以跟隨法師團的速度與音域，並與主法者一同唱誦。詳見林嘉雯，〈台灣佛教盂蘭盆儀軌與音樂的實踐〉，臺南藝術大學民族音樂學研究所碩士論文（2008年），第三章：盂蘭盆法會音樂分析。

來自普照寺的普渡法會主法團。

安全性行為導致的墮胎也激增，[30]交通傳輸與人際關係變動，讓意外死去與家庭出問題的人數也迅速增加。加上大環境經濟的狀況不穩定與惡化，為過往的恩怨、為正在邁向老邁受苦受難的肉身，「地獄」在宗教信仰裡成為良心不安、懲罰與受苦的集體想像

　　普施儀式將佛教地獄裡各種受苦受難亡魂的形象，搭配救度解脫的經文與咒語，透過聲腔誦念、肢體語言與法器節奏，栩栩如生地在短短時間內，像一群合唱團或說書人敘說故事一般，在信眾的想像世界裡一一現身。藉由救度「他者」的想像，也暫時安頓正在不安或受苦中的自我。[31]當主法者的聲音從麥克風中起腔，原本還在眾聲喧嘩的寺廟空間，梵唄緩緩開始，像一池秋水般。信眾逐漸安靜下來，主法團和誦經團的誦經聲向外擴大，宛如陣陣海潮音。

　　信眾也因為廟方人員已經發送課誦本，在主法者的引導下，一起跟著誦念，逐漸安心靜肅。這間三級古蹟的主要建材為觀音石，

　　　　　　　｜分別為聖──長老教會・普渡・通靈象徵｜

在一半室內、一半戶外的空間中，吸納與折射梵唄的聲波，緩緩打開大家已經被噪音所遮蔽的聽覺。經過細心修護後、依然流露歷史感的廟宇場景，五花八門的普渡擺設、新舊並置的突兀感，是台灣廟宇常見的慶典佈局。龍山寺以廟宇自身的古意，去襯托出儀式空間瞬間即逝的靈光。

淡水龍山寺廟門入口處的招魂幡。

30　王維禎，〈絕口不提的孩子：性別化的性與墮胎〉，中山大學社會學系碩士論文（2012年），頁1-2。

31　Paul W. Pruyser，《宗教的動力學》（A Dynamic Psychology of Religion），宋文里譯，台北：聯經，2014，第五章：〈宗教中的語言功能〉的闡釋，提到重複、準確性、音量、以及宗教語言中獨特的語言（天語、靈語、咒語、或其他一般難以理解的聲音等等），對於信徒在宗教經驗中具有關鍵性的影響。

暑熱中的聲音劇場

　　正殿外側懸掛有黃色「盂蘭盆法會」紙簾，並貼有花樣和亮光紙飾，走的是尚未受到現代西式畫風影響之前的傳統手工樸實感。這些鮮豔的紙飾，和被香火燻成古意盎然的鎮殿神龕、諸佛聖像對比之下，突兀的豔色視覺裝置，和虎邊牆面上貼滿黃色的牌位，以及周邊搶眼的供品相映成趣。鵝黃色的塑膠遮陽布棚，像一張想把陽光都反射在外、把廟裡唯一的天空包裹起來的現代感裝置藝術。

　　越來越熱的表面張力，和廟裡綿延不絕的唱誦聲，一起對抗夏末餘威的暑熱。暑熱讓主法者揮汗如雨，「擁擠」的暑熱加倍地干擾參與者的情緒。「擁擠」雖是台灣社會最常感受到的「身體感」，但是宗教慶典裡「擁擠」的「身體感」，宗教人所感知的，不只是被迫失去行動自由的無力或無奈；失去個體自由的同時，也包含必須與身邊不同的信眾肉身之間，自願或非自願地緊緊相依在暑熱汗味裡。[32]

　　地緣和血緣的連結逐漸式微的祭祀信眾，不再是熟識的人脈，唯有透過統一的儀式秩序來「凝聚」，來共同完成每一個「擁擠」個體的願望、為所掛念的無形冥界對象的救度，而甘願謙卑到「佛前」。在不自由與拘束的暑熱與擁擠的考驗中，渴望自身與被超渡的「他者」，都獲得自由與解脫的機會。聲音是影響佛事法會關鍵的要素。不同主法法師有不同的版本組合，[33]這種異乎現場信眾平

32　關於身體感的集體文化特性，詳見余舜德，〈身體感：一個理論取向的探索〉，收錄在余舜德編，《身體感的轉向》，國立臺灣大學，2015，頁13-22。

33　詳見呂明原，〈台灣當代蒙山施食儀式研究〉；林嘉雯，〈台灣佛教盂蘭盆儀軌與音樂的實踐〉；林怡君，〈台灣地藏懺儀之儀軌與音樂研究〉，臺南藝術大學民族音樂學研究所碩士論文（2007年）。

常慣性的肢體動作與聲音展演，在簡單而不斷反覆的肢體動作引導下，信眾情緒因為暑熱擁擠的煩躁，逐漸降溫。沒有空調，只有風扇。被豢養在空調環境下的現代人，揮汗如雨地學習安靜清心。

　　對於稍有聆聽過極限音樂（minimal-music）、噪音音樂、無調性音樂的我，體驗過當代實驗性音樂，所刻意避開的傳統音樂具有「中心」曲式之後的任意性與流動感。陌生的梵唄調性與儀文內容，反而提供我探索聲音現場所帶來的有別於基督宗教聖樂之外，聽覺自身的神聖想像。在訪談照承法師的過程裡，透過法師解說與經文本的比對，才發現儀文意義與曲調之間原本脈絡的意涵。誦唱讓音樂的體驗不只是傾聽，而是傾聽與誦唱一體兩面，不只是聽眾欣賞作品的涉入角度。這也呼應現代藝術啟發我重新追求在「唱」與「聽」的互動中，打開「身體感」在感官、感覺、生理、智性、道德、意願…等等，多元意義流動的機會。【34】

　　梵唄既可以在聲音自身的誦唱演奏中，達到靜肅美感的曲式與節奏的感動，也同樣可以在梵唄原先的救贖象徵中，展現另一層次的神話敘事與唱腔樂音之間的互動。但是參與儀式的信眾和參與藝術劇場的觀眾一般，必須嚴格遵守作為參與者的身體紀律。統一的聲音秩序讓信眾和主法團，在誦念與儀式動作一致性的「此時－此地」身體感，展現了圓融氛圍裡的共修性。信眾透過親身參與，讓佛事法會有別於其他信眾不涉入儀式步驟的民間普渡祭典，體驗到身體感的多重聲音現場的合作或拼鬥、和而不同、或眾聲喧嘩。【35】

34　余舜德，〈身體感：一個理論取向的探索〉，頁19-22。

35　爭鬥與衝突的多重聲音現場，比視覺上更激烈，視覺上還可能同時看到三個陣頭，但是在聲音的爭鬥現場裡，三個陣頭的嗩吶鑼鼓很難分辨出來。雖然聲量加大，但是因為爭

和而不同的普渡現場身體感，也將出現在下一章的海邊普化儀式，不同信眾以自身對於和超自然之間的個人感應，以宗教人所承接的唱誦與歌舞的身體語言，去作為救度冥界與安頓自身的個別化溝通方式。淡水龍山寺在聲音秩序統一化、以誦念為主的普渡法會裡，隱藏或壓抑個別信眾對於神聖感應的直接回應，信眾跟隨主法者，一起捲入儀式所顯現的劇場調度。原先聽不懂的聲腔與節奏，透過集體性的的唱誦，無須再經過視覺文字意義上的瞭解，就融入這場集體普渡法會的救度與放空。

　　就銀髮族信眾的身體感而言，可以發現他們的肢體行動，並不若年輕時的方便自如，久站和久坐反而讓他們略顯蹣跚或僵硬的身軀感到吃力。[36]但他們或者在親人攙扶或者自己勉力掙扎，依然努力地跟隨統一的儀式步驟。年輕的身體難以理解，當老年身體的病症導致身體無法受意志力支配時，要達到肢體動作一致性並不容易，我親眼目睹老人家為了要完成祈求的跪拜、站立與坐著、合掌等簡單動作，不斷以意志力對抗身體難以控制的抖動，以及忍受酸痛的表情。很多信眾的眼力早已無法辨識經文本上的字體，專注地靜默傾聽或者閉目休息。統一的秩序是一種半強制性的宗教儀軌，

鬥而失去彼此的主體界線。我曾在二〇〇四年和二〇〇八台中市建國市場的普渡活動中，看到不同市場裡的店家各自以佛教、道教、釋教為主的普渡儀式，以及好幾團挑戰情色尺度的鋼管秀同時舉行；在二〇〇六年、二〇〇七年、二〇一二年所參加的新北市蘆洲湧蓮寺普渡祭儀，則是普渡儀式和廟前歌仔戲班的演出同時進行。麥克風聲浪互相較量，旁觀的人潮也隨著感官刺激的聲色表演尺度而消長。

36　根據照承法師二〇一二年九月二十八日的訪談，主法者誦經時，信眾跟著誦。一般是跪著誦經，但龍山寺暑熱下，沒有空調，擁擠的空間，相當悶熱，且信眾年齡層偏高，無法久跪，大家坐著專心誦，比較可以持久。

　　　　　　　　　　　｜分別為聖——長老教會‧普渡‧通靈象徵｜

讓年老肉身堅持一致性的跟隨，這種心意的堅持，讓意志力換來內心短暫的安定。

被邊緣化的宗教音樂

　　整場法會是由一連串綿延不絕的讚、偈、真言、咒、經文、佛號⋯等唱誦內容所構成，不同聲腔、速度與節奏代表著不同的儀式功能。配合唱誦的法器包括：手鈴、大鐘、大鼓、小木魚、引磬、鐺子、鈴子（鐃鈸）、寶鐘鼓等。法器在唱誦所敲擊的板眼，具有傳神的引導秩序，即使是一再反覆出現的唱誦，對聲腔、速度、節奏等氣氛營造，有提示進行次第、畫龍點睛、共振共鳴的效果。【37】法器和唱誦者的聲腔一樣，是這場儀式展演的主角。這些敲擊式的

主法團擊鼓的比丘尼。

37　詳見高雅俐，〈從"展演"觀點論音聲實踐在臺灣佛教水陸法會儀式中所扮演的角色〉，《臺灣音樂研究》第一期，2005，頁1-28。林嘉雯，〈台灣佛教盂蘭盆儀軌與音樂的實踐〉，第三章盂蘭盆法會音樂分析。

法器，正因為和日常生活沒有關連的非日常經驗，所以一旦出現法器的聲響，透過聽覺的象徵引導，常會將聽者的想像帶往宗教儀式所指向的生死現場。

這些敲擊式的法器，往往在人聲的唱誦聲波中現身時，宛若海中礁岩上的燈火、或夜空中的明星，讓空靈肅穆更加空靈肅穆，以及肅穆中有似有若無的歡喜光明。不過，這些佛教法器雖然已經融入台灣在地宗教音樂的行列，但是和台灣其他在地樂器一樣，長期被去宗教化的學校教育體系給邊緣化。傳統樂器失去原先在日常生活休閒用途的使用價值，甚至在喪葬儀式或廟會慶典的公眾性使用時的擴音效果，反而淪為擾亂生活、製造噪音的代罪羔羊。

傳統宗教科儀裡的肅穆與莊嚴的角色，隨著社會結構變遷，宗教與舊慣習俗的式微，一方面新的樂器像電子琴，在七〇年代之後，逐漸藉由樂器的便利性與多功能性，取代傳統宗教法器，成為一般祭祀音樂場面最常使用的樂器。[38]我曾在台中市建國市場（二〇〇四年和二〇〇八年）和彰化市民權市場（二〇〇九年），以及台北市大稻埕霞海城隍廟的中元普渡（二〇一二年），電子琴都是聽覺上突出的樂器。電子琴的音色與音量壓過傳統法器，加上曲調和電音效果的變化豐富，讓祭儀現場往往呈現熱鬧生動的表演氛圍。另一方面祭祀音樂的文化象徵，也透過藝術菁英的再創造，經由現代科技的聲音實驗，找尋在現代音樂創作的新定位。[39]

38　參見靜宜大學中文系台灣民俗文化研究室，〈電子琴花車的魅力〉條目。詳見http://web.
　　pu.edu.tw/~folktw/theater/theater_g08.htm。

39　例如在澎葉生（Yannick Dauby）的《台北聽三遍》，台北：回看工作室，2011，聲音作品
　　〈鬼月〉中，儀式中誦念與法器的聲音、夏雷驟雨與波浪般的蟬聲，或遠或近交疊出現
　　時，賦予「聆聽」的身體經驗不同於日常慣性的聲音文化。

《佛門必備課誦本》。

　　淡水龍山寺盂蘭盆地藏法會開始時，從主法團在正殿主壇前，根據《佛門必備課誦本》的演淨科儀，以〈楊柳淨水讚〉開始。主法者以甘露水走向全場灑淨，信眾在中庭就座、跟著唸〈大悲咒〉。這是法會結界的神聖空間，無形的空間想像，具有潔淨、滋潤心性，讓參與者安靜心，透過儀式感應諸佛菩薩駕臨加持。灑淨結束，主法團移到虎邊牌位前的淨土壇，誦經團也跟著到廟院信眾旁邊。全體站立，面向淨土壇，主法者開始召請。這樣的灑淨儀式下午普施法會時，也再做一次，以甘露水來灑淨和結界。[40]「召請」

40　　上午的「召請」步驟，到下午的圓滿大普施時，也同樣再召請一次。上午信眾先在法會
　　　前先自行在廟口召請，再由主法者在儀式現場正式召請一次，法師召請時迅速地唸出每
　　　一位功德主姓名住址，以及需要拔度的對象。上午主法團和信眾一起唱誦的主要依據是
　　　《佛門必備課誦本》引魂法節。

結束後，開始進入盂蘭盆法會的禮頌《地藏菩薩本願經》。主法團引導信眾一起在佛前誦《地藏菩薩本願經》上、中、下三卷。照承法師表示：念經時像雖然像讀文章，但漢傳佛教的海潮音，因有高、低、平的聲部，像海潮，起歡喜心，不同音域融合在一起。主法者誦經完拿經文本，在淨土壇前翻閱一遍，讓冥界的超度對象可以領受。

這個平常只是寺廟走廊與中庭的空間，在法會進行時，已經轉換成為信眾與普渡對象所設立的救度空間。法會除了正殿的設有兩處壇場，上午已設「淨土壇」在虎邊牌位牆前，過水廊龍邊已擺滿供品，下午增設面向正殿佛前的是「施食壇」（參見115頁圖示）。在半封閉的口字型「二進一院」長形建築裡，這些由信眾所寫的紙單，寫上信眾的住址、姓名，貼滿虎邊迴廊的牆面。淨土壇的牆面前的桌面上，放有紙製超薦直立牌位八座，[41]包含人與人之外的生物（龍山寺建設中誤殺、誤傷的諸生靈眾）、「本境轄內蜎飛蠕動、五音十類」、法會出資者的列代祖先、本次法會漏寫或誤寫的諸先靈、地基主、廟主過世的母親（之前龍山寺負責人）、龍山寺已過世的駐寺法師、以及無祀有祀男女孤魂等。

這八座紙牌位所要普渡的對象，幾乎涵蓋了龍山寺境內的一切過往的人與非人的「眾生」。「紙」作為以「有形」表現「無形」的最有效材質，最便利的可塑性，在最後燒化時，也迅速地消無。[42]有

41　「超薦」是超度亡者，引薦佛法。引薦佛法，包含向生者引薦，透過佛事來達到生者對死者的救度與追思。參見釋滿祥、釋宗惇、陳慶餘、釋惠敏〈超薦佛事與遺屬輔導〉，《哲學與文化》第33卷第4期，2006，頁69-85。

42　透過廉價的紙製品，滿足人們對於形而上世界的金碧輝煌或者詭譎難測的物質界視覺想像。對於祭物的物質性價格，紙製品滿足了一再重複的儀式慶典，透過不斷地燒毀，來

淡水龍山寺盂蘭盆地藏法會設置圖

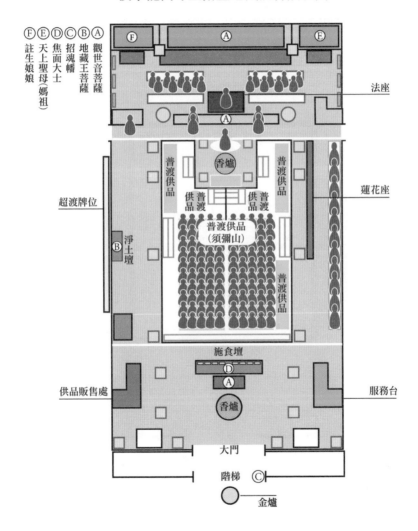

繪製──許毓杰

淡水龍山寺盂蘭盆地藏法會動線圖

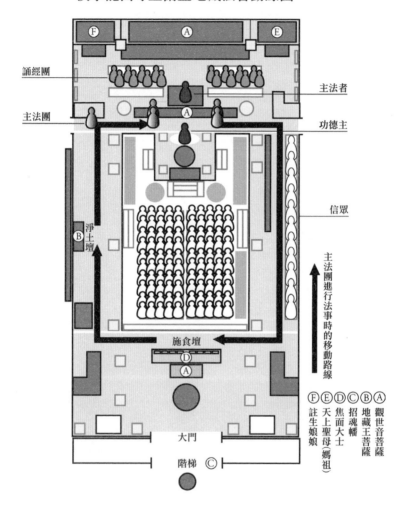

誦經團

主法者

主法團

功德主

信眾

淨土壇 B

施食壇

主法團進行法事時的移動路線

F E D C B A
註生娘娘 天上聖母（媽祖） 焦面大士 招魂幡 地藏王菩薩 觀世音菩薩

大門

階梯 C

繪製——許毓杰

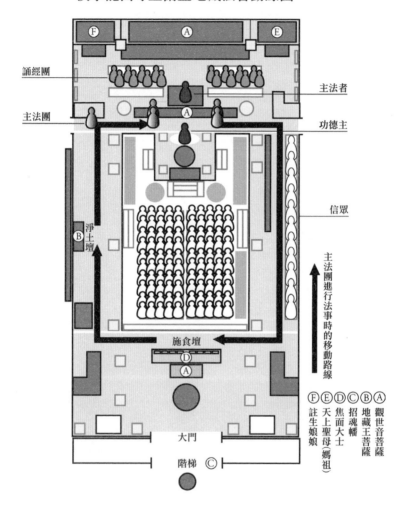

一小尊莊嚴典雅的地藏王菩薩像，是本次普渡儀式的主要佛力團隊的領軍者。廟方所立的這些較大型普渡代表牌位，到下午三點左右「圓滿大普施」時，從虎邊的淨土壇移到和正殿相對的普桌上，並在中央加入紅紙牌位，寫著「南無鐵圍山內焦面大士」。在施食壇和對面主壇主法座前各有一尊莊嚴典雅的觀音菩薩像（參見115頁圖示）。寸土寸金的擁擠空間，經常空間使用必須具有多方用途、迅速移動調度的彈性，淡水龍山寺的儀式空間也不例外。

超現實的「普施」儀式

下午三點開始「圓滿大普施」。[43]下午的龍山寺比上午溫度更高、也更擁擠，再多出一邊施食壇，擺滿各類供品的普桌。整座寺廟彷彿在蒸籠或烤箱之中，這莫非是讓人親身體驗烈焰燒烤的地獄之苦的模擬？廟方將原先在淨土壇前的八座立式牌位移至施食壇，中央另設紅色「南無鐵圍山內焦面大士蓮座」牌位。[44]在《甘露施

達到轉化物質界進入神聖界的需求。詳見王鏡玲，〈慶典美學與中元普渡〉，《慶典美學》，頁244。

43　流程參見「附錄2」。

44　根據《地藏菩薩本願經》〈地獄名號品第五〉：「…閻浮提東方有山，號曰鐵圍，其山黑邃，無日月光。有大地獄，號極無間。」。「圓滿大普施」一開始主法者從主壇前起香，起〈戒定真香讚〉，主法者持香，功德主在後跟拜。主法團從佛前走到對面施食壇前。信眾從面向佛前，轉180度，面對施食壇。接著是「過案薦食」：起〈焦面大士讚〉，持〈往生淨土咒〉、〈變食真言〉、〈甘露水真言〉（只要有準備供品時，都會唸），各三遍，主法者對供食施咒畫字。主法者分別至焦面大士、往生蓮位等上香薦食，再到淨土壇上香，持往生淨土咒、變食真言、甘露水真言、普供養真言，再迴向。這時全體唱佛號（南無阿彌陀佛）主法團再走回佛前主壇。接下來是回壇登座，主法團就位，面向外（廟門）、信眾，主法者登坐，先站在中央，尚未坐下。主法者用袈裟遮起來比手印觀想。向五方灑淨、寫咒後，再向前灑3次，此為結界。然後主法者點香、將等一下相關象徵祭物，雙手拿起向空中展示一下。

食要集》的儀式展演裡，主法者是展現肢體語言的可見主角，本次主法者沒有帶五佛冠。[45]廟方功德主代表拿香或手爐，跟隨主法者的步驟一再跪拜。

　　主法者並非靠個人神通，主法團所扮演的角色是媒介，透過主法者的觀想、在信眾和主法團的誦經共修的能量網絡下，聖界臨在完成救度的任務。如果這是劇場舞台，主法者所站位置為中心，正後方和正前方是主神觀音菩薩，面向焦面大士，龍邊是滿佈供品和蓮花座，虎邊是地藏王菩薩，主法者像是同心圓的中心，主法團站兩旁，誦經團站背後，信眾站在對面。在緩版莊嚴肅穆、快版歡喜光明的誦讚聲濤裡，經文所開顯的是浩瀚無邊的聖界——諸佛菩薩眾、無量諸聖賢降臨，形成花香燈網，大家都在同心圓的圓周內總動員，大放光明。

施食壇前的供品。

45　根據照承法師二〇一二年九月三十日的訪談記錄，是否需要帶冠，不同派別各自表述。參見呂明原，〈台灣當代蒙山施食儀式研究〉，頁146。

　　　　　　　　　　　　　　| 分別為聖——長老教會・普渡・通靈象徵 |

上｜施食壇前觀音像。
下｜施食壇前焦面大士
與普渡代表牌位。

　　這部分的儀式空間與場面調度，是很多普渡施食儀式的基本流程，聲音所展演的戲劇張力，是儀式劇場相當傳神的超現實想像。但往往因為現場吵雜，信眾並未跟隨儀式步驟行事，以致於無法在整場都是梵唄的節奏下，凸顯主事者法事的莊嚴性，反為淪為各作各的混亂情境。【46】擁擠的淡水龍山寺，勉力維持了肅穆的現場。「拋撒」是除了持咒結手印、和灑淨之外，最具視覺效果的畫面。信眾這時一邊專注地跟著誦念，一方面也注視著主法者的肢體動作。香花拋撒重複三次，邀請相關諸佛聖眾總動員，當花朵從主法者手中拋出，自空中掉落地面，彷彿聖界已經在悠揚肅穆又帶著活

46　我曾經在新北市淡水鄞山寺、蘆洲湧蓮寺、台北市大稻埕霞海城隍廟、台中市建國市場和彰化市民權市場觀察，上述這些寺廟除了廟方代表跟隨主法者的儀式步驟之外，民眾大都自由參拜，不過當主法者拋灑祭品時，則蜂擁前來搶拿。

潑動感的節奏中，光臨法會。

接著，另一批冥界總動員出現，對於正在地獄中受嚴刑的悲慘餓靈，各類生物、祖靈冤家等等，透過聽經聞法，在佛力加持下，「心開意解，解冤釋結，離苦得樂，往生淨界」。[47]唱至「三災八難，尋聲救苦，杻械枷鎖，化作清涼風，散珍寶，普濟貧窮，楊枝手內時時灑滴甘露，潤在亡者咽喉中，惟願今宵臨法會，接引亡靈上往天宮。」[48]主法者開始「撒珍寶」，隨著不同的施食對象，向空中撒施一盤盤餅乾糖果。

這是一段相當具有超現實視覺與聽覺分離的想像效果，尤其在這座具有迷你劇場格局的儀式空間之中。因為寺廟空間的有限，反而「舞台」距離縮短，而讓主法者與信眾之間的聯繫更加緊密。現代人過度倚賴影像的特效，加上無法聽懂這些唱詞所描述的施食對象，以致於淪為只是視覺上觀看主法者拋灑表演，和進行搶奪的快感。一旦能夠進入專注於經文所描述的無形靈性世界，跟隨曲調節奏的高低起伏，即可感受傳統儀式劇場、在宗教音樂中精彩的抽象戲劇張力。

梵唄讓參與者重新回到「聽覺」尚未被視覺排擠成配角的「視」／「聽」感官拼場的經驗裡。這段唱詞精簡地讓參與者「聽到」各式各樣對佛教地獄想像的蒙太奇式拼貼。暴力、恐怖的經文想像場景，卻和現場「看到」的緊湊中、「聽到」略顯喜感活潑的節奏場景，形成強烈對比。

唱誦與鑼鼓節奏歡喜活潑，主法者忙於將餅乾糖果加上花、

---

47 引自法會當天上午一開始廟方發給信眾召請冥界受邀對象前來的召請文。

48 《甘露施食要集》，台北：菩提書局，未印出版時間，頁24。

米、零錢加持，做拋撒動作後，迅速交給接送一盤盤餅乾糖果的廟方人員，連誦經團都加入接送行列。大家都歡喜忙碌的樣子，似乎迎接並搶救不斷來到的那些一波波飢火焚身、悲愁受苦的冥界亡靈。透過儀式的變法，陰陽兩隔得以跨越，悲喜交加的無形與有形畫面，全靠現場參與者的觀想與想像力。例如「枉死城中。颯颯悲風起。鬼門關前。叫苦聲動地。有主無依。十類孤魂鬼。此刻今時。來受甘露味。」

　　主法者忙於唱誦、拋撒，廟方忙於將整盤整盤的供品拿去倒在箱內收集，現場熱鬧中帶有歡樂分享的喜氣，若沒看《甘露施食要集》或聽不懂唱誦內容，就頗像開同樂會的氛圍。[49]但一起唱誦的信眾唱到以下段落，恐怕是戒慎恐懼：

> 八寒八熱。泥犂阿鼻獄。杻械枷鎖。嚴刑多苦具。
> 鮮血淋身。虎咬悲慘悽。此等孤魂。來受甘露味。
> 飢火煙炎。歷劫燒身體。因地慳貪。果報多此類。
> 腹如滄海。喉似針鋒細。此刻今時。來受甘露味。
> 象馬駝驢。鱗甲羽毛類。屠割剝裂。生死無邊際。
> 互食互償。自受誰人替。此等孤魂。來受甘露味。

49　工作人員忙著將一盤盤的餅乾糖果，小心翼翼地從信眾縫隙穿過，放入中央的箱子裡。主法者稍做像徵性拋撒動作後，並再沒有向信眾或空中拋撒，而直接交由廟方拿走放入箱中的動作。我一開始看到頗感困惑，看過幾次其他地方的普渡施食儀式，都有大動作的拋撒與圍觀民眾搶奪的場景，這似乎已是普渡施食的招牌動作了。但是淡水龍山寺沒有這樣的劇場調度，在真言咒語的觀想中，主法者以少化多，去救度那些受苦匱乏的先靈，但才剛剛拋撒，一下子就被放入同一個大箱內，就現場的展演效果上稍嫌草率。過後詢問主法者照承法師，告知是因為現場空間狹小、人太多，拋撒互相爭奪的話，場面難以控制。根據照承法師、龍山寺誦經團廖映雪師姐二〇一二年九月三十日和周阿玉師姐二〇一二年十月十五日的訪談記錄。

主法者將餅乾糖果加上花、米、
零錢加持，做拋撒。
上排圖｜法師拋撒香花。
下排圖｜法師拋撒供品。
拍攝於淡水龍山寺。

天色轉暗，稍有涼意，現場瀰漫一股難以言說的詭譎氛圍，彷彿感受到無形的冥界所帶來的陰沈幽暗氣氛。[50]這種讓受苦受罪、桎梏匱乏的冥界先靈在當下，一邊聽經聞法以解心靈枷鎖，一邊以有形、可見、可聽、可食的供品填補匱乏，雙管齊下，也正是超現實空間轉化的儀式身體感精髓。

不管是花、米、餅乾糖果、零錢等的象徵物的拋撒，以少化多、以小變大，以智慧、以慈悲的光明甘露來打開絕望的幽冥，讓現場參與者透過色、聲、香、味、觸、法的感官體驗，想像自身參與在整場儀式救贖的劇場行動之中。信眾看到主法者變身為「地藏王菩薩」。透過主法團的裝扮，以及壇場佈局所形成的儀式「舞台」或神聖劇場的時空氛圍，人們回到過去儀式結構的既有印象，讓大家相信這些宗教專業已經從人的身分，透過儀式轉換到「神佛」的身分。基於對集體宗教象徵體系的認同，將貌似戲劇的身體展演，視為和攸關共同體未來命運的赦罪祈福儀式。[51]

當《甘露施食要集》唸至最後「處處總成華嚴界。從教何處不毘盧」後，全體站起來，面向廟門開始念佛號，進行最後燒化牌位的步驟。在長達十幾分鐘的佛號誦念中，廟方工作人員拆下貼滿牆面的普渡牌位，一一疊好送到廟門口外臨時金爐燒化，象徵送走這次冥界的受邀對象，期待已經前往下一輪的安身之處，感謝諸聖佛菩薩前來救度。穿越陰陽兩界的法會，已近尾聲。

這時已經接近傍晚六點，夕陽將逝，陰陽幽明的交界，廟內燈

50　廟方在這段施食儀式進行時，要現場拍攝者停止拍攝站到旁邊，一方面是現場所進入的肅穆氛圍，另方面則不要妨礙因為地小人稠，而略顯混亂的拋撒現場。

51　王鏡玲，《慶典美學》，頁232。

上│普渡圓滿送受邀冥界。
下│普渡牌位燒化。

光與燭火接續了陽光的照耀。廟外菜市場人潮早離去，罕有人跡、只剩休市後的幽暗靜寂。在接續的簡短晚課後，誦念聲嘎然而止，普施法會正式結束。靜肅的廟院，普渡的可見紙牌位全部消失了，瞬間的空闊，彷彿《波羅蜜多心經》上說的：「不生不滅、不垢不淨、不增不減」。

老年肉身的盼望

透過大部分以台語、年長婦女為主的誦經聲，既是展現梵唄的空緩與動感的音階，也揭示母語聲調的親近感與儀文的深沈意涵。

梵唄不只是異質的聖俗區分，也將現實的掛念帶往更內在的靈性體驗。神聖的異質性透過真言與咒語的不可翻譯性，來讓信眾藉由聲音的奧秘，進入觀想或幻想的層次。觀想是指進入與聖界感通的互為主體，知道自身所扮演的能動力運作邏輯，幻想則是放棄或無法感應聖界的能動力，被動地完全依賴超越自己之外的聖界來支配自身。

這樣的顯聖能量來自宗教人和聖界之間的感應互動，但這樣的互動性，也由於聖界之不可知、難以測度，變成無法以感官經驗證實的奧秘或幻境，容易再度被威權的意識型態所佔領，要求人的絕對依賴，而失去人和神聖感通的互為主體性。失去主體、對於神聖權威的被動依賴，也成為現代無神論思想極力要批判與逃離的威權意識型態，現代人害怕人之外的力量再次奪走人的主體性與能動力。

難以理解的咒語與真言，聲腔與節奏的豐富，是佛力奧妙透過儀式所呈現的顯聖表徵。因為這些可聽聞的肉體感受，以甘露水、花、燈、香、珍寶等拋撒的視覺意象顯示，將《甘露施食要集》裡「尋聲救苦，將枷鎖化作清風」的精神具體化，轉化為不可見、無形聖界對於「冥界」救度的象徵。透過口中的聲音和現場每一個同樣發出聲音的參與者，不斷反覆誦念當中，卸下憂煩，尤其在身體越來越衰老、現實環境越來越艱困的老者，在衰老與病痛的雙重焦慮下，一再反覆的簡單節奏，反而較容易引導信眾在跟隨中放空。

「重複」是心理臨床焦慮的症狀之一，但一再重複的聲調與肢體動作，卻也讓信眾內心被現實困惑綑綁的煩憂，在聲音所釋放出的包容與慰藉中，得以舒緩鬆動。儀式的重複因為節奏的快慢強弱，帶給人截然不同的體驗。莊嚴中有喜感的普渡法會，透過聲音

龍邊的蓮花座、供品，以及中老年信眾。

在動態中的統一性，在半強制性儀式秩序中，讓歷經人生風霜的中老年世代，暫時找到依靠的碼頭。

再者，普渡儀式的佛教儀軌具有「有」與「空」的兩面性。因為佛教轉化華人倫理道德，講求「報恩」與「孝順」的家庭倫理，[52]讓已經為人父母或祖父者，感同身受。近幾十年來台灣社會經濟模式的改變，以及個人主義越來越明顯的影響下，家族凝聚力逐漸衰微，長者不再因為所累積的經驗常識，獲得像傳統社會知識專業身分的尊崇，反而因為無法掌握有力的物質資源，而被後輩視為無用等死的包袱。將心比心，緬懷與救度先靈，也同時反映出邁向老死

52　二〇一二年淡水龍山寺的海報，把盂蘭盆地藏法會視為「報恩及思親的日子」。台灣民間佛教界在農曆七月舉行將普渡與報恩、孝親結合的佛事法會算是常見，參見林嘉雯，〈台灣佛教盂蘭盆儀軌與音樂的實踐〉，頁93-94。

威脅的自己，依然擁有的尊嚴與盼望。

　　這種以母語語境為主、抓住弱勢的老人心理的宗教活動，雖然和賣藥廣播電台以討好老年人為主的商業出發點接近，但是這兩者都透顯出在母語衰微的時代，在媒體被以華語青壯消費族群品味為訴求的現況下，作為弱勢的老年族群找尋精神慰藉資源的有限。廟宇的普渡法會或者初一十五的拜懺，提供給被現代社會忽略的台灣老人，一個尚且是他們熟悉的世界觀、以母語為主的宗教活動，兼具社交與心靈的安頓。

　　就「空」的價值觀而言，普渡法會也在「有為法」之上讓信眾感受到一切無常，心無掛礙、無有恐怖。一切有為法，如夢幻泡影，放下才能得到真解脫，這樣對於慾望收放的透徹，讓信仰不只是逃避現實的幻覺。只是，「空」的境界太難體悟，透過「有」——每年週期性的佛事法會、透過數量的累積——幾千幾萬次的經咒誦念的貫徹，「有」的豐盈透過精神與肉體的象徵性餵養，所獲得現場儀式上的心靈滿足，反而較平易近人。

　　年輕世代尚未體驗到年長者面對老死無常挑戰的內在光景，或者如我在第一章提到，學校教育對民間信仰知識體系的「去宗教化」，或者因為傳統民間宗教和年輕世代的生活步調有時間差，或者年輕世代早已不活在老一輩民間信仰的宇宙觀之中。這些世代之間生理上、和心理上的身體感差異，讓這場普渡法會展示的是屬於老年世代的救贖儀式與環境劇場的象徵系列，尚未融入快速節奏和科技特效。

　　這場儀式展演依然是農業與手工業時代記憶靈光的文化產物，搭配彷彿說書人魅力的聲音儀式所展現的超現實感。參與這樣逃離現實生活秩序的宗教儀式，反而帶給那些習慣於快節奏、眾聲喧嘩

的生活步調者，另一種放空或緩慢的「反差」存在感。

結語

　　誠如我在本章開始時所提及，普渡儀式對於台灣社會一直和歷史記憶、生存競爭、生命尊嚴的安頓緊緊相扣，這樣的意義很可惜一直被學校教育邊緣化。地緣性的傳統信仰廟宇，對於失憶與失語的年輕世代，淪為比外國還外國的不相干的古蹟標本。透過儀式的顯聖劇場所展現的場所精神，加入對於儀式象徵和宗教教義、與神話脈絡的理解，以及傳統聲腔節奏的配合，若失去這些文化象徵的底盤連結，將只是空洞、單調、不斷重複的肢體表演。

　　那些廟宇建築裡傳遞古老神話信息的宗教象徵，那些在週期性儀式裡的聲腔、曲調、節奏與肢體語言，那些既莊嚴又活潑的普渡施食法會，一方面在這個以年齡層區隔的世代活動類型裡，已經被定位為中老年世代的休閒活動。另一方面屬於老一輩的「顯聖」能量的合理性，也被老一輩包裹了神聖禁忌的威權面紗，將顯聖所啟動的生命動力，綑綁在對神聖威權的護守。放空、謙卑中的活力並不等同於死守教條威權的制式化，這是傳統宗教等候開出新時代意涵的關鍵。

　　豐富多元的普渡慶典從狂歡揮霍與爭鬥搶奪，到肅穆安靜的民間佛教的儀式展演，爆滿與空緩的氛圍，都蘊藏宗教人對於死亡的恐懼、以及生老病死的悲憫關懷。「誦經」是古老宗教實踐裡相當重視的一環，透過唱誦，進入內在呼吸的節奏，以及個人與儀式現場的肉身感官相遇。雖是簡單重複的肢體語言與聲音，也能讓人打開感官，以聲、以耳、以專注的肉身，進入共振共享共融的儀式空間，尤其透過傳統菜市場、古蹟與普渡儀式所共同彰顯出來的氛

圍。很多信徒把廟宇的老建築拆毀，誤以為越是豪華大間就是宗教權力越高的彰顯，忽略了顯聖無所不在，寓居在物質性的肉身空間裡，有多少來來往往的先靈出入，拆除舊建築，其實已經讓記憶一去不返了。

老建築裡的老靈魂透過普渡儀式，讓中老年信眾在逐漸失去社會生產力，而被迫成為弱勢的無奈下，在救度過往受苦靈魂的悲憫的同時、也為自身的過往懺悔，並在救度的儀式中，彷彿透過對於神聖的盼望，而重新獲得被庇佑的安全感與尊嚴。救度看不見的先靈，也重新召喚出過往記憶的潛意識，體驗到在儀式調度中，消逝母語的歷史記憶，以及在「此時－此地」聲音劇場的靈性微光。

附錄1

淡水龍山寺盂蘭盆地藏法會流程

08：00-09：20　演淨召請、地藏經上卷

09：40-10：50　地藏經中卷

11：00-12：00　佛前大供（佛說盂蘭盆經）

13：30-14：30　地藏經下卷

15：00-18：00　圓滿大普施

附錄2

淡水龍山寺「圓滿大普施」儀式進行流程【53】

壇前起香 → 過案薦食 → 回壇登座 → 祝香供養，插入「佛面猶如淨滿月，南無過去現在未來一切諸佛，南無登寶座菩薩摩訶薩」讚偈 → 準提神咒 → 奉迎觀音 祝水加持 → 奉迎阿難 禮讚三寶 → 奉迎三寶 宣讀疏文 → 奉請地藏王菩薩、引魂王菩薩 → 開始引魂唱引魂讚 → 稽首皈依雄等十一首讚偈，主法此時加持花、米、銅板、糖果餅乾等物散撒諸方 → 進入「蒙山施食」偈示唯心 → 脫苦來會：破地獄真言、普召請真言和解冤結真言 → 迎請三寶 → 秉宣三寶 → 懺悔三業 → 發四弘願 → 持咒滅罪：地藏菩薩滅定業真言、觀音菩薩滅業障真言、開咽喉真言 → 三昧耶戒真言 → 法味變食：變食真言、清涼偈甘露水真言、一字水輪咒、乳海真言 → 宣稱七如來聖號 → 結願正施：咒力加持、施供祝願、施無遮食真言、普供養真言、誦般若波羅蜜多心經一遍、往生神咒三遍 → 六趣偈：承斯善利，受苦有情，能成正覺 → 最上三寶 → 金剛薩埵百字咒 → 施食圓滿 → 唸佛號（燒化牌位）→ 迴向下座 → 迴向偈、三皈依 → 送聖 → 接續「晚課」（因在佛寺舉行法會）。

53　根據照承法師訪談記錄二○一二年九月二十八日、二○一二年九月三十日、二○一二年十月十五日，照承法師表示「圓滿大普施」主要依照《甘露施食要集》，再加上一些普照寺融合放燄口的步驟。本流程依據《甘露施食要集》內容，參考呂明原，〈台灣當代蒙山施食儀式研究〉頁14-41、頁53-55、頁155-158。

【第四章】

能量的戰場

海邊「普化」儀式探討

或細微溫柔或嘹亮高亢的聲響，發自每一位
通靈者的口中，像是同時開了數十個視窗的
大螢幕，在廣闊的海邊……

救援靈魂之必要

這是一個被迫遺忘死者、遺忘家族歷史、遺忘每天發生在周遭難以數算的意外傷亡的時代。我們一方面追求獨立於傳統父權家族價值之外的主體性，但另一方面又和從小到大生養自身的家庭，在經濟物質面的關係以及個人價值觀的影響上密不可分。工業社會對於勞動作息的要求，以及不當的政策造成的生活沈重壓力（例如都會裡不當的高額房價與對勞工階級不利的薪資制度），讓人們不得不追求透過辛苦勞動所交換而來的物質性財富的累積，成為工業社會機械化作息的奴隸。

在這之中，那些不斷挑戰我們生存秩序的不幸威脅一直都在。即使努力勞動，也難以補償被犧牲的家庭關係。因為忙於生活勞動而失去的愛情與親情，移工棲居異地者對家鄉家族的虧欠，步入中年之後更多工作的挫敗與身體老化、家人相處衝突的考驗（親子、父母公婆、老闆同事…）、生育的挫折（流產、墮胎的缺憾）、意外事故的考驗等等…。這些數算不完的曲折坎坷的命運戰場，讓宗教成為滿足這種種人生缺憾的重要慾望出口。在上一章我們看到每年週期性出現的普渡祭儀，在這一章則進入另一種宗教派門，以一年四季五方對冥界的救渡儀式。

踰越宗教語言的禁忌

前言曾提及，在二〇一二年我經常去推拿的那對推拿師夫婦，開始參加新莊一間宮壇全台海邊普化的儀式，[1]也曾多次跟我講

1　我在二〇一二年（壬辰龍年）參與了聖德宮和紫玄宮的西部和南部普化儀式。本文主要

起。引發我對於到台灣海邊普化儀式現象的好奇，決定跟學校申請留職停薪期間一探普化儀式現場的究竟。

這間宮壇座落在一般新北市新莊五股交接處五股工業區附近的住宅區，二〇一二年七月我第一次去訪問的時候，裡頭有一兩位宮裡的成員和宮主妙妙師姐[2]（以下簡稱妙妙）正在聊天。一位看起來約四十多歲左右的瘦瘦男性，穿運動服裝，另一位約五十多歲豐腴的女性，穿著一般寬鬆的服裝。好像剛打坐結束，看到我走進來，就起身招呼。

走進屋內，裡頭播放有點搖滾樂風的佛經歌曲，我先走到神明桌前向神尊們行禮致意。這間宮壇奉祀的主神是觀音菩薩，陪祀的重要神明有天上聖母、關聖帝君、順天聖母、姚府千歲等。妙妙讀國小高年級的孩子在一旁玩耍。不一會兒，曾參與海邊普化儀式、並引介給我的推拿師妻子HY，也應我的邀請準備來一起聊。不過，兩位宮內成員很快地先行離去，一會兒之後HY竟說她頭很痛、很不舒服，妙妙幫她調氣一陣子，跟觀音佛祖搏杯後，沒有什麼起色，也回家休息，連妙妙的小孩也嚷著不舒服。

依據我所參加的彰化芳苑的「西部」海邊普化（二〇一二年九月二十三日）和台南鹿耳門「南部」海邊普化儀式（二〇一二年十二月二日），以及儀式前後和聖德宮的宮主何妙娟、紫玄宮宮主許寶銀、參與二〇一二年全台五方普化的陳師傅夫婦的訪談，以及在兩次普化現場請教的師兄師姐的看法。

2　根據我對妙妙的訪談，妙妙大學畢業後，二十幾歲加入在家居士的佛門皈依佛法，工作不順遂，身體不好，頭痛欲裂，有感應能力，可以感應別人的痛。經常誦經、持咒、靜坐。妙妙遇到觀音菩薩藉由一位女居士降駕引導她，跟一位師傅誦經助念、四處結緣。三十歲出頭在往師道場途中，白衣觀音顯現，跟妙妙說要帶她去拜母娘，正式進入靈乩之路。過幾年，去萬華龍山寺觀世音菩薩請示確認，主神白衣觀音大士，二〇〇五至二〇〇六年正式開宮啟靈。聖德宮不專程去進香，而是去各地的相關宮廟接靈脈、作功課，二〇〇七年左右開始進行全台五方普化的儀式。

當時，我對這些人的不舒服，並沒有特別感覺，在那個位於住宅大樓之中的宮壇，並未感到不舒服，反而有居住空間的親切感，雖然免不了第一次到訪的陌生與尷尬。妙妙幫處理HY和她兒子不舒服的狀況外，繼續回覆我對海邊普化儀式的一些提問，以及個人修行開宮歷程。妙妙大學畢業後，二十多歲時進入台北市吳興街淨心苑的佛教團體學習，是位優雅、略微豐腴四十多歲的女子，丈夫長年在中國經商，常穿著白色道衣或中式服裝。由於妙妙說父母都是外省人，[3] 不擅台語，所以我們幾乎以「國語」交談。那天簡單的素食午餐過後，我便告辭回家了。

　　過了一週，去給HY的先生陳師傅推拿時，HY告訴我，那天大家的不舒服都是因我而起。因為我從一開始到結束，一再提到「聖德宮」這三個字。天啊～哪會按呢（ná ē án-ne）？「聖德宮」這三個字本來就是我想瞭解、研究的對象，就像我說出任何一個組織團體的名字，很自然吧。但是我忽略了在聖德宮裡，提到「聖德宮」三個字對宮內成員而言，反而觸犯禁忌，導致他們身體不適。

　　我那天專心地問著一些自以為重要的問題，完全沒注意到其實妙妙並沒有提到「聖德宮」三個字。根據HY的說法，那兩位先行離開的師兄師姐，因為我一提到「聖德宮」，他們就感受到一堆「眾生」全靠過來，[4] 他們招架不住，頭昏目眩、全身不舒服，趕緊各自回家去休息，連晚到的HY也是。但HY當時並不知原因，只是頭昏目眩、全身不舒服，都快騎不動摩托車。後來回家就好多了。

3　「外省人」在此是指從中國在一九四九年前後，隨蔣介石軍隊從中國撤退到台灣，出生在中國各省的新移民。

4　「眾生」在此泛指無形靈界。

為何「聖德宮」一出口變成那幾位信徒都像得傳染病一樣呢？在宗教經驗中，名字有特別的意涵，有呼喚時該遵守的宗教團體規定。這些文字或口語上的象徵早就成為既定的習性。[5]人在學習和成長過程中，學到了對語言的適應，以及透過語言來取得對生活世界的認識、自我認同與自我防衛。語言在宗教經驗中，同時具有合一和區隔，關懷救度和攻擊摧毀的特質。[6]

　　圈外人會踩到禁忌的防線，然而這些宗教人則早已謹慎遵守，[7]並不會刻意逾越。他們相信一說出口，這幾個字就像能量補給站，向那些無形的、圍繞在他們四周渴望能量、嗷嗷待哺的「眾生」，發出邀請的信號，他們全部都撲過來吸收能量，也因此讓能量較弱者，感到耗弱或引發其他身體上的不適。只有能量強的宗教人，抵擋得住，無須畏懼。但換另一種角度，那些發心發願者，則希望透過誦經與相關儀式，藉由所散發出來的靈性能量，來度化這些被吸引前來的飢渴眾生。以下要探討的普化儀式，也正是這些相信自己時時被眾生影響禍福、但無法以一己之力幫他們的宗教人，期望透過集體力量來解冤釋結、消災解厄的儀式行動。

　　我說出宮名，但當時我並沒有異樣，根據聖德宮成員的解釋，

5　參見Paul W. Pruyser著，宋文里譯，《宗教的動力學》（A Dynamic Psychology of Religion），台北：聯經，2014，頁222-223。Pruyser雖然是站在以基督宗教文化背景下的宗教學立場，但對一般宗教現象的闡述，其宗教心裡學分析的架構仍值得參考。

6　Paul W. Pruyser，《宗教的動力學》，頁224-237。

7　本文在一些行文脈絡中，使用「宗教人」取代「信徒」，來凸顯他們是具有感應到超自然界、並具有與之溝通能力的信仰主體。使用「通靈者」時，著重在談信仰主體與超自然溝通的宗教經驗上。本文並未使用「靈乩」，因為「靈乩」不只是能感應到超自然的人，還具備為他人處理靈性的追求，解決和超自然之間恩怨的能力。本文的儀式現象除了宮主之外，尚無法看出信徒們是否具備靈乩特質。

是我的能量夠強，所以沒事。[8]用個體能量的強弱，來解釋是否會受到外來能量體的影響。這裡面語言能量所包含的邏輯值得注意：首先，我是外人、對他們而言是「陌生者」，一位大學老師、社會階級身分上比他們高的人，要來請教宮主；另一方面是他們宮內成員的親戚，雖不是來踢館的外人或帶敵意者，卻來意不明。因為來宮內的人其實就是尋求對身心靈消災解厄者，但我不是，我是難以歸類、來試探的異類。他們害怕被問，害怕我所提問的內容，觸犯到他們信仰的禁忌或個人隱私，在心理上已經出現警戒與壓力。[9]其次，若他們當時知道如此，他們先不提醒我勿說出「聖德宮」名號，也像在測試對方所觸犯的禁忌，會不會導致什麼樣的後果。

　　再者，我是外人，當我提到「聖德宮」時，雖然由我口中說出，但是我並不屬於聖德宮的一分子，也沒有以他們熟悉的圈內人術語的語境發問，更不知這項禁忌的規矩。他們困惑於我的動機，在我所提出問題時，他們意識到的不是我所發出的問題，而是像搜尋軟體一樣，注意到是否出現禁忌的字眼。他們相信會「撲過來」的眾生，要不就是不會撲向非聖德宮者，要不就是說話者能量強，有護體，可以承受。在這個例子中，正面與負面的宗教語言能量的

8　我是向來體弱多病的人，這幾年來因為心臟瓣膜脫垂，遇空氣不通時，常會呼吸困難。但那天儘管宮內燒香氣息裊繞，我沒有任何異狀。之後再去聖德宮訪問時，可能已經有之前的震撼教育，避開宮名，所以也沒有在場的師兄師姐被我的語言禁忌影響，而導致身體不適。

9　這種對提問者的提防，經常出現在詢問秘傳的儀式知識體系。我在二〇一四年十月二十五日第一次陪家母去彰化一家地母廟祭解和補運。雖然母親已經去過很幾次，但當我詢問最基本的文疏格式和祭拜的金紙時，全遭拒絕。不只是我，現場其他信徒對神明指示不清楚，詢問時也遭拒絕。二〇一五年陪母親再去一次時，我只向地母乩身詢問他們所掛的匾額年代，但對方仍不願回覆。

辨識，都只屬於這個信仰共同體者所相信的意義體系。他們認為宮主本人修行能力強，尚且可以應付，符合他們的設定。如果在那時我也感到不適，那麼宮內成員可能會認為我也屬於他們的一分子，也具有感通靈性能量的體質。他們可能進一步地為我進行各種調靈的步驟，用他們的能量邏輯判斷，例如告訴我卡了多少冤親債主、眾生，需要怎樣的化解，為我尋求解決之道。

在漢人社會裡，神聖力量的來源就包含神、祖先、鬼／靈源，[10]和其他可以影響命運的人－事－時－地－物互動下所造成的吉凶生剋因素。[11]話語所產生的重大影響力，並非只出現在儀式現場，宗教話語本身就是能量指涉最明顯的象徵。但話語不只是話語，而是伴隨著說話者的語境所指向的宗教理念體系。例如宗教理念上如輪迴、累世因果、皈修等，或者和具體生活層面的關係，像身體不適、人際衝突、病痛與災禍等。

宗教和語言關係密切，宗教理念與宗教體驗，都必須透過語言，來達到個體與自身之外世界的溝通。[12]語言不只是語言，語言意義的指涉，往往包含複雜的可說與不可說的共同體的運作秩序。能量透過聲音、口語、圖像等感官知覺的信息，傳達了讓感應者身體變化的能量場。這在下一章的母娘通靈現象裡，各通靈者的天語

10　在此，除了使用西方人類學家如David Jordan、A.P.Wolf、Feuchtwang等以神、祖先、鬼的分類之外，詳見桑高仁（P. Steven Sangren）著，丁仁傑譯，《漢人的社會邏輯》（Chinese Sociologics: An Anthropological Account of the Role of Alienation in Social Reproduction），台北：中央研究院民族學研究所，2012，譯者導言。本文的脈絡我再加上「靈源」。因為在本文所探討的過往靈魂，不只是包含這些人類學家以人的社會為主的意義闡釋，「靈源」還包含人與人之外「非人」物種、和宗教人有累世因果輪迴信念下的恩怨關係。

11　例如農民曆上每一天對於不同生肖者，在人－事－時－地－物互動下所造成的吉凶生剋判定的提示。

12　Paul W. Pruyser，《宗教的動力學》，頁211-214。

與肢體語言的展演將更明顯可見。

語言的能量場絕不只是正面、給予宗教人活力的元素，觸犯禁忌或詛咒式的語言，[13]也帶來讓感應者難以承擔的肉體上的困擾、病痛與受苦。但同樣的「話語」對不同說話者或接收者來說，對該語言所指涉的語境，並不見得具有單義性的反應。可說與不可說的語言禁忌，牽涉到設定的權力所具有的合法性與有效性。

可說與不可說的宗教語言禁忌，一直是宗教人最基本的生活要素，我只不過是在同時代的宗教人生活世界遇到了，和我過同樣物質生活的人們，並非那些和我有時間軸（例如古代人）或地域（例如城鄉差距）差異的文化他者。生活在現代社會裡的這群宗教人，其實和過去的時代並沒有兩樣，他們並沒有被現代「世俗人文主義」的世界觀「除魅」。他們的世界依然如古人一般，仍活在神、鬼、祖先、以及漢人吉凶生剋的宇宙觀，現代科技的進步與社會結構的變遷，並沒有改變這群宗教人對於超自然能量運作邏輯的態度。反而隨著工業社會人際關係的複雜化，讓宗教人所面對的生活問題，比過去的農業社會更多樣、更難以掌握，也讓宗教人所相信與想像的超自然能量種類變得更加多樣。[14]

海邊普化儀式與聖德宮

一｜海邊普化的目的

「普化」一詞的使用，並非聖德宮的宮主妙妙首創，她開始進

13　Paul W. Pruyser，《宗教的動力學》，頁219-221。
14　瞿海源，〈宗教與術數態度和行為的變遷（1985-2005）：檢驗世俗化的影響〉，頁261。

行「普化」時，在台灣已經有其他宗教團體也在各地舉行。確實出現的時間她認為是二〇〇七年前後。普化的「化」是指燒化，大部分的祭物包括大量的金紙，以及可食用供品與藥材，都在海邊透過焚燒來完全摧毀，來達到轉化給無形的神佛以及待救度與待和解的靈界，而非祭拜過後，信徒領回食用的「普施」。

海邊普化儀式參與的成員藉由一起搭乘遊覽車，到台灣北東中西南的五方海邊，[15]來當作救度台灣整體的空間象徵。妙妙認為，若只是將干擾宗教人的「靈」，趕到他處或沖到海裡，並沒有解決恩怨因果，這些過往靈魂也沒有成長的機會，可能依然作祟人間。在大自然的環境氛圍中，一方面透過大海的廣闊，象徵匯聚更多苦難、待救度的人與非人的眾生／「靈」。另一方面大海也成為有利的媒介，透過舉辦普化儀式，來讓宗教人完成恩怨和解的儀式，讓有待救度的眾生獲得普化之物的醫治、飽足、以及帶來人與「靈」雙方解脫的契機。「靈」搭乘法船，[16]透過水路的協助，帶著參與者的懺悔與祝福，前往提升靈性的修行之處。宗教人則獲得現實生活裡，生存危機的解除。

普化儀式和進香會靈（參見下一章）最大的差別，根據妙妙和紫玄宮宮主許寶銀（以下簡稱寶姐）的看法，後者是去跟神佛充電、接收能量，而前者則是運用自己所具有的能量，去協助那些需要救度的無形界，也藉由普化來解決現實生活中所面臨的病痛、際

15　「中」的天池則是在台灣中部的梨山，依然有水，但並非海域。

16　關於「法船」所扮演的救度意涵，參見張仙武，〈清代陰騭文化研究—以《文昌帝君陰騭文》相關文獻為討論中心〉，臺灣師範大學歷史學系博士論文（2009年），頁118-137。釋念慧，〈母娘信仰之身體性、情感性與神聖性：以花蓮法華山慈惠堂為例〉，慈濟大學宗教與文化研究所碩士論文（2010年）。頁93-110。

遇的不順遂、苦難與考驗，因此普化儀式對聖德宮而言，也具有消災解厄的功能。聖德宮海邊普化儀式參加者約三、四十人，大概是四十多歲到六十歲左右的中年人，女性約二十多位、男性約十多位，和幾位三十多歲左右的年輕人，年輕世代大多是這些中年人的兒女、朋友或員工。

二│普化儀式的成員

聖德宮這間新北市小型新興宗教宮壇的成員，包括有家族血緣、地緣的信徒，以及職場關係的成員。參加普化儀式的成員女性和男性主事者大都穿白衣，因為聖德宮主神是觀音菩薩，不同於母娘信徒的黃衣和青衣，但也有穿黃衣和青衣的信眾來參加。但主事者的寶姐則是以媽祖為本靈，儀式的聖界團隊是「九天玄女、天上聖母、觀音佛祖、濟公活佛、福德正神、諸眾神」等，[17]展現台灣民間通靈信仰的神明團隊的分工特色。普化儀式並沒有統一的服裝要求，信徒個人隨自身所感應的能量場，來選擇服裝的色調。

參加者以大台北地區為主，例如板橋、三重、新莊、林口、關渡…等等的信徒。信徒各行各業都有，例如有做LED燈的課長、開早餐店、做模具、餐飲業等等。參加成員有一定的經濟基礎，並非經濟弱勢的體力勞動階級。不同地區相識的南部友宮成員也來參加，例如在屏東東港地區開宮的老師。[18]參加者因為和聖德宮宮主妙妙認識結緣，也來參加。有的友宮參加者則是夢見家裡拜的觀音佛祖要他前來。

17　詳見「附錄1」。
18　妙妙最近幾年帶領聖德宮參加屏東東港王船祭典時，有參與當地宮廟的活動。

三│夢啟的主事者

　　在二〇一二年七月初訪問妙妙過後，我參加了農曆八月八日彰化縣芳苑鄉普天宮沿海一帶的普化儀式。根據寶姐告訴我，在前一年年底時她曾夢見自己在「開文」，[19]在一張紙上畫「十」字，有四個邊，她一直在那四邊的邊處寫東西。之前她並沒有做過這樣的夢，似乎有神明旨意，就是自己接到當主事者。寶姐年近六十，是新北市知名連鎖小吃店的店長，說她的本靈是媽祖。[20]那段準備期間另外一位宮內師兄也夢到要去做普化，要做多少艘法船，就負責製作法船的工作。

　　妙妙和寶姐表示，因為神明指示有天災，去做普化可以降低與轉化無形靈界的怨氣與痛苦，災難就會降低，大事化小、小事化無。最先感應到「要」或「不要」做儀式、再來確定誰是主事者。然後，其他的師兄師姐則感應到負責不同種類的普化用品的分工，例如製造法船造型與數量，準備米飯、粽子、龍眼之類比較有特色的供品…等等，以及透過「開文」來祈福與消災解厄，協助待救援的無形界。普化儀式包括到全台灣五方海域，雖然舟車勞頓，不過因為幾年來固定的地點，妙妙跟這些海邊地方的宮廟熟識，反而有神

19　關於開文（開靈文）詳見下文。

20　紫玄宮是寶姐為了承接五方海邊普化儀式，而到宜蘭三清宮三清道祖那邊請來的「臨時牌照」，並沒有實體的宮廟。這裡的本靈，簡言之，指的是每個人所承接的無形界的接收類型與屬性，以便來到這一世的救世，寶姐表示她所擔任的救世任務的無形源頭是媽祖。本靈乃與生俱有的靈質，不斷在不同的累世神話劇的生命劇場裡，扮演不同角色。具備接收自身之外有利於修行、濟世的正能量。例如來自仙佛的能量，或者被有害的負能量糾纏，例如冤親債主，導致不幸的生命際遇。本靈不斷在累世輪迴，繼續修持或「作惡」，善與惡互相不斷拉拒對抗。

　　　　　　　　　│分別為聖——長老教會・普渡・通靈象徵│

明要她去沒有人脈的地方舉辦普化，她並沒有接受。[21]

　　至於是否舉行普化儀式、什麼日期、哪些地點，寶姐則到聖德宮請妙妙師姐幫忙「逼」（台語）——搏杯求證觀音佛祖，確定不是自己的妄念。因為要花不少錢，[22]也是「做功德」，不是個人性的行動，而是代表這個信仰團體的共同參與，不能貿然行事。據妙妙表示，普化一年總共四次（東部和中部一起做兩天一夜，其餘一天往返）。到二○一二年為止，已經做過五年，以海（水）邊為主。每年普化的負責人不同，一開始有一年是妙妙負責。寶姐則是主辦之前曾參與兩年多普化儀式，每次先確定地點、再確定五方時間。壬辰年去的五方分別是北部新北市金山海邊、東部花蓮崇德海邊、中部梨山、西部彰化芳苑海邊、南部台南鹿耳門海邊，都是比較偏遠、附近經常發生意外的地區。

　　農曆八月八日到彰化芳苑海邊普化的那次，雖然聖德宮前一年來就曾面臨廢土問題所造成的濕地地面凹凸不平，嚴重影響祭品擺放和儀式進度，但牽涉到漲潮的掌握，妙妙不敢換其他地方，怕不諳水性，漲潮危險。但他們不敢去檢舉廢土，怕反被找麻煩無法再去普化。再者，去普化時，在信仰的交陪上，需要請當地神明相助，就現實條件上，則需要請當地宮廟跟海巡署報備，因為牽涉到大量焚燒金紙祭品的公共安全性，必須跟警察局報備，以免觸法。

21　妙妙曾提到神明要她去綠島和澎湖普化，但她都以能力不足、當地沒有人力支援來拒絕。

22　據妙妙表示，普化儀式一次花費8-10萬元左右，個別信徒花費約數千元，包含車資活動費以及個人奉獻的物資或金錢。但二○一二壬辰年過後，妙妙就不再去各地參加五方的普化，這兩年來是在聖德宮內舉行普施，沒有燒化的儀式。普施只有讓被普的對象聞氣味，食物並未燒化，仍由祭拜者領回食用。

四│有待救度的靈魂

　　普渡的超自然對象具有一般性、和舉辦普渡團體自身的個別特色，以上一章提到的淡水龍山寺普渡法會為例，拔度對象包括：人與人之外的生物（該寺廟建設中誤殺、誤傷的諸生靈眾）、「本境轄內蜎飛蠕動、五音十類」、法會出資者的列代祖先、本次法會漏寫或誤寫的諸先靈、地基主、廟主過世的母親（之前該寺廟負責人）、已過世的駐寺法師，以及無祀有祀男女孤魂等，是以該廟宇空間為中心所劃定的救度範圍。

　　而聖德宮和紫玄宮海邊普化的無形界，則由於通靈者不斷地接收到靈界的對象，到了儀式現場也還在進行，甚至也有普化儀式結束時，才趕來的「靈」。但主要包括「各人身邊因果現前之冤親債主、堂上歷代祖先及宗親、欲求解脫之一切有情眾生、墮胎、流產、夭折之嬰童靈、所殺害及食噉之一切眾生界內之動物、水族、昆蟲、鳥禽類等眾生」。[23]

　　在普化儀式中，邀請他們前來享用「瓜果品、清香敬茶與禮酒」，以及「金銀財寶蓮花奉」並送上法船，前往皈修之處。[24]祭拜的供品中有大量的醫治「靈」受傷的各種藥材、錢財（金紙，下文詳述），以及通靈者為普化對象所開的靈文，都放入待燒化的法船之中，邀請這些普化的主角們前往皈修之處，消除因果恩怨，解冤釋結，還給宗教人和自身，無冤無怨、各自一片天的生命風景。

23　依據壬辰年（二〇一二年）太上無極紫玄宮普化文疏，以及現場的紙立牌位。參見「附錄1」。二〇一五年八月二十九日（農曆七月十六日），我參加天山明修宮的母娘祝壽與普渡儀式時，母娘乩天山師姐表示自己一人能力有限，無法承擔太多無形的因果，普渡只以小規模的「本境有緣、無緣孤魂為主」。

24　文疏內容詳見「附錄1」。

在海邊的普化儀式，上桌是請來見證的主辦宮廟與協助
宮廟的神和令旗，下桌則是有待救度的無形界紙牌位。

五 │ 儀式現場擺設

　　信徒的遊覽車通常一大早從新北市新莊聖德宮開出，抵達台
灣西部那次，和抵達南部普化地點的時間，都大概接近上午9點半
左右。首先向鄰近主神致意：芳苑普天宮（西部）和鹿耳門鎮門宮

海邊普化儀式關
注殘疾與病痛的
靈源與嬰童靈，
給這些靈源的供
品和小法船置放
在地上，便於祂
們容易取用和上
船。

（南部），也向廟方致意尋求設備上的協助。在海邊的普化儀式，
上桌是請來見證的主辦宮廟與協助宮廟的神尊以及令旗，下桌則是
有待救度的無形界紙牌位。[25]其次是供品桌，由於普化地點信徒需
要搭遊覽車長途跋涉，沒有準備葷食，以素食和不會在短時間腐壞
的食物為主。根據妙妙表示，雖然有祖先曾托夢要吃葷，但被她以
供品新鮮為重婉拒。

25　所邀請來現場的神明和普化對象，詳見「附錄1」的普化文疏。

上下桌之後，接下來是擺放法船。法船擺設分成壽生（具有德行祖先與有德行的靈界「眾生」）的法船放龍邊，和往生（德行不及壽生標準的祖先、靈界「眾生」）法船放虎邊。普化儀式特別關注殘疾與病痛的靈源與嬰童靈，給這些靈源的供品和小法船放在地上，信眾們以人的世界類比「靈」的世界，認為這些靈源行動不便或是尚無法行走，將嬰童類供品和小法船上在地上，以便於祂們較容易取用和上船。擺放在地上並非因為祂們是被歧視的污穢或低階的，而是讓殘疾傷弱的「靈」更方便取用。

海邊普化儀式的主要步驟

一｜安令旗

鹿耳門普化黑令旗。

　　海邊普化布置時，除了上述的神明、普化紙牌位就位、法船供品擺設之外，同時也在離海更近的普化最前線，插下主事者聖德宮的黑令旗。黑令旗一安插下去，代表兵將在此鎮守與普化儀式結界的記號。安令旗並先燒香稟告在地的土地公與海龍王，但是這項祭

拜儀式由安令旗代表負責即可，不必全體出動。黑底白字紅流蘇的令旗，中央有八卦圖案與環繞各式咒語的旗面，在波濤微起、廣闊的沙地上迎風飄揚，揭示與各種神聖能量接上線的攻守力場啟動。

二｜開香

　　全體一致，由聖德宮宮主妙妙師姐領全體上香。先向海邊稟天公，然後轉向神桌，向宮裡請出來協助普化的主神和其他神明，以及向鄰近宮廟的主神參拜，[26]保佑一切順利。再向另一桌普化對象的紙牌位參拜後，讀文疏[27]與奉獻名單。開香後，信徒將香插在

鹿耳門普化法船開光點眼。

26　鄰近宮廟前來協助的主神，在彰化芳苑海邊時的普天宮媽祖，和台南鹿耳門海邊的鎮門宮國姓爺。台南鹿耳門海邊普化的上桌神明的水仙尊王，並未寫在文疏之中。

27　文疏詳見「附錄1」和「附錄2」。由於主事者妙妙是外省人，雖然信徒大部分是講台語，但讀文疏時，誦讀者無法以台語讀，必須讀華語，兩次讀文疏者年齡都約五十多歲左右，可見母語喪失的危機。讀文疏者男女皆可，雖然我看到的兩次都是男性讀文疏。

供品上，邀請普化對象享用。雖然現場只有呼嘯的海風，沒有莊嚴的誦經團或聖樂團，但無聲勝有聲，才一下子，通靈人紛紛各就各位去接應前來接受普化的「主角們」了。

三｜敕船——法船開光點眼

由主事者寶姐以其靈駕，對沙灘上每一艘插有五方五色船號旗幟、青（綠）、紅、黃、白、黑的法船逐一敕船，先是「壽生」船，然後「往生」船。法船上都有船夫，「壽生」船船身較大，兩側各畫有龍鳳，寶姐啟動法船的靈性能量，讓法船得以感應神明的能量，以及承載普化的祖源與眾靈。但寶姐並未將敕船時口中所唸的靈語大聲說出，而是屬於主事者與法船一對一的靈力能量啟動。

這期間個別有感應的通靈者們分頭進行，以各自的靈駕走到不同的法船、蓮花座、供桌面前，邀請他們所感應到的各人身邊因果現前之冤親債主、堂上歷代祖先及宗親、欲求解脫之一切有情眾生、墮胎、流產、夭折之嬰童靈、所殺害及食噉之一切眾生界內之動物、水族、昆蟲、鳥禽類等眾生。現場眾聲喧嘩，非常熱絡。普化對象涵蓋家族血緣的歷代祖源、累世時間軸的冤親債主、被吸引過來的人類或非人類的靈源、眾生，以及在海邊空間內，想要解脫的一切有情眾生，涵蓋面非常廣闊。

許多或細微溫柔或嘹亮高亢的聲響，發自每一位通靈者的口中，像是同時開了數十個視窗的大螢幕，在廣闊的海邊。不管是彰化芳苑凹凸不平被廢土侵擾的濕地地面，或者台南鹿耳門海邊長著耐旱爬藤植物的沙地。現場每個無形的「視窗」裡，呼嘯的海風下，插在每件供品上燃香的氣味，上演著通靈者記憶與想像交織的過往生老病死的缺憾、創傷的縮影，所幻化的「他者」栩栩如生

沙灘上每一艘法船插有五方五色船號旗
幟、青（綠）、紅、黃、白、黑，逐一敕
船，先是「壽生」船，然後「往生」船。

　　　　　　　　　　　│分別為聖──長老教會‧普渡‧通靈象徵│

地在身旁出現。每一個通靈者的感應裡，有著各自想像的神話劇，例如比著蓮花指手勢，唱著憂傷的歌仔調，或略帶哀戚的新時代（New Age）曲風的靈歌靈舞。

只是，現實的時間是如此緊迫，而通靈者個別神話劇的情愫卻又曲折迂迴，牽連到過往的身心創傷、虧欠、身體的病痛，以及那些非親非故、只是古往今來難以測度的冤靈。通靈者不斷地反覆同樣的動作、聲音或歌吟，像是邀請無形界的他者，也像引發內在壓抑情緒的抒發，在這個可以抒發、安慰、勸說、追悼、醫治「他者」的儀式現場，意識到或無意識地透過肢體的展演，撫慰了自我的陰暗面。

從慾望的缺憾轉換到個人和無形界之間的神話劇，再轉換到個

法船上有船夫，法船能量被啟動後，得以感應神明的能量，承載普化的祖源與眾靈。

人所具有的意識上的或感官知覺上的能量，企圖去補償個人內在的缺憾，接引一波波無形眾生的能量場。邀請與等候普化對象進入法船期間，通靈者有的前往海邊對著海面灑魚飼料，以慰水族靈；也有前往神明前面稟報，帶多少兵將過來，要來執行怎樣的任務。例如有位早餐店老闆當關聖帝君靈駕時，他以武將的動作，一手高舉無形令旗，捋鬚、走弓箭步，對著上桌的神明們說著文言的靈語。

通靈者們以其各自和無形界溝通的方式，邀請與等候普化對象進入法船。

四｜開船燒化

　　燒給神佛的金紙和燒給祖源和眾生的分開，前者在開船前已經先燒化。是否已到開船時辰，由主事者寶姐搏杯，感應佛祖是否已看過現場，確認圓滿告一段落，以三杯來確定。出發之前已經事先搏杯幾點開車、開香、開船，「普」的時間約一個多鐘頭，時間有限，大家在時間內盡量邀請。寶姐跪在神佛面前，搏杯確定開船時間已到後，大家將文疏、法船和所有燒化祭品集中以利燒化。

　　在一般施食儀式（例如上一章）主禮者透過誦經、展示手印，統一的動作，來使救度的對象得以開喉變食，領受甘露法食。咒文與手訣、手印具有將祭物一化十、十化百、百化千的「少」化成「多」的象徵意涵。在普化儀式則由現場參與的通靈者，以其靈駕所承接的來自神佛的能量，同樣進行原先只由主禮者所擔任的化食，以少化多、以百化千的口訣和肢體展演，邀請無形眾靈上船。

　　在台南鹿耳門海邊的普化現場，大家將十三艘法船搬移往前方更靠海面的燒化處，現場動作忽然間加速了。主事者寶姐很低調，並沒有明顯地站出來指揮調度，現場顯得有點慌亂。友宮來協助的宮主，在搬動法船時，快速地講了很多文言詩詞的台語「好話」，邀請、吆喝、勸告亡靈眾生趕緊上船，增加了「開船」階段的戲劇效果。大家一邊大聲喊著「開船囉～」，一邊用大批礦泉水灑在法船移動時的兩旁，作為「開水路」的象徵。[28]藉助大海的能量，藉

28　儀式中有船從陸上行舟到進入海或燒化過程，必須以象徵性的在船前方或兩旁灑水，作為舟行於水的象徵意義。在康豹（Paul R. Katz）所寫的《台灣的王爺信仰》中也提到開水路。請參考《台灣的王爺信仰》，台北：商鼎文化，1997，頁163。

普化儀式「開水路」。

由水的洗淨與承載的象徵意義，讓水的象徵同時具有洗滌冤仇、化解因果，並帶有承載祖源與靈源的法船，前往皈修之處。[29]

「壽生船」先開、再開「往生船」。沒有制式化的統一動作，人員調度也有點忙亂，例如抬船者移動時，發現兩邊沒人開水路，必須停下來等候救援，有的法船則是幫開水路者太多。搬運法船像是搬運大型手工玩具，一方面抬船吆喝、一方面澆水向前走，莊嚴中帶有遊戲感。但主事者和資深通靈者，對於儀式的規矩還是不斷提醒，例如每艘法船都有船長，友宮宮主好言相勸、請這些神話或想像中的船長們謹慎駕駛開往目的地。有人將往生蓮花亂丟到燒化區，被資深的通靈者趕緊整理好，以示對於無形界的敬意。

在國曆九月下旬夏末的彰化芳苑海邊燒化，因為濕地廢土造成凹凸不便、和友宮位置協調延誤，嚴重影響開船進度，加上天氣仍十分炎熱，信徒們伸展動作較為困難，只能以上半身小動作的靈駕為主。[30]在鹿耳門的普化則在十二月初的晴空、蔚藍天際偶有雲

29　參見伊利亞德（Mircea Eliade）著，楊素娥譯，《聖與俗》（The Sacred and the Profane），台北：桂冠，2001，第三章關於水的象徵。

30　彰化芳苑普化多位參加者事後表示，空間的不便造成靈駕的困難，許多人身體不適，必須把被限制、受阻的能量，轉往後來儀式結束後去附近普天宮再度參拜時，才能稍有抒解。

開船燒化儀式，藉由救度痛苦、悲傷的「他者」得到安慰與醫治，也藉此讓通靈者感到自身長期羈絆的苦痛與厄運得以化解。信徒們靈駕送普化對象上法船，一直到現場的燒化完成。

彩遮日，熊熊火焰在海浪滔滔的廣闊沙灘上揚起，呼嘯的海風不斷一些金紙不斷捲起。渾身解數為靈源送行的通靈者，各種靈動越來越殷切。有的不斷將手勢以向心方向、指往燒化區的法船或向四方擴散的手勢，有的則不斷引導從燒化區以離心方向手勢、象徵將法船引向海面。有的以靈語，有的以文言台語並手持宮壇旗令邀請法船、順利前往神佛皈修處。

　　就圈外人來看，現場可能是一群發瘋的手舞足蹈者；但就圈內人而言，像是多視窗全開、互相切換的能量轉輸站。以信徒從最切身的慾望滿全、到推己及人的同心圓；從成全自身與自身的祖源、到成全那些全然陌生、卻急需救度的靈魂。藉由救度痛苦、悲傷的「他者」得到安慰與醫治，也藉此讓通靈者感到自身長期羈絆的

鹿耳門海邊
普化的靈療。

苦痛與厄運得以化解。信徒們靈駕送普化對象上法船，一直到現場的燒化完成。現場熱力四射不只是有形燒化的烈焰，還包括激情的通靈者各自和所感應的神靈、冤親債主、靈界眾生等等的神話劇氣氛。但這樣強大的能量流竄，卻也讓一些氣場比較凌亂或較為虛弱

鹿耳門普化開船燒化後，被主祀神附身者，帶領大家以靈駕衝向燒化區。有些拿令旗者被強大的能量駕馭，像民族舞蹈的旗隊一般，圍著燒化區用力揮舞。

的通靈者感到身體不適，而需要宮主妙妙來協助調理。

　　妙妙表示，通靈者在靈駕邀請眾生之際，會收到一些回應，表示已經期待很久，終於收到了致謝，眾生得度而喜極而泣。萬一有沒有上船，引致現場通靈者身體不適的，都要盡力協助送走，資深通靈者協助新手們。辨識正在送的是誰，是祖先、嬰靈、還是哪一種靈源，而非盲目地隨大家起舞。

五｜拔令旗＋「即興劇」——海邊的旗隊

　　在法船、祭品、金紙焚化儀式接近尾聲時，在台南鹿耳門海邊的普化現場，忽然妙妙當時就讀國小高年級的獨子被聖德宮主祀神之一的姚府千歲附身，以騎馬步快速奔向接近海面處，滿頭大汗地舞動雙手，發出「哈！哈！哈！」的聲音，但不像孩子發出來的笑聲。幾位資深通靈者緊跟在旁，在燒化區送船的信眾們一陣錯愕。男孩以騎馬式快速往返幾次後，男孩站在燒化區，面向海、雙手拼命揮舞，像歡送所有現場無形界趕緊上船離開，友宮宮主緊跟在他旁邊。

　　友宮宮主是在東港開宮的宮主是濟公禪師乩身，主神也是姚府千歲，從小拜姚府千歲。他辨識男孩的神意，提醒男孩小心，也轉告大家神明的意思。男孩示意，男宮主去拔起黑令旗，再將這支象徵儀式結界的兵將旗交給男孩。男孩手持令旗，飛奔回大約百公尺之外主神神桌前。由緊跟在後的男宮主插回。低調的主事者寶姊這時簡單宣布儀式圓滿結束。

　　但是寶姊一講完，降駕在男孩身上的姚府千歲似乎還有事。男孩（千歲爺）要大家拿起供桌上的令旗，繼續趕往燒化區。大家又是一陣錯愕，但男孩並未被阻擋，反而大家紛紛跟著拿起供桌上大

大小小的令旗，有的則拿拂塵，包括那支已經插回去、表示儀式結束的聖德宮兵將旗。大家紛紛衝向燒化區，有些拿令旗者被強大的能量駕馭，像民族舞蹈的旗隊一般，圍著燒化區用力揮舞。眼見大部分的法船、金紙、祭物都已剩餘燼，這群人（大部分是中年女性）卻在海邊強風呼嘯下，手舞足蹈、吆喝呼喊，個個生龍活虎。彷彿為全台五方的海邊普化最後一場劃下激情的句點。但這「激情的句點」卻是由男孩偶發所帶領的另類遊戲般的起乩行動劇，在彰化芳苑的那次海邊普化，並沒有像鹿耳門這次戲劇性的結束。

激情過後，有人開始因為剛才激烈的行動，而身體不適。妙妙事後的解釋，此乃借助兵將之力，得以趕緊送眾生上船，不要留戀。那些在最後拿令旗去送行者，雖有兵將保護，但兵將所展現的強大能量，一時之間肉身恐難以駕馭，或者有不願離去的「眾生」跟隨，以致有身體不適者，需要再進一步到宮廟調理。結束後，大家吃帶來的粽子、龍眼、水煮蛋等等，剝殼、脫殼、解厄運，以求好運來、厄運去。

六│紙祭品：金紙[31]、開文、法船

在海邊普化儀式中，除了食物類供品和中西藥材之外，最明顯的特色是數量龐大的紙祭品燒化，包括：（1）溝通不同聖界的各類金紙、（2）信徒針對這次普化所開的文、（3）將靈界送往皈修之處所承載的法船與蓮花座。這些紙祭品反應了信徒對超自然界（神明、祖先、祖先之外的靈界）的分類與欲求，如何透過這些祭物系

31　我使用「金紙」作概稱，而不使用「紙錢」，這是我的田野對象所慣用的詞彙。

上 | 法船所承載的供品。
下 | 燒化區的金紙。

| 分別為聖——長老教會‧普渡‧通靈象徵 |

列的燒化轉換，亡靈願意解消恩怨、放棄作祟、前往皈修聖境，宗教人得以獲得懺悔、消災解厄，各自解脫一片天。

首先，紙祭品顯示了漢人民間信仰對聖界神明團隊的分工，以及對靈界的親疏、尊卑、德行高低的區分，是世間人際關係的翻版。[32]作為釋出善意的贈予，也包含賄賂，如果利己成分大、就違反人間公平正義原則。[33]公平與正義原則在民間信仰中，依然是重要倫理，神明被視為無私的象徵。

再者，就金紙功能性而言，首先是聖界分工，例如海邊普化儀式給三界（天、地、水）神明的壽金、刈金、福金等，及其所派遣的兵將所用的，例如「甲馬」、「白錢」、「過關錢」、「路關錢」、「水關錢」等。特別是越來越多墮胎的靈魂和早夭的生命，提供了像「花公花婆」錢、「嬰靈金」等。間接和生產相關的「註生娘娘錢」，為的是未生育的、已生孩子的、無法生出來、夭折的，陰陽都有。給「累世」與「輪迴」的：例如「前世」夫妻、「前世」父母的金紙。

其次，普化儀式的金紙系列是以「補運錢」和「解厄錢」為主，所展現的宇宙觀，彷彿是一張權力路線圖、旅遊指南和必備物清單、以及對於無常命運的保全系統，鉅細靡遺地把「厄運」都列出來。這些金銀紙系列顯示的不只是個人，而是包含家族所造成不幸災厄。例如本次所使用的陰陽錢、太歲錢、白虎錢、五鬼錢、病符錢、買命錢、車厄錢、改厄錢、煞神錢…等。[34]此外，摺紙做的衣服褲子給貧窮、不幸、受苦受難的靈魂。醫療用的像「藥師金」，

32　詳見「附錄1」。

33　參見施晶琳，〈臺南市金銀紙錢文化之研究〉，臺南大學台灣文化研究所碩士論文（2004年），頁14-15。

34　詳見「附錄2」。

以及中藥材和外傷的西藥，藥品的實體也以物質性肉身傷害來對想像靈界。[35]

在廣闊的海邊，金紙被擺放在供桌上、法船內、供桌腳下的地面上，鮮豔或素樸的視覺圖像具體化信徒們的需求與聖界的臨在。需請神明見證，確認所燒化的金錢過世親人可以收到。[36]受苦、病痛、挫敗的人生，意味著虧欠、良心不安與命運恩怨債務的償還。人和靈界的接觸，往往必須透過神佛來確認，人對靈界的負面想像與敵意，讓人與靈界之間無法有明確的信任關係。

「開靈文」則是普化儀式中最個體化的特色。「開文」具有自我理解和溝通「他界」的功能。透過書寫、圖繪，以及開完之後的自我解讀或請資深通靈者解讀後燒化。藉著不斷「開文」的視覺化書寫行動，向仙佛推薦、求赦在世者或逝者、祖源。寫的時候有時身體會不舒服、疼痛，心情上有時痛苦、沈重、淚流不止。[37]過往累世所承受的痛苦，透過開文者書寫，一方面感同身受，另一方面也

35　金錢中大量的往生錢、壽生錢，這些是在解嚴後一九九○年代越來越盛行的新式金錢。往生錢主要對象是冤親債主和待救度的眾生，助其早日超渡轉世，也盼其不再作崇信徒，讓信徒不順遂。這些新式金錢也成為折成蓮花座和法船的重要材料，色彩和構圖，都比傳統金錢構圖較繁複、色彩較華麗鮮豔。施晶琳，〈臺南市金銀紙錢文化之研究〉，頁90、114-115。

36　施晶琳，〈臺南市金銀紙錢文化之研究〉，頁75-76。

37　關於開靈文的意涵，除了妙妙的訪談所提供的觀點外，我個人也多次看到開文。有一次是我回彰化老家，拿衣服去修改時，修改的裁縫師正在開文，驚鴻一瞥像是藍底暗色線條，非常繁複、彷彿洪通式的構圖風格，但她立刻收起來。去拿衣服時，她拒絕我拍照，她請來的師姐告訴我，一旦被拍就無法完成燒化給過世者的儀式。並請裁縫師另外用黃紙紅筆開一張很整齊的文給我，並告訴我對像我這般傳道授業者的勉勵，並讓我帶回。下一章也會繼續探討開文的其他功能。

彷彿想像、發洩與釋放與自我治療；一方面祈求無形的「他者」解脫痛苦，另一方面也為開文者自身洗滌、懺悔、或分擔「他者」之痛。

這些參與者所開的文在普化儀式之前幾天，送至主辦普化的聖德宮，經宮主一一看過，搏杯經觀音菩薩見證後，一起蓋上該宮壇的印章後放入法船，當天燒化。「開文」也包含要送往何方宮廟皈修，並說服這些靈界，看看哪一處的神明接納祂們，讓祂們有解脫與提升的機會。

法船也是普化儀式重要的主角。法船繼承自明清以來民間教派信仰重要的救贖象徵，顯示了神佛雲集、共同護送流落凡間的失鄉兒女，回歸本源的信仰精神。[38]信徒按照聖界指示，製作不同款式之後，在熱鬧、溫馨或盛大的儀式燒化。每次製作法船會因為感應與設計者不同，做出來款式不同，例如在彰化芳苑普化有「龍」造型和「鳳」造型、金色與黑色，來區分給「壽生者」與「往生者」搭乘。鹿耳門的普化法船則以外型規格的大小來區分，大的是給「壽生者」、小的給「往生者」。法船並非抽象的「上法船皈家去龍華相逢」，[39]而是將亡靈送往通靈者經常去「會靈」參拜的宮廟，請主神作主，例如送往花蓮吉安勝安宮，請王母作主、或者埔里寶湖宮天地堂地母廟，由地母作主等等。[40]

38 　明末清初的《龍華寶經》卷四〈排造法船品〉第二十一「排造法船者。排者。排滿虛空。造者。置造當來。法者。西來妙法。船者。法船普渡。這便是排造法船也。」（張仙武，〈清代陰騭文化研究─以《文昌帝君陰騭文》相關文獻為討論中心〉，頁118-137。

39 　《龍華寶經》卷四〈排造法船品〉第二十一。詳見http://www.taolibrary.com/category/category50/c50039/04.htm。

40 　詳見「附錄3」。

紙祭品不管手工藝所下的功夫好壞、材質的繁複或粗簡，每一次慶典紙製品都將被徹底銷毀。[41]因此每一次的製作即使和上一次完全一樣的製作模式，卻都是重新再造全新的物件。一方面就是以小搏大、以「剎那」換取「永恆」，「仿造」與「再現」轉化現實界與神聖界，另一方面對導致不幸的恐懼、厭惡、憐憫，讓人對於祭祀物的使用採取短暫使用的「拋棄式」。「拋棄式」是他們存在的宿命，想留下來作紀念，反而成為這種祭祀物的禁忌，它們一再以燒盡來證明它們存在的功能。[42]

和淡水龍山寺普渡的差異

　　根據上一章淡水龍山寺普渡儀式現象來看，民間佛教的普渡以主法團為主體，並非靠個人成為神佛降臨的顯聖（hierophany），[43]主法團所扮演的角色是媒介，透過主法者的觀想，在信眾和主法團的誦經共修下，聖界臨在，完成救度任務。主禮者透過變食的儀式步驟——手訣與手印、符咒、法器，讓祭祀物打破原先聖俗區隔的關係。但是由於誦經文本的內容與手訣，早已變成宗教專業者密傳的知識權力，並未傳授給一般信徒。一般民眾透過現場專心傾聽，來進入神佛救度神話的想像，但更多人其實很難理解誦唸經文的內

41　在目前人口密集的都會，焚燒金錢已經變成現代社會以空氣污染的考量，而加以限制或禁止。

42　這些普化文疏的原始電子檔，妙妙說已經刪除。過去曾經在田野調查中，遇到信徒拒絕被燒化的文疏或所開的靈文被拍攝下來，因為他們認為被留下影像，意味著燒化沒有完全。

43　Mircea Eliade, *Patterns in Comparative Religion*. Trans. by R. Sheed. New York: Sheed & Ward, 1958. 王鏡玲，〈神聖的顯現：重構艾良德（Mircea Eliade）宗教學方法論〉，第二章〈顯聖與宗教象徵系統〉。

容，只能按照廟方的儀式步驟，在梵唄聲波中，將心安靜下來，跳脫現實的憂煩，祈求個人與過世者在普渡儀式中經歷聖界的赦罪與救贖。

在以靈駕為主的海邊普化儀式，則是著重在個別成員透過接收／扮演的神話角色（例如觀音、媽祖、王爺等等），與自己所跟隨、糾纏、邀請、救度而來現場的靈源溝通。有初階通靈者尚無法辨識「靈」的類型，需由較資深者指點，例如妙妙師姐在現場曾指點某幾位生手，走到某幾艘法船前，幫忙引導靈源進入屬於祂們的法船，或者把奶製品放到往生燒化區焚燬，燒給嬰童靈等等。在普化現場的通靈者都各自做出屬於其神話劇的角色扮演動作，例如某些做出孩童般動作的通靈者，因其靈力來源為孩童特質的聖界。這部分「靈」所顯現的形式將在下一章繼續探討。

結語

海邊的空間作為儀式展演的舞台，提供了大自然能量角力與轉換的平台。燒化儀式在擁擠的都會空間，受到嚴格的法律限制，但透過火的完全燒毀，卻是將有形物質轉換無形能量、最直接的處理方式，燒毀也激發的毀滅性衝動與發洩的快感。但是並不意味著通過這場儀式，生活的不順遂就解除了。

靈性的能量是相對的，如果超過個人身體的承擔，就造成困擾不適的力量。現場還會因為宗教人認為靈界的不願離去或晚到、或被強大的現場能量影響，而受到新的靈界干擾。這樣的民間信仰儀式一方面找到和解的平台，讓通靈者如釋重負，進而趨吉避凶。但另一方面也因為現實世界的各種不確定性，人生考驗與命運的戰場繼續不斷，靈界也被宗教人視為將繼續干擾求援，必須進行下一次

的救度。

再者，儀式的主事者是比較低調的女性，兩位宮主並沒有以強勢的靈駕展演，來帶領信眾，作為儀式的亮點，反而把大部分的時間留給通靈者們去面對自身所感應的無形界，宮主在旁個別協助較資淺的通靈者辨識靈源，與被能量衝擊身體不適時，協助靈療。友宮的男宮主、男性通靈者的靈駕在現場，因其外顯的肢體語言（聲量、動作的展演性）反而較引起注意。女性雖擔任幕前與幕後重要角色，但在儀式進行中，大都以個別性指示代替統一的發號施令。關於女性在通靈宗教現象所扮演的角色，也會繼續在下一章探討。

從宗教人個人苦難推己及人、從利己到利人的救度同心圓。宗教人關心的是自身、家族的禍福，行有餘力，再推己及人與其他生命體，這是親疏遠近區分明確的救度先後秩序。這些通靈者對於共同體的關心，從自身和無形界的恩怨、家族和無形界的恩怨、再到向通靈者現身的那些待救度的眾生，很少再擴及到更大的公共利益或國家的前途，即使關連到國家前途，也往往站在執政者立場的關心。另一方面，到全台五方的當地普化儀式，這些外地來的宗教人關心的是自身所連結的無形界，並未對於當地的空間賦予更多關心與參與，反而因為燒化而帶來燒化後的殘餘。

救援個別靈魂的神話與儀式展演，在現代社會扮演著彌補與滿全人生缺憾的功能。透過不同宗教信仰的儀式，讓不安者、受苦者暫時找到安頓與逃避的管道，哪怕解脫、發洩只是在儀式進行期間、彷彿進出急診室一下而已。以上透過海邊普化的儀式現象，探討了現代人如何經由這些和神聖力量的溝通，尋求安頓自己在這個疏離、快速的工業社會裡的一種逃逸路線。

附錄1 ────────────────────────────

太上無極紫玄宮普化文疏之一

山河大地婆娑界　欲得解脫急積德

我今誠心求懺悔　佛道萬法心為上

心合天地及妙法　法心遍佈虛空界

今逢佳日普供養　迴向祖上冤親靈

伏以　　赤誠之心

恭請

太上無極紫玄宮

九天玄女　天上聖母

觀音佛祖　濟公活佛

福德正神　諸眾神作主

正值天運歲次壬辰年十月十九日　今據婆娑世界於

中華民國台灣省台北市中山區○○路○○號

新莊聖德宮　何妙娟

新莊○○宮　李○○【44】

　　諸多眾師兄師姐等

前來台南鹿耳門鎮門宮附近沿海一帶　　　行普化法會

誠意僅奉瓜果品　清香敬茶與禮酒

金銀財寶蓮花奉　眾靈前來共享用

───────────────────────────────────

44　　因牽涉個人隱私，宮壇地址和友宮宮主名字不顯示。

沿海周遭一切有緣眾生、水族靈及參與法會者之歷代

祖先累劫冤親債主及過去父親師長等

一同領受共結善緣　　　祈

世間人心祥和天下太平　日月清明風雨以時災厲不啟

家下納吉男增百福女納千祥　一切有情同出苦海共登

寶岸

文疏一表誠稟化　諸佛菩薩作證明

正值天運歲次壬辰年十月十九日

太上無極紫玄宮許寶銀及同道善信瑞表　　百意上申

太上無極紫玄宮普化文疏之二

恭請太上無極紫玄宮九天玄女娘娘作主

弟子眾等今日虔誠敬備

壽金一百二十支。刈金七十支，福金五十支，大銀四十支，小銀四十支，庫錢四箱，甲馬二十支，金錢二十支，白錢二十支，經衣二十支，藥師金六十支，金銀元寶各五十條。

過關錢五十支，路關錢二十支，水關錢二十五支，陰陽錢十五支，太歲錢二十支，白虎錢二十支，五鬼錢十支，病符錢五十支，買命錢六十支，本命錢四十五支，車厄錢五十支，改厄錢二十支，將軍錢二十五支，煞神錢三十五支，三六刈錢二十支，天官錢二十支，地官錢二十支，水官錢二十支，註生娘娘錢二十五支，前世父母錢二十支，前世夫妻錢二十支，十二元神錢六十支，花公花婆錢二十支，中西藥品各一批

補運金含貴財丁六十支，天地水庫各一百八十支，天地水錢各一百八十支，紙摺衣五百套以上，紙摺鞋五百雙以上，壽生金蓮花五十六朵，水蓮七百朵以上，小法船一千四百艘。

恭請參加普化法會各人身邊因果現前之冤親債主、堂上歷代祖先及宗親、欲求解脫之一切有情眾生、墮胎、流產、夭折之嬰童靈、所殺害及食噉之一切眾生界內之動物、水族、昆蟲、鳥禽類等眾生領收，祈願彼此解怨釋結，往生善處。

祈願陽上（報恩人，懺悔人）元神光彩 闔家平安。

天運歲次壬辰年十月十九日 太上無極紫玄宮弟子眾等叩恩一同領受共結
善緣　　祈
世間人心祥和天下太平　日月清明風雨以時災屬不啟
家下納吉男增百福女納千祥　一切有情同出苦海共登
寶岸
文疏一表誠稟化　諸佛菩薩作證明
正值天運歲次壬辰年十月十九日
太上無極紫玄宮許寶銀及同道善信瑞表　　　百意上申

附錄3 ──────────────────────────────

新北市新莊聖德宮、太上無極紫玄宮壬辰年十月十九日台南鹿耳門海邊普化法船種類

以台南鹿耳門海邊普化的法船為例：總共有十三艘。

「壽生」法船三艘為：

1.紅色──開往嘉義新港奉天宮的紫玄號，恭請天上聖母作主，來照顧這些無形界接下來的修行之路。

2.黃色──開往花蓮慈惠堂總堂的紫玄號，恭請瑤池金母作主。

3.綠（青）色──開往嘉義半天岩紫雲寺紫玄號，恭請觀音佛祖作主。

「往生」法船十艘，以五色代表五方，每種方位兩艘。1.南投埔里寶湖宮天地堂地母廟（青色慈航號），恭請地母至尊作主。2.宜蘭頭城外澳接天宮（黃色慈悲號），恭請瑤池金母作主。3.南投民間松柏嶺玄天上帝祖廟受天宮（黑色慈元號），恭請北極玄天上帝作主。4.屏東楓港紫竹林龍峰寺（白色慈德號）恭請觀音佛祖作主。5.花蓮吉安勝安宮（紅色慈聖號），恭請王母娘娘作主。

────────────────────────────────

第五章

神話口述與通靈象徵

「天山老母」女乩現象

天山師姐發出宏亮威嚴的歌聲。每一個字音發射在廣場空間中，都像敲擊大鼓和大鑼所發出的音場，氣勢綿綿不絕的唱辭，讓現場籠罩著崇高而清澈的神諭臨在……

象徵作為神聖顯現的中介

誠如在本書第一章所言，對於超自然、「神」的知識不只是理性的思辨，還包含參與拯救的奧秘，以及信者對於承擔「神聖」任務的實踐。神話就是宗教人傳承與實踐靈知最關鍵的文化行動，不只是被寫下來的文學形式，還包含遺忘與重新整合口傳的集體神話版本，[1]以及被個別生命體驗加以改寫神話的想像與體驗。余德慧和劉宏信指出，神話語言與身體經驗的密切關係，構成了民間宗教乩身主要的信仰依據，成為「神聖」力量展現為「人格神」者，在身體經驗上重要的踏腳石。[2]

象徵作為中介，一方面指出了神聖的要素在個別歷史當中的彰顯，另一方面則將個別的宗教現象關連到普遍性的結構。[3]神話作為「乩」的文化象徵，透過「乩」的個人宗教經驗—夢啟、附身、通靈的生命史過程，顯示了信仰共同體的文化腳本，構成民間宗教「人格神」附體的神學。[4]在上一章的海邊普化儀式，主持的妙妙師姐和寶姐已經展現了—夢啟、附身、通靈者在儀式過程中的角色與任務，本章將進一步透過「乩」這種自認或公認為被神靈所揀選的人物，如何透過個人靈力為根據的領導能力，如同韋伯（Max Weber）所言的「卡里斯瑪」（charisma）的權力意志，來確認作為神

---

1 杰克·古迪（Jack Goody）著，李源譯，《神話、儀式與口述》（Myth, Ritual and Oral），北京：中國人民出版，2014，頁50-55。

2 余德慧，劉宏信，第二章〈台灣民間宗教虔信者的「啟蒙神學」〉，《台灣巫宗教的心靈療遇》，頁78-84。

3 詳見王鏡玲，〈神聖的顯現：重構艾良德（Mircea Eliade）宗教學方法論〉，第二章〈顯聖與宗教象徵系統〉。

4 余德慧，劉宏信，第二章〈台灣民間宗教虔信者的「啟蒙神學」〉，《台灣巫宗教的心靈療遇》，頁78-84。

話英雄或宗教領袖的地位。[5]

　　本章在宗教現象的探究上，一方面以伊利亞德（Mircea Eliade）、榮格（C.G.Jung）和諾伊曼（Erich Neumann）宗教現象學和心理分析的理論為參考，另一方面也受到武金正對「解放」神學[6]、以及彼得‧柏格（Peter L. Berger）對於宗教多元化的啟發。對於靈知、心理分析、潛意識、身體感的現象學與心理學的研究路徑，受益於鄭志明、余德慧、劉宏信、蔡怡佳、簡東源、張譯心等。在通靈信仰的社會研究脈絡、宗教團體／宗教人的宗教經驗上，參考了焦大衛（David K. Jordan）、歐大年（Daniel L. Overmyer）、丁仁傑、許麗玲、林美容、蔡佩如、李峰銘、釋念慧、許雅婷、蔡秀鳳、林佩瑜、林育嫻、呂玫鍰等的研究，以及其他通靈者的著作例如羅臥雲、周序晴、花蓮勝安宮的官方資料等、以及我自二○○九年以來宗教儀式上的參與、從通靈者所獲得的知識與經驗的分享。[7]我站在對於神話語言、儀式展演與宗教象徵的現象學研究路徑，以「天山老母」女乩的口述神話、及這位女乩所主持的新北市三重區一間宮壇的儀式活動，加上參與女乩和信徒之間互動的觀察，[8]作為宗教現象詮釋的依據。為了避免個別現象描述與進一步現象詮釋時論述重點的混淆，現象詮釋的進一步探討放在本文最後部分。

5　　韋伯（Max Weber）著，簡惠美譯，《中國的宗教：儒教與道教》（The Religion of China: Confucianism and Taoism），頁94。

6　　詳見王鏡玲，〈宗教學的思路啟蒙〉，《輔仁宗教研究》第28期，2014，頁1-30。

7　　詳見本章參考書目。

8　　筆者二○○九年五月左右在新北市從事推拿的親戚工作室偶然認識了天山師姐，是新北市三重區天山明修宮的主持。該宮壇成立於一九九九年，成員大都以三重、蘆洲、八里鄰近台北地區信眾為主，成員人數不確定，約二、三十人，平均年齡約五十幾歲左右。包括中小企業員工、台商、LED燈業者、清潔公司幹部、茶室老闆娘、家庭主婦等等，

本章提出以下宗教現象層面的探討：一、本文保留了女乩對於神聖力量口述的母語關鍵字詞與敘事，希望展現出神話語言所具有的思想、情緒、意志，以及連結人際關係等文化象徵意涵。女乩所使用的母語表達方式，展現了非中產階級知識菁英的草根宗教菁英，對於抽象、形而上、甚至情慾的神聖力量，如何透過具體生活化、切身性的敘事類比來描述。

二、探討「天山老母」派門的女乩現象，如何透過口述和儀式展演，呈現民間信仰的各種宗教象徵意涵：例如較形上抽象的「陰陽合一」的聖界、台灣多神信仰不同「超自然」之間的鬥法與合作的動力關係、以及靈乩和傳統民間「輪迴」和「冤親債主」等宗教理念之間的連結，以及透過肢體展現的歌舞與嬉玩的神話象徵。

三、提供民間通靈信仰的知識體系裡，宗教人如何有意識或潛意識地，以「人格神」的神話與靈力運作，展現華人宗教象徵與女乩個人權力意志的結合，凸顯較弱勢的社會階層宗教人的自我肯定。這些被現代主流文化菁英所邊緣化的傳統民間文化，如何在現代台灣社會找到可以立足的象徵轉換。

「頂懸」牽教的母娘乩[9]

台灣新興宗教重要代表的母娘信仰，在戒嚴時期全國宗教團體

部分成員有親友關係。本章根據筆者在二〇〇九年六月訪談天山師姐與宮壇信徒、參與這間宮壇二〇〇九年七月的進香會靈活動後，並於二〇〇九年八月（皆為陽曆）、二〇一三年七月、二〇一四年七月、十二月和二〇一五年一月、三月、七月和八月，訪談天山師姐與宮壇信徒多次，並參加二〇一五年二月的「認主儀式」、二〇一五年八月「母娘祝壽普渡儀式」。

9　台語「牽教」的意思有啟蒙、栽培、訓練、造就之意。在此也是將掩藏的靈性召喚出來，加以訓練栽培。

被國家權力嚴格控管之際，並未出現像明清民間教派具有革命與民變號召力的救劫運動。[10]台灣的母娘信仰著重在以符合傳統道德規範，來作為宗教善惡的判準，[11]將無形的母娘作為無極宇宙根源的意象，整合進入宗教組織、宛若家族成員一般的集體凝聚力。[12]母娘信仰的救贖神話，強調個別信徒內在靈性的調靈訓體，以及這樣的信仰如何協助信徒面對現實世界的挑戰與考驗。[13]這樣的信仰文化一方面強調「家族」象徵式的傳統權威的集體性回歸，另一方面強調個人化內在靈性追求。在追求現代西式個人化、跳脫傳統威權的台灣社會菁英來看，這些具有對抗「外來」文化殖民的「本土」主體性，凸顯了宗教威權與個人靈性解脫之間諸多傳統宗教象徵體系的文化張力。[14]

母娘信仰在台灣包含不同「母」神的信仰，本文因為篇幅所限與主題的集中，只探討其中天山老母派門的女乩現象。[15]以下在

10　李麗涼，《弍代天師：張恩溥與臺灣道教》，台北：國史館，2013，第九章。蔡秀鳳，《台灣慈惠堂瑤池金母信仰研究》，臺灣師範大學臺灣文化及語言文學研究所碩士學位在職進修專班碩士論文（2009年），頁43-46。

11　根據我對母娘信仰現象的觀察，包括從二〇〇九年到二〇一四年到花蓮勝安宮現場的觀察，以及其他母娘宮廟信徒的聊天訪談。參見花蓮勝安宮文活動籌備委員會，《勝安安居文化季手冊》，花蓮勝安宮廟方用「寬、和、堅、忍」為母娘聖訓。參見丁仁傑，《當代漢人民眾宗教研究：論述、認同與社會再生產》，頁163-167。

12　釋念慧，《母娘信仰之身體性、情感性與神聖性：以花蓮法華山慈惠堂為例》，頁155-162。蔡佩如，《母娘信仰中的女神與女人：青山脈下慈母宮的考察》，新竹：清華大學人類學研究所博士論文（2013年），第二、三章。

13　例如許雅婷和釋念慧所提到慈惠堂系統的調靈訓體以及問事、牽亡、超渡法會等。釋念慧，《母娘信仰之身體性、情感性與神聖性：以花蓮法華山慈惠堂為例》；許雅婷，《母娘與祂的兒女—慈惠石壁部堂宗教人的經驗世界》，花蓮：東華大學族群關係與文化研究所碩士論文（2001年）。

14　彼得・柏格（Peter L. Berger），導論〈全球化的文化動力〉，《杭廷頓＆柏格看全球大趨勢》，台北：時報，2002。

「天山老母」女乩的神話口述裡，我們可發現在這位女乩的宗教經驗裡，天山母娘和勝安宮「王母」不同母娘派門之間的合作關係。母娘信仰做為台灣新興宗教的重要指標，一邊被納入華人道家與道教的先天宇宙創生的神話，做為萬物根源。[16]另一邊則接枝到傳統漢人家族本位裡，以家族的母親、母權象徵，來取代以父權的官僚體系為主的神人關係。作為宇宙根源、創生的母娘神話，並非遙不可及、和人間零互動的神明；反而母娘信仰中強調信徒和母娘之間個別調靈訓體的內在靈性關係，讓信徒通過像親子又像師徒關係來練身健體。在舞蹈、武術與古代養生術的身體操練中，重新打開被現代西式科學知識所邊緣化的華人身體觀，以及被現代工業社會的身體勞動慣性，所壓抑和阻塞的身體氣場。[17]

　　天山師姐鄭珠好屏東鹽埔人，六十多歲，翁婿陳大仔是基督徒（年少時讀淡江中學），原先是紙業經銷商，孩子長大後，過著一般家庭主婦的生活。天山師姐是天主教徒，去過梵諦岡朝聖。將近五十歲時，因為拉保險跟客戶第一次進香，有位包府千歲[18]的乩身告訴師姐，「頂懸」（tíng-kuân）[19]要用她，不然肉體會被收回去。師姐鐵齒不信，身體卻開始不好，於是去三重那邊的宮壇打坐。[20]

15　關於台灣母娘信仰的各種研究路徑探討，參見本章參考書目。

16　參見鄭志明，《台灣傳統信仰的鬼神崇拜》，頁160-167。簡東源，〈臺灣西王母信仰之研究─以花蓮勝安宮、慈惠總堂為考察中心〉，花蓮教育大學民間文學研究所博士論文（2008年），頁23-88。李峰銘，〈走靈山的女人：台灣新時代薩滿「靈乩」的民族誌分析〉，政治大學民族學系博士論文（2015年），第三章。

17　羅臥雲，《瑤命皈盤》，台東：慈惠堂寶華山翻印，2008。林佩瑜，〈信仰與體現─靈乩的身體實踐〉，台北：臺北市立體育學院舞蹈碩士班碩士論文（2011年），頁43-89。

18　雲林縣四湖三條崙海清宮，奉祀包府千歲包拯。

19　「頂懸」（tíng-kuân），指天上的神明，本章所用的「聖界」。

20　成乩過程遭遇人生不順遂的考驗，是我多年來遇過的通靈者、乩身與皈依成為宗教人的共同神聖體驗，例如本書前一章的妙妙師姐和寶姐，又例如在蔡怡佳〈臺灣民間宗教的

天山師姐最早的老師是吳德堂，和黃阿寬、高天文等是「中華民國靈乩協會」創辦人。[21]當時和師姐共三位女性，一起接受訓體。她們開口講天語或靈語，吳德堂一旁靜聽，再事後解釋。當時降的是「三主母」——母娘、九天玄女、地母。三人坐三張椅子，互相對答。原本是三位要合作救世，但是後來一位過世、另一位沒往來，師姐自己就擔負三主母乩。

後來天山師姐再去「小法」法師那邊「坐」，但並未拜法師為師。那間宮壇的神尊是媽祖、王爺和觀音，天山師姐在台北市開漢藥店的朋友認為，師姐需要母娘來「訓」（hùn），把從花蓮勝安宮請到他家的母娘，請去那間宮壇，因此勝安宮母娘成為師姐的老師之一。天山師姐後來離開法師所代表的小法派門，將勝安宮母娘神像請回家裡自己修。[22]師姐早期受「訓」時，在打坐後、開文，去

調靈訓體〉，收錄於胡國楨、丁立偉、詹嫦慧合編，《原住民巫術與基督宗教》，台北：光啟文化，2008，頁38-40。蔡佩如，《穿梭天人之際的女人：女童乩的性別特質與身體意涵》，台北：唐山，2001；蔡佩如，《母娘信仰中的女神與女人：青山脈下慈母宮的考察》。這也是神話英雄故事類型中重要的階段，參見克里斯多夫・佛格勒（Christopher Vogler），《作家之路：從英雄的旅程學習說一個好故事》（The Writer's Journey: Mythic Structure for Writers），台北：商周，2013，第二部：英雄旅程各階段。

21　「中華民國靈乩協會」由靈乩所組成之團體，成立於一九八八年。關於靈乩協會的「調靈訓體」，詳見蔡怡佳，〈臺灣民間宗教的調靈訓體〉，收錄於胡國楨、丁立偉、詹嫦慧合編，《原住民巫術與基督宗教》，台北：光啟文化，2008。

22　天山師姐訓乩第一階段結束後，將母娘神像請回去給漢藥店朋友，幾天後勝安宮「王母」跟師姐說，要跟她到這間宮壇得「香煙」（hiunn-ian）。得香煙（hiunn-ian），原指燒香拜拜所產生的煙塵，是指神靈救世、受到信徒祭拜，建立神靈的名聲與靈驗，擁有廣大「民意基礎」後，往後在天界的神明位階系譜更上一層樓。就像熱心為民服務的政府首長與民意代表。人神之間的相互依賴性，「神無人袂（bē）興」。桑高仁曾探討這種人神「互動性」，參見桑高仁（P. Steven Sangren），丁仁傑譯，《漢人的社會邏輯——對於社會再生產過程中「異化」角色的人類學解釋》（Chinese Sociologics: An Anthropological Account of the Role of Alienation in Social Reproduction），頁164-182。

睡覺時作夢，「頂懸」神明來教。來教導的神明都會先「報」（名），讓師姐知道是哪一位神明。在天山師姐口中「靈知」的傳授，具有台灣在地的特色，是以常見的歌仔戲和布袋戲的角色出場模式，先報名號，讓觀眾知道來者何人。可以看出民間戲曲和民間信仰，在象徵挪用上密切關連。這些上界神明所繼承的華人民間神譜的神話象徵，透過靈乩的訓練，以第一人稱——「我」成為神的代言人，和第二人稱——「您」是神來教導我，而不是一般人接觸神話時將之作為第三人稱——它／不和自身命運無關的他人知識。

神明牽教的內容如果天山師姐不知道，神明會「倒帶」顯像，就像看電視一樣讓師姐看，直到她瞭解為止。來牽教師姐的除了天山老母，還有「通天教主」靈寶天尊，那時天主教背景的師姐並不認識，以為是布袋戲裡白眉白鬚、拿弗塵的人物。在此也可見，雖然原先宗教信仰不同，但是天山師姐改宗成為天山母娘的代言者之後，重新去找尋新的民間聖界形象。透過她所從小到大經歷的台灣民間常見傳統戲劇象徵體系的文化底盤，以及靈乩團體的訓練，讓天主教改宗的她，對於「異教」的聖界依然有充分的認知線索可尋。

天山師姐在「靈知」的啟蒙過程裡逐漸瞭解，靈寶天尊是一派門之師，在《封神演義》的民間戲曲故事裡，收了不少動物靈的神明與妖怪。在多神信仰的「聖界」分工中，天山師姐相信，經靈寶天尊牽教之後的乩身，可以去「牽」動物靈，可以讓通靈者所具有的動物靈源獲得栽培訓練、修行濟世的機會，天山師姐就在此脈線之中。天山師姐後來也領了三清「道旨」，天山師姐的「乩身旨」、「救世旨」，開宮時就領了。在這間宮壇「上天台」領的，[23]神明直

23　據天山師姐和陳大仔表示，「天台」的搭建仿照祭拜天公「頂」「下」桌擺設方式，「頂桌」

接頒給她。天山師姐領受母娘發「懿旨」、玉皇降的是「玉旨」、還有三清道祖發的「道旨」。這些神聖職務都是來自無形聖界的直接授予乩身個人，並非透過傳統既有宗教組織與制度。不過這些靈乩個別聖職的合法性，依然以古代皇帝受官階與頒佈聖旨的方式執行，來確認被揀選後的身分與任務。可見傳統威權形式對權力的賦予，對個人化新興宗教團體的神職，依然很重要。這裡還包含對於非菁英、社會較劣勢階層尋求自我肯定的心理，以下再進一步討論。

陰陽合一的「天山老母」

天山師姐的宮壇有兩尊母娘，一尊是開基的——天山師姐所接到「直接降落來的新疆天山老母」源頭，另一尊則是和師姐的脈線無關、牽教師姐的「師傅」勝安宮「王母」（ôngbió）。前者是來自遙遠古老的華人神話源頭的聖界，後者是台灣「會靈山」母娘信仰的龍頭之一的神聖源頭。師姐選擇每年回花蓮勝安宮進香會靈，來還王母「人情」。師姐「坐禁」從3天、36天、49天、72天到108天不等，[24] 視神的指示而定。「坐禁」時，打坐、開文和交旨，像學校

擺放母娘乩要處理重大事件時負責對口的神靈，最主要是母娘（天山老母和勝安宮王母）。通常是母娘坐「頂懸」，還有其他來協助的神明。

24 「坐禁」或「受禁」是成乩過程重要的訓練，以及遇到重大事件要處理時，必須採取的修行步驟。受訓階段從四十九天開始，那時天山師姐大概四十八歲。禁四十九天之後、接下來七十二天、一百零八天的「坐禁」，好幾個月都無法和陳大仔「同房」、不能吃五穀，只能吃水果和喝泉水，一天只吃三次，不能外出。喝煮過的水會拉肚子，不能喝酒、打麻將。關於女乩受禁的研究，參見蔡佩如，《穿梭天人之際的女人：女童乩的性別特質與身體意涵》，頁78-83；許雅婷，〈母娘與祂的兒女—慈惠石壁部堂宗教人的經驗世界〉，頁55-65。

交作業給老師改那樣，詢問神明所開之文的意涵。到52歲時不再做保險，當全職乩身，原先的習性（如罵髒話）都改掉。[25]

後來天山師姐自己開宮，請法師來開光點靈，豈知卻點錯了，法師點那尊開基的母娘神像時，竟然點到較「邪」的，結果母娘一降駕下來，就跟所點到進駐神像上的「靈」「車拼」。母娘說：「吾六親不認！」，宣告和靈界相爭的決心。這讓師姐和陳大仔很為難，只好將神像退神，重新再點一次。結果後來才降下真正的母娘，陳大仔問伊，為何這麼慢才來。母娘說：「因為相（siuⁿ）老了，腳手較慢，互人搶去」。[26]幽默中又意味深長的象徵，本文最後會進一步探討。

雖被法師做手腳亂搞，母娘說：「吾不在小法管轄之下」、陳大仔問祂從哪裡來？母娘答：「吾乃者天山」。一開始幾個月，母娘降下來都讓師姐講天語。天語像客語、又像廣東話，但找懂這兩種語言者來聽，卻不是，沒人聽懂，陳大仔無從翻譯。高深莫測的天語，若沒有被辨識出其象徵意涵，依然無法對信徒發揮實質的作用。後來「頂懸揀（sak）[27]落來開喉」，母娘以神力下貫，讓師姐對自己的喉嚨「掌天」「掌地」「揀、揀、揀」，然後「敕敕的[28]，啪（phiak）一聲，開始說『白話』[29]」。讓協助翻譯的陳大仔和信

25　強調成為靈乩對於個人在道德品行的提升，是台灣靈乩團體重要的宗教教育目標與個別通靈者的自我期許，我在訪談通靈者時經常遇到。參見蔡怡佳，〈臺灣民間宗教的調靈訓體〉，頁20-45。簡東源，《臺灣西王母信仰之研究—以花蓮勝安宮、慈惠總堂為考察中心》，第三章。

26　太老了，是指天山老母是很古老的靈之意。老人家動作比較慢，被搶走了。

27　揀（sak）是指神力灌注在人或物件之上、以「推」方式使力。

28　敕（thik）是指用神力下命令。

29　指一般人聽懂的台語。

徒，可以抓到和台語相通的語境線索，但若牽涉到「靈」的相關查詢時，母娘乩還是講天語。

天山師姐認為天山的母娘屬於更古老的源頭，降下來都「較」查埔（男人）型，走路較大步、唱神論時很大聲，「一直挵」[30]。師姐認為古早的神，既非男也非女，下一節要現身的天山老祖，便是和天山老母同源、陰陽合一。天山老母的「腳力」是青蛙、蜈蚣和蛇，替母娘辦代誌。[31]天山老母就外型上，並非後世所塑造「美美的」、典雅的肢體動作。師姐認為「古早的」（神靈）比較自然直接，並沒有後來約定俗成的男女神在科儀動作之別。[32]儘管天山師姐深知天山母娘和一般注重莊嚴典雅的既定神明形象有所不同，但是為了滿足信徒對於神明高高在上、彷彿皇太后的尊貴，天山師姐依然採用傳統三跪九叩、燃點108炷香、大量焚燒金紙等方式和天山母娘溝通。

天山老祖在鬥法中現身

天山老祖是這間宮壇中另一位重要的主神。在天山師姐口述中，「天山老祖」或暱稱「老老」，沒有神像，「若顯像，目眉很長，

30　挵（lòng）是指的是靈駕時能量不斷湧出、一直衝撞出來，肢體動作很大，被那些認為神力必須端莊優雅的信眾可能視為「粗魯」。

31　指替母娘辦事情的手下。在李峰銘的博士論文中曾指出「蟾蜍、蜈蚣和蛇」和會靈山的動物系靈脈傳承可能有關連。參見李峰銘，《走靈山的女人：臺灣新時代薩滿「靈乩」的民族誌分析》，第三章。

32　天山師姐認為天山屬於崑崙山，她本人雖未曾去過天山，但下文提到取天山老祖的石頭，就是陳大仔去中國天山天池取得。異質性的聖界除了遙遠的地理因素之外，更古老久遠則是另一個時間因素。參見張譯心，〈王母起源的靈知敘述與朝聖實踐的詮釋—以彰化一新興王母廟為例〉，頁113-147。

臉尖尖，耳仔長長」。[33]老祖的現身有點坎坷。明修宮有一塊母娘交代陳大仔到天山天池（中國）取回、比手掌小一點的石頭。那石頭一開始放在天公爐內，後來因為發現被來安爐的法師「放符」，[34]在重新清爐時現身了。

那年進香時母娘降駕，天山師姐回憶母娘神諭：「明天出航，遊山玩水，搪著[35]大小項事，頂懸有小龍在顧（守護），不用驚惶」。到宜蘭梅花湖三清宮時，「掃路令『捽』落去，[36]『揀』一兩下，斷去」。師姐用腰帶去纏也沒用，後來去花蓮港天宮時取了一支綠竹（本來要用桂竹）代替，很怕沒彈性會斷去。第二天天一亮，留守在三重這間宮壇的人打電話來，說宮被人「做」了，香被倒插。

安爐法師曾說，「誰清爐、誰會死」。豈知因為已經被放符，所以必須有人清理天公爐。天山師姐請母娘護法，幫陳大仔做好防禦之後，請「龍仔」（宮內男性成員）幫忙，由陳大仔自己去清。代表老祖（老老）的石頭，在那時重新被拿出來，那時還不知石頭是老祖的象徵。爐內沒有一般放置安爐用的「五寶」或「七寶」，卻放有一個犁壁用的犁頭，貼三張符。犁頭符後來送人。「老老」起來了，駝背，說「吾是老老公、天山老祖，天山老祖在爐內『鬱』[37]真久」。「犁界[38]利，石頭界硬」。「犁」是指來破壞的強大外力，

33　耳朵長長的，師姐也提到別的信徒感應到胖胖的容貌，但那不是師姐感應的形。老老只現面容給師姐看，並未現全身。

34　用法術動手腳，使對方不順遂。

35　搪著（tng-tioh），遇到。

36　捽（sut），鞭打、甩打、抽打。

37　鬱（ut），在此是指壓抑、悶、蜷曲、弄彎，身心都被關的鬱悶。

38　界（kài）在此是指很、最。

而「石頭」就是指老祖所代表來守護宮廟的防禦力夠堅固。法師使用法術為的是想控制師姐，天山老母知道這一劫，所以找這塊石頭來破解。

天山老祖現身於這間宮壇神佛團隊之後，老祖每當降在天山師姐身上時，師姐的身體經常會大幅搖晃、站不穩，甚至無法站立而跌倒。[39]師姐說「老老」來時，腳都會翻過來。師姐說自己是查某ê（女的），卻讓她走路一拐一拐，不像母娘降駕時肅穆的威儀，她自己並不喜歡。老祖現身時，師姐會唱出：「吾是吾、吾是吾，吾是老老祖」，在神諭上也會出現像「老老開天山無極基」、「天山老祖開靈靜」，這些貌似形上玄學的字句，但其實卻是針對特定接收者在調靈訓體上重要的信息。接收者往往無法馬上領悟，需要母娘乩或翻譯信息的陳大仔提點，一般人無法聽出究竟。

轉世的「靈」觀

天山老母開宮的重要目的在於「乾坤合一、陰陽合一、日月調和」，因此取名為「明」修宮。這裡包含老母和老祖的雌雄合體。師姐的靈駕主要是天山老母、有時是天山老祖、也會有靈寶天尊等，中間轉換不同神尊時，並沒有退駕再上身的區隔。[40]接不同神明的信息時，唱詞毫不間斷、像轉換不同頻道一般。

天山師姐靈駕時，所唱的曲調不盡相同，師姐的解釋是：因為

39　在二〇〇九年前往花蓮勝安宮進香會靈時，我曾多次看見在各宮廟天山師姐因天山老祖降駕，而身體大幅搖晃、幾乎站不穩。

40　靈乩同時可以接不同神明的信息，毫不間斷、像轉不同頻道一般的靈駕，在神諭中出現不同神明的名稱，我曾在台北市南港區遇到木公宮廟的師姑，為一位求問者開示命運走向時，也同樣出現過。

　　　　　　　　　| 分別為聖——長老教會‧普渡‧通靈象徵 |

天山老母和天山老祖的靈是「古早靈」。「神與人同」，會隨著不同時代而有屬於那個時代的表達方式。「靈知」本身就包含時代的特質，不同時代的「靈」一直在轉，這裡包含「靈」的輪迴。「靈」轉世為人、修成正果，由「靈」再轉為「神」。轉為「神」之後，會以祂們所轉世的時代，配合那時代「人間」溝通的方式現身。「靈」同源，但有不同時代的轉世，不同轉世的「靈」雖然同源，但展現方式隨時代而變。因此交代事情時，唱的是過去「朝代靈」所使用的方式，例如會出現文言程度不同的字句和較古老的曲調。[41]

相對於所接之靈源的差異性，就接「靈」源的另一邊的乩身而言，天山師姐認為，神明也會不斷轉世，乩身要接的時候，看乩身的修持到哪種程度，肉體不夠格，就接不到那個「源」。有時接到的不是「原靈」，而是某一朝代的靈，但「靈」的根源，並沒有改變，仍是歸屬於「天山老母」原型、歸屬於「天山老祖」原型，在累世修成正果、辨識出來的「靈」，依然是歸於這些神明的原型。天山師姐強調她所接的是「古早靈」，不同一些乩身接的是後來轉世成「神」的「朝代靈」，[42]藉此凸顯她被賦予神聖權力的優越性。但一般信徒在意的不是古早的靈，而是「靈聖」（lêng-siàⁿ，靈驗）的神。

41　參見蔡怡佳所寫靈乩協會之「靈」觀，蔡怡佳〈臺灣民間宗教的調靈訓體〉，頁23-26。關於「朝代靈」，蔡怡佳寫道：「朝代靈是靈乩在轉世於不同朝代的靈魂，或是與靈乩在前朝有因果業力之牽扯的靈。靈乩辦事時多為朝代靈所憑附，因為這些靈需要借靈乩的身體來完成前世承諾、未竟的使命。」頁24。

42　蔡佩如指出母娘一方面是宇宙創生神、天地之氣化成；另一方面又像是一種職位，歷代有德行的皇太后死後的靈分發去擔任。蔡佩如，《母娘信仰中的女神與女人：青山脈下慈母宮的考察》，頁125-126。

明修宮宮壇的神明團隊是：「勝安宮老王母、天山老母、天山老祖、木公老祖、九天（玄女）、地母、觀音（菩薩）、玉皇太子、媽祖娘娘、三太子、福德（正神，土地公）、五府千歲」，[43]再加兩位日月宮女。括弧（）是我所加，師姐在口述這些神明的簡稱時，好像在講家裡的長輩或朋友一樣親近。這位母娘乩「辦事」時，會依照功能需要呼請不同神尊協助，再化大量金紙給他們。[44]

　　天山師姐說這間宮「辦事」時有「金線」通天，天界諸神仙遊歷到此，看到金線，好奇，會「借體」[45]下來講幾句話。例如太乙真人、或九天界的神靈、散仙。多神信仰的通靈者宮壇，充滿各種聖界能量來來往往的熱鬧，正面、負面與其他無關正負面功能的超自然力量，就像擁擠熱絡的台灣底層社會。這些超自然力量也必須能夠通過天山師姐所安設的無形「保全」防線，才會現身。

「接法寶」的神聖象徵

　　非文典化、非中產階級的民間菁英，往往藉由宗教所賦予的神

43　天山師姐表示，玉皇太子、媽祖娘娘神像是明修宮開宮之前刻的，玉皇太子放在友宮，後來和該友宮不合，請回。那時民國七十幾年，那尊二十幾萬。因為那時陳大仔丟錢，請廟方查，去還願時雕的。請回家裡拜後，師姐的女兒後來成為玉皇太子乩身。另一位同修因師姐建議雕媽祖消業障，事情完成之後，沒帶回自家，留給師姐。一尊九天和一尊地母是另一位乩身所雕的，土地公是之前做椅仔間的工廠雕的，搬遷時，土地公說要留下來，因為他是這間宮壇「在地的」，搬走去別的地方加入別的神明團隊，反而變菜鳥了。

44　例如二〇一五年八月二十九日（農曆七月十六日）的普渡儀式，即是天山師姐感應到媽祖、地母、五府千歲要協助信徒口中的「普渡公」／「南無焦面大士」（紙牌位上的文字）來主持。還有其他非宮中奉祀的神明，例如「認主儀式」牽涉到和「冤親債主」之間的金紙「補償」，所呼請來的神明就包含掌管冥界的包府千歲。

45　借天山師姐母娘乩的肉體。

力或靈力的象徵，展現「聖界」的「卡里斯瑪」權威與個人權力意志的執行。[46]天山師姐曾經接過一面照靈硯台、一支開天筆、一支開天斧等法寶，呼應了民間神魔戲劇的題材、滿足人類的想像力、增強權力慾望的自信、是弱勢階層治療心靈創傷的良方。[47]

在天山師姐救世的任務中，代表神明的主要有形配備是手拿三旗，表示「三主母乩」，包括花蓮勝安宮母娘的黑令旗（帶兵）、九天玄女（黃色）、和地母（黃色）。師姐開宮時，曾到勝安宮領「三寶」：手令（黑令旗，「帶兵」功能）、一支七星寶劍、一粒母娘印信。此外，師姐進香會靈時，還會帶龍拐。這間宮壇其他乩身和一般乩身一樣，以肚兜來護乩體，但天山師姐並沒有穿，她認為穿黃色道衣全套、包括鞋子就已足夠。[48]

天山師姐最先接到的「寶物」是「印台」。[49]鴻均老祖下來交代天山師姐去台中東勢雪山接，那時師姐根本不知道「鴻均老祖」是誰。後來才知道是三清道祖的老師，要她去「鳳凰谷接鳳凰母」，[50]『頂懸』已經在那裡等我了」。去那裡接印台。到的時候，天池霧茫茫，看不到水。「點108叢香『擳』（kiat）[51]落去，就落去拜」，空曠山野沒有香爐，把香插在土裡，用石頭倚。師姐「手令掌去

46　余德慧，劉宏信，《台灣巫宗教的心靈療遇》，頁78。

47　周盈君，《《封神演義》中的法術、寶物及其文化意涵》，台北：臺灣師範大學國文學系在職班碩士論文（2011年），頁18。

48　我也在花蓮勝安宮進香會靈的現場或其他母娘宮壇，看到母娘乩頭戴黃巾或冠冕，甚至進香還要扛龍椅來勝安宮正殿坐，詳見下文。蔡佩如所闡述的母娘形象是行動緩慢、需有人攙扶、身材嬌小、口氣和緩慈藹，和本文所描述的「天山老母」形象截然不同。參見蔡佩如，《母娘信仰中的女神與女人：青山脈下慈母宮的考察》，頁126-128。

49　墨盤、硯台。

50　天山師姐稱她所牽的女性乩身為「鳳凰」、「鳳仔」，男性乩身稱「龍仔子」。

51　「擳」（kiat）原指用力丟擲，在此指力道全灌注在一百零八支香之上，由香再發射出去

裡、[52]攦（又）掌落來，[53]手令一直用、一直『撠』（iat）、[54]一直轉、一直𨂿（seh）」。[55]若再踏前面一點，人就掉進天池了，很驚險。

又過了一段時間，天山師姐到新竹北埔五指山盤古廟領了無形的開天筆。[56]筆的象徵很重要，師姐說：「一筆定天下」。師姐也送給所牽教的徒弟們每人一支有形的毛筆，以後辦事時可用。再有一次天山師姐到盤古廟參拜，母娘要師姐接「物件」，師姐就到廟裡面打坐，然後跟「盤古」開文。但這時，旁邊同行的三人，卻好像遇到「定心法」，都安靜無法言語、無法動彈。旁邊另一位同行女性，師姐叫她柯某（原先是王母乩，後來不做了），和師姐開始「對」。[57]

柯某一直「開」，天山師姐一直「對」，好像「頂懸」用柯某來給師姐考試。柯某腰繫有霹靂袋，師姐要她打開，因為師姐從盤古那邊接了一把開天闢地的無形斧頭。那次，師姐還接了一隻無形的「白猿」。接到寶貝後，隨行者不再被定住，都可以開始行動了。那時同行的人還要去齊天大聖廟，師姐拒絕同行，怕拿到手的「白猿」遇到「同類」會跑出去玩耍，收不回來。「開天闢地」的神明盤古，送給師姐「開天闢地」的無形筆和無形斧，民間信仰非常有效

---

52 手勢往上。
53 手勢往下。
54 「撠」（iat）搧動、揮舞之意。
55 𨂿（seh）是指來回走動、繞行、盤旋之意。
56 曾勤良，《臺灣民間信仰與封神演義之比較研究》，頁55-58。李峰銘，《走靈山的女人：台灣新時代薩滿「靈乩」的民族誌分析》，頁71-74。
57 在此是指有一問一答、一搭一唱的對答形式，來測試與考核。

率地「分享」了這些代表傳統神力象徵的顯聖物所具有的功能。下文將進一步探討這些象徵的意涵。

女乩功果與靈性伴侶

在天山師姐的神學理念裡，母娘有「功果」、乩身也是。「功果」是指最後人或「神」完成世間的救世任務之後，返回到最初的源頭，論功過賞罰，對天山師姐而言，就是修成正果不再輪迴。[58]乩身不只是通靈的肢體展演，這些生猛豐富的「顯聖」展演，都包含「救世」責任的完成與否。對於前來求助者，如何助其化險為夷，而且自身不受到其業障牽連，也就是並非把求助者和冤親債主的恩怨轉嫁到自己身上。但辦事過程中，若被轉嫁、就要「擔」。[59]天山師姐也提到遇到一些乩身不敢承擔、不敢救世，只想獨善其身，甚至一直接寶物，貪圖更多神明所賜的好處。不過民間信仰的法則規範是公平的，拿了神明所賜的無形或有形的「寶物」，若沒有救世，沒有用在聖界所指示的用途，還是會被收回去，並且受到處分。

關於靈性伴侶，在天山師姐的「靈知」口述中，天山老母和元始天尊之間不是人類的交配，而是「氣」結合後，產生眾多孩子。[60]「靈」的本源就是我們自己的原靈、盤古開天闢地時的那條靈，沒轉世的，就是本源至尊。但「靈」會不斷轉世，人既有本靈，又

58　師姐前幾年曾生一場大病，她說母娘會替她求情，讓她過世後留在母娘身邊，不再輪迴。

59　原指承擔重物，在此指那些冤親債主所帶來的報復，會帶給乩身不順遂，需要去承擔這些考驗。

60　天山師姐用「kap」來講先天氣的「相交合」。

有在不同時代轉世的「朝代靈」。在不斷轉世的漫長靈魂歷程裡，我們這一世可能會遇到過去某一世時的同修靈性伴侶。用師姐的話來說，遇到在「靈」裡「乾坤合一」，[61]但雙方這一世可能不是夫妻，甚至是陌生人。[62]

在二〇一四年底和二〇一五年初的訪談中，師姐提到以下的「乾坤合一」的例子：台中一位師兄被引介過來。[63]天山師姐說：「那天點香，一人坐一隻八卦椅，兩人雙手一『揀』（sak），開宮十外[64]年來第一次，出現『乾坤合一』，男女陰陽、日月調和。」兩人身體在合一能量的交流下轉靈。師姐的手一直給師兄「揀」，[65]身體轉過去、再轉回來，透過有形肢體的移動旋轉的力道，來展現無形的「靈」裡合一。台中師兄的兒子說，父親已經修二十五年了。母娘透過師姐降駕說：「不是我的乩子gâu[66]，是你的媽祖來「央」，[67]請『老母』幫忙打通這關。」天上聖母（媽祖）找到母娘，請師姐這位乩身幫忙。但「結」[68]還需要媽祖幫忙解決。

61　在「靈」裡「乾坤合一」是指不同性別（男女／陰陽）雙方，相信「累世」中某一「世」曾為靈性伴侶，如今再次相遇，彼此的「靈」透過儀式，可以再度合而為一。

62　在「靈」裡「乾坤合一」是指不同性別（男女／陰陽）雙方，相信「累世」中某一「世」曾為靈性伴侶，如今再次相遇，彼此的「靈」透過儀式，可以再度合而為一。

63　這位台中師兄是媽祖會榮譽會長，腳受傷開刀兩年多，差點死去，第一次來師姐幫他把腳救一救後有好轉。再來第二次，都是兒子載他來，很匆忙，和師姐兩人多用電話講事情。

64　十多年來。

65　天山師姐透過幫師兄手有形的肉體旋「轉」動作，同時也是由神明引導下調靈訓體，無形的「靈」在「轉」，「轉」意味著將過去累世的因果，在「靈」裡的恩怨化解與提升，在信徒肉體可見的「轉」的體驗過程，讓信徒感同身受。

66　gâu在此指能幹、擅長。

67　「央」（iang）在此是指請求、懇求。

68　「結」（kat）在此是指「靈」在累世所累積的恩怨。

天山師姐以神力在幫忙「揀」、「轉」的時候,「觀音」也下來幫忙。這些神佛都是師姐一邊靈駕唱唸時,降下來協助的神明,神力顯示透過身體的象徵。例如「觀音」賜下「淨瓶水」給師兄,要他嘴打開來喝。[69]當天晚上天山師姐「夢景」就來了,有「現」[70]景,表示她已經完成一件任務的考驗,因此在夢境中有進一步的靈視。師姐夢見自己綁一邊長長的馬尾(師姐這些年來都留短髮),夢中跟那位師兄說,請他幫忙把馬尾解開洗頭髮,因為頭髮「垃圾」(lah-sap),[71]要用水「洗淨」。過了三、四天之後,那位台中師兄打電話來,說也有做夢。夢到師姐去工廠上班,他要去載她,但師姐還沒下班,課長要他在那邊泡茶,後來師姐出來,他說師姐跑去抱住他,跟他親很久。讓他感到從來沒這麼好過。師姐說這是無形的「靈」與「靈」之間的調和,但那位師兄並未夢見兩人有性行為、結合生子。師姐說若有的話,這一「盤」[72]就圓滿了。

與「冤親債主」和解的儀式

　　「福」與「禍」背後都被因果關係所主導,這些因果都和「超自然」有關係。在相信靈魂不滅、累世輪迴的信仰裡,過去累世曾經對不起的對象,現在(或是未來)必須償還,這是公平原則,並非個人行功立德可以完全替代的。數年來我接觸過的通靈者,大多認

69　這些都是無形的,透過動作象徵性地做出來。並要他回去喝泉水,喝四十九天洗淨。師兄自家橘子園的地下水不行用,因為地下水是「陰的」。事後,經師明告知,家中有奉祀觀音,那時前來協助。神明互助團隊在通靈者信仰中,很常見。

70　「現」(hiàn)在此是指透過夢境顯現情節景象出來。

71　「垃圾」(lah-sap),骯髒、污穢。

72　「盤」(puânn)原是指計算象棋或圍棋回數的單位,在此是指一件和「靈」、命運相關事件的始末總稱。

為每個人一出生，就背負累世的冤親債主，這些冤親債主無所不在、虎視眈眈，尋找適當時機，要討回公道。但人並沒有因此就變成冤親債主的奴隸或囚犯一般，反而人總是設法和這些「負能量」之間取得妥協、取得平衡。這些「負能量」不只是「負能量」，往往都包含通靈者在現實的挫敗，[73]以及過去以來無法跳脫的內在陰暗面投射。

在這些民間通靈信仰裡，任何事物都有價格，所有東西也都可以償還的。像契約關係一般，債權人與債務人，信守還債的承諾。生命本能的佔有、暴虐、毀滅的特質，往往必須訂下對等的法律上的懲罰，來加以禁止限制。「公平」是為那些所犯下的過錯，付出對等的代價、對等的交換，像以牙還牙、以暴制暴，用對等的代價補償所犯下的過失。如果無法償還，就必須付出自己的體力、心力、自由、生命做代價，甚至自己的親人、所愛的人也要跟著償還。[74]在靈魂不滅的因果輪迴觀裡，甚至在死後，靈魂還繼續被追討，必須在來世償還。無法收到應有債務償還的債權人，甚至憎恨債務人，而對之進行身體或精神上的殘酷折磨。在宗教上尤其那些死於非命的被殺者，就變成在輪迴轉世裡，追殺兇手的冤冤相報。

產生不幸的來源，不幸的製造者並非個別的「暴徒」，不幸的源頭（因）來自另一串不幸的報復（果）不斷循環，直到神明來協調、透過通靈者個人靈性的提升，來進行大和解、解冤釋結，打破這些惡性的因果循環。正如在第三章的民間佛教普渡儀式，以及第

73　例如和家人人際關係長期失和，自身或家人健康長期不良、財務狀況長期不佳…等等。

74　尼采（F.W. Nietzsche）著，周紅譯，《道德譜系學》（Zur Genealogie der Moral），北京：三聯，1992，頁39-52。

四章的海邊普化儀式，也都包含在為這些人們曾經虧欠過的靈魂，找尋救度與和解的途徑。

面對於無常的人生，多少命運波折，無解的生存威脅，卻在民間信仰中，上演著儀式象徵的「大和解」。由於不同民間宗教派門對於冤親債主和解的方式各有不同，以下僅從天山師姐主持的「認主儀式」來討論。[75]在天山師姐對信徒的修行訓練裡，要成為乩身，從一開始的「認主」儀式，就必須在神佛的見證協助下，和「冤親債主」進行一場「大和解」，一方面確認所要跟隨修行的「無形」師，另一方面透過「開文」和化金紙，來消除和累世「冤親債主」之間的恩怨，才能擺脫祂們報復、扯後腿，真正進入「修」的身分。

二〇一五年二月我參與了一場天山明修宮兩位三十多歲上班族女性小均（化名）和小琳（化名）的認主儀式，透過搏金紙、化金紙，來「卸」[76]這世與累世「業障」。小均和小琳因為親戚來這間宮壇「認主」之後，身心困境似有改善，也選擇請天山老母協助，舉行「認主」儀式。[77]她們按照天山師姐指示，貌似謙卑又像玩遊

75　在二〇一五年二月參與的認主儀式，步驟如下：1. 買花，供花供果、麵線（添壽）、福圓（龍眼乾，脫殼、去掉壞的）12或36粒、米糕（補運），土豆糖仔和桔餅。2. 確定有乩體，要開始訓乩。搏杯，請示累世的積欠，看要用多少金紙去償還。償還讓冤親債主不會在打坐時來亂，豈有讓欠債者的修行者好過不還債之理，此為公平原則。燒金紙需要母娘蓋印，證明確實是有積欠，不容其他靈界亂拿。冤有頭，債有主。由天山師姐協助啟靈後，認主者要開文，發現和誰有虧欠，請母娘作主（蓋宮印），寫住址姓名、蓋手印，來和冤親債主溝通。初學者大概經十二天過後，就會慢慢感應到來教導的神靈。

76　把東西放下來、解除。

77　她們對於儀式非常生疏，掩飾不住的好奇大於虔誠，對於使用跪拜禮和神明溝通，顯得彆扭不自在。

戲般地上香。一次插36支香，濃濃香燻讓眼睛快睜不開，呼吸也因被香燻而咳嗽，她們按指示三跪九叩，行禮如儀。「冤親債主」是天山師姐主持的認主儀式裡重要的主角。在金紙份數都搏好、給神佛和給冤親債主兩方確定準備妥當後，師姐開始主持「認主」化金紙儀式時說：

> 天山老母娘娘作主、觀音佛祖、玉皇天尊、包府千歲、五府千歲，住在地址＋姓名＋生辰年壽生，今天要赦累世和這世的業果。冤親債主，有來有撿到，經衣、金白錢、往生錢xx支、壽生金、福金xx支、蓮花金、蓮花銀xx支、往生蓮花xx朵，……請天山母娘作主，今天若伊和冤親債主有侵、有欠的，等一下伊會開一個文，跟恁有憑有據，恁來接錢接去，要去西方極樂世界，還是要轉去修都可以，入體入心，讓伊修道較順事，錢銀可以入體，好朋友報伊交，歹朋友報伊避，讓伊這世可以順順事事。

接下來是以金紙淨身蓋印後，認主者靜下心，第一次開文和冤親債主「和解」，所開的文像自由聯想式的塗鴉。天山師姐在認主者開文後，請她們蓋手印，並蓋宮印，請天山老母認證，確認已經和冤親債主「銀貨兩訖」、互不相欠，日後不能再來追討，否則由母娘來主持公道。我曾問天山師姐和上一章的妙妙師姐等靈乩派門主事者，是否可以「行善」替代燒金紙，她們回答不行。這和那些以行善積德和誦唸經文來和「冤親債主」解冤釋結的派門不同。

天山師姐和前一章的妙妙師姐等宮壇主持相信，那些金紙將會扮演不同聖界分工，例如給不同神明的金紙，神明就像公司老

闊，收到的金紙就是支付給那些幫忙辦事的員工（各分工單位的兵馬）的酬勞，神明本身並不一定需要這些金紙，但是神明手下的兵將一定要有，才算公平。誦唸經文所提供的是精神上的提升，但是即使無形界，依然需要象徵物質面的金紙和其他供品來作為交換。此外，信徒購買金紙的錢，也是這些宮壇重要收入來源。只是，這麼慎重肅穆的認主儀式，卻無法確保信徒和「冤親債主」的解冤釋結，在往後的生活裡，依然繼續出現不同的「冤親債主」，彷彿就是不確定人生禍福的投射。

「冤親債主」作為生存挑戰，無所不在。若無法按照聖界的救援步驟，就無法使命必達。天山師姐跟我提到救援沒成功的案例，是這間宮壇的地母乩阿嬌姐在中國東莞做成衣的兒子。過舊曆年正月十五日安光明燈時，母娘乩感應到他的背有異狀，母娘開符令給他，一張工廠淨一淨，一張待有事故時，向天叫「台灣國天山老母作主」燒一燒，符水服下。天山師姐認為，因為那位男子在中國不敢做，受到在中國冤親債主的追殺，導致重病。

救人自己也要承擔責任，天山師姐提到的例子：二〇一五年花蓮勝安宮進香時，阿嬌姐帶一位信眾臨時要請天山師姐幫忙化解危機，但阿嬌姐還看不出那人已經很嚴重。天山師姐出馬，問勝安宮王母如何處理。那天天山師姐手「掌天」和「掌地」，請隔壁慈惠堂總堂的「瑤池金母」來和勝安宮「王母」合一，才能合力救那位信眾。師姐當時幫忙處理這件意外，卻因為沒有即時金紙燒化，辦完事後師姐身體不適，趕緊跑到廁所瀉肚子，表示用自己的肉身受苦來承擔對方的業障，因為沒有即時透過「金紙」的交換原則，去安頓「冤親債主」。天山母娘立即交代師姐，各帶三份金紙去化，但那位被「救」的信眾，卻毫不察覺。天山師姐所體驗到的聖界，和

人間世人一般對交換原則嚴格執行，透過金錢和自己肉體健康為代價，去交換所祈求的願望實現。

女乩的「卡里斯瑪」角色扮演

　　天山師姐所展現出來的通靈理念、儀式、以及日常生活，充滿矛盾的張力。「卡里斯瑪」角色扮演的多元性，來自對互相衝突的價值觀的堅持。天山師姐擔任母娘乩不只是以威嚴凜然的靈駕傳達神意、辦事開文開符、和化金紙的儀式行動，還包含在解讀和開導

天山師姐大里天
公廟調靈訓體。

｜分別為聖──長老教會‧普渡‧通靈象徵｜

天山師姐下遊覽車後，靈駕整頓進香隊伍，蓄勢待發。

求助的信徒如何面對考驗時的「卡里斯瑪」角色扮演的多元性。這種帶有超自然靈力的權威展現時，也包含乩身個人的價值觀與性格特質的因素。以下將從進香會靈儀式現場的體驗，來探討母娘乩的通靈象徵如何展現。

一│宜蘭大里天公廟調靈訓體

在二〇〇九年花蓮勝安宮進香會靈的首站宜蘭大里天公廟，[78]

78　依山面海的壯闊，這是台灣通靈者註冊登記認證的所在地。明修宮的乩身們來此稟告過去一年應盡的責任，以及承接新的年度任務。一般尚在通靈初階者，則透過這些相關的廟宇進香會靈時，藉由神佛之助，由資深的乩身協助啟靈訓體，解決靈性、肉體上、生活上的不順遂。詳見王鏡玲，〈通靈展演現象——以「天山老母」進香會靈儀式為例〉，《新世紀宗教研究》第14卷第3期，2016年3月，頁67-98。

天山師姐發出宏亮威嚴的歌聲。每一個字音發射在廣場空間中,都像敲擊大鼓和大鑼所發出的音場,氣勢綿綿不絕的唱辭,讓現場籠罩著崇高而清澈的神諭臨在感,肅穆中有醍醐貫頂之姿。[79]天山師姐向著二樓的主祀神媽祖致意後,開始調靈訓體。她唱著天山老母助化世人歸正道,要求每一位通靈者致力於轉靈、心靜、切勿為生活操勞,同時間,地母乩阿嬌姐在另一邊聲嘶力竭地奮戰另一位剛被啟動的中年男子阿源。現場天山師姐正氣凜然的文言歌聲,浩氣充滿全場。[80]

天山師姐大里天公廟調靈訓體。

天山師姐手持令旗，助一位三十多歲剛入門的女子調靈訓體，一邊以天語吟唱開導，一邊手勢點化，兩旁玉皇太子乩們搖旗協助。女子雙手身體搖擺，翩翩起舞，另一位友宮媽祖乩前來協助調整她的肢體動作。一會兒，後面一位豐腴的中年男子林仔已經被腰際繫黃帶走上前。他的動作頗大，但沒有阿源的肢體剛硬，反而略帶蹣跚，跨步、伸手向上、畫弧，都有點費力，天山師姐唱了一段要他好好修行的母娘神諭後，他費力地單膝跪下雙手打開，做一個類似擴胸運動的動作，天山師姐以手按住他的胸部，他發出低沈的痛苦呻吟。

　　阿源和林仔這兩位男子都從事裝潢的體力勞動工作，阿源在二〇〇九年進香前不久才來明修宮，為了醫治他的身體病痛。林仔則從台中一帶來到大台北地區的三重工作，也做裝潢的零工，是二〇〇九年明修宮的爐主，那次進香由他捧香火。林仔的靈源屬於動物靈中的猿靈，但身體的心臟和膝蓋都不好，當天山師姐大聲唱著「天山古道調靈界，元旨普照靈自在」，用她的手對林仔的胸口畫符、灌氣，希望藉由調靈訓體助其身體病痛獲改善。林仔費力而蹣跚地作了好幾個武術般的伸展動作，並大聲地喊出來吐氣，天山師姐一再引導他的靈基，以手勢助其減輕疼痛。他後來痛苦地嘔吐，

79　根據資深靈乩協會的領導人之一游美玲的說法，「吟唱代表某個神靈的歌聲，來自較高層次靈界之神明的吟唱不只有安定靈界的作用，還有指導的作用，意即幫助那些靈質較低的靈更流暢地表達自己。不同的靈對不同的曲調有所感應，某些特定的曲調可以幫助學員放鬆身體或放空心靈，以幫助他們的靈更流暢地表達自己。」蔡怡佳，〈臺灣民間宗教的調靈訓體〉，頁30。

80　王鏡玲，〈神聖的顯現──母神、家族象徵、靈界〉，頁36-37。王鏡玲，〈通靈展演現象──以「天山老母」進香會靈儀式為例〉，頁76-78。

天山師姐與地母乩在大里天公廟的調靈訓體。

努力把穢氣吐出。【81】雖然被視為猿靈，但林仔並沒有做出猿類的肢體動作或吼叫。【82】

　　這些調靈訓體的儀式在進香會靈所參拜的各站宮廟都有進行，在平時明修宮信徒也經常接受母娘乩和地母乩的訓練。初入門的通靈者感應到神聖力量，透過「開文」的線條符號，自身所發出來的聲音、全身所展現的氣場以及肢體動作，在不斷練習的過程中，可以看到從生澀到熟練的靈性能量掌握。外顯出來的可見象徵，也讓其他宗教人辨識出彼此所屬的通靈象徵體系之間的關連性。例如以

81　這樣的調靈訓體與靈療不止一次，而是在整趟進香會靈到各宮廟時，天山師姐不斷地為有需要的信徒調靈訓體。

82　王鏡玲，〈神聖的顯現——母神、家族象徵、靈界〉，頁40-41。

下二〇〇九年乩身的共舞，是另一種「進階」的乩舞，那些尚未被啟靈者，還無法順利動起來。二〇一五年在花蓮港天宮，幾位女性通靈新手，在天山師姐和阿嬌姐努力調靈訓體的協助下，仍無法順暢地在港天宮媽祖面前轉圈繞圈、更遑論歌舞了。[83]

二 │ 補天宮女乩之舞[84]

在二〇〇九年花蓮勝安宮進香會靈的第二站宜蘭補天宮上香之後，一位非明修宮的友宮來助陣的媽祖乩，開始在正殿女媧娘娘神

補天宮女乩之舞。

龕前靈駕載歌載舞。天山師姐也接著墊腳尖，一邊唱著母娘神諭、一邊像小鳥一般輕快起舞，和這位穿紅色運動衫的媽祖乩快樂地勾手、雙人舞對唱，現場其他乩身或通靈者在一旁愉悅地觀看。

這種歡樂、有點玩耍的歌舞，有別於莊嚴肅穆、行禮如儀的上香，那種從跪拜向崇高階序的神靈致敬、居下位者的身體規訓，轉為和神靈同歌共舞的身體。雖然人與「神」並沒在歌舞中變成對等的「朋友」關係，但是人彷彿跳脫了原先作為權威投射的「神」的形象，回到更輕鬆自在的人神同歡關係。不同乩身之間的共舞，象徵著不同神明之間的交誼。

即使在陰柔曼妙的舞姿下，天山師姐歌聲依然宏亮、磅礴，帶有雌雄合體的帥氣魅力，並非一般溫柔老婦之姿的母娘乩。不同的母娘乩身因為個人特質的明顯差異，成為不同「道成肉身」的顯聖展演。但天山師姐認為那些滿臉愁容、唱哀歌、打悲情牌的母娘乩之所以哀，不見得是悲憫世人，也包含自身尚在受苦、未修到突破世間羈絆的境界。在一般外人看來，年約六旬的兩位婦女的歌舞，莊嚴不失輕快、親切中有肅穆。就宗教人信仰的角度，大家正在互相轉靈，舞蹈不只是舞蹈，而是在女媧娘娘聖殿中，母娘乩與媽祖乩在「靈」裡交流提升。

在現實生活中，能夠看到兩位六旬「扮神」婦女雍容氣勢，擺脫家庭操勞所綑綁的身心，擺脫一般家庭主婦奴僕般的刻板印象，載歌載舞，算是難得。其他一旁的女乩們，也在這位媽祖乩的邀請

83　二〇一五年的天山明修宮進香行程，我沒有參加，根據參加全程進香的葉美伶所拍攝的影像，以及跟天山師姐和陳大仔在事後進一步訪談，二〇一五年在花蓮港天宮，幾位女性新手們在天山師姐和阿嬌姐帶領下，仍然無法順暢地在港天宮媽祖面前轉圈繞圈。

84　詳見王鏡玲，〈通靈展演現象——以「天山老母」進香會靈儀式為例〉。

下，一起牽手將天山師姐圍在中央，繼續歌舞靈動。這些婦女們在此時此景都成為「神」一般地自在快樂，在女媧聖殿裡翩翩歌舞。這並非「母」與「子」的團聚，而是多神信仰的母神之間、女性之間透過通靈歌舞，展現另一種現實生活裡罕見的自信。

三｜乩身的競爭張力

在二〇〇九年那個花蓮勝安宮的母娘下降六十週年的慶典節期裡，進香人數創新高。進香團就像奧運開幕運動員進場，明修宮信眾在天山師姐的引領下，進入水洩不通的勝安宮。時間雖然短暫，但每位通靈的師姐們，在鞭炮聲中從廣場整隊來到大殿前，個個都以所感應到的神話角色，各自靈動。那是一個母娘大殿被擠壓到分秒必爭、高密度的靈動氛圍，來自全國各地的進香團隊莫不渾身解數，在最短的時間內，迅速在大殿進場和退場。

通靈者各憑本事，各司其位，在母娘面前雖然被擠到寸步難行，但各進香團大致還能熟練地把握在短暫時間內完成各自的任務。有人聲如洪鐘地唱出母娘神諭、有人淚眼婆娑、有人哭天搶地，有人邊唱邊舞快樂靈動、有人默想靜坐。來自各地、不同信仰團體的通靈者，在同一時間、同一空間內，共時性的「分別為聖」。通靈劇場眾聲喧嘩、百家爭鳴、令人目不暇給的靈力展演像萬花筒一般。這也正是非制式化、單一儀式秩序之外，非定於一尊的多元顯聖面貌。【85】

85　伊利亞德（Mircea Eliade）著，楊素娥譯，《聖與俗》（The Sacred and the Profane），台北：桂冠，2001，頁213-219；王鏡玲，〈神聖的顯現：重構艾良德（Mircea Eliade）宗教學方法論〉，臺灣大學哲研究所博士論文（2000年），第三章〈顯聖的原型與重複〉。

這種「多元」的生命力，也正是不同宗教人之間權力競爭的表現，不同宗教團體的領導人免不了有「仙拼仙」的架勢，這時打扮醒目、唱腔與動作誇張的乩身，往往以其視聽感官上的外顯魅力與霸氣，強壓旁邊其他宮廟乩身的氣勢，互相造成干擾。在勝安宮的通靈展演現場，不斷上演著各式各樣被乩身個人化的母娘神話戲碼。有的母娘乩像古裝戲慢動作的老太后，頭束金黃色頭巾，還請人抬一張龍椅擠進正殿，端坐在龍椅上，手拿龍拐傳信息。有的母娘乩身手矯健，展現武術或舞蹈身段，將龍拐直指信徒身上、胸口與眉心部位的痛處，宛如母娘親臨療癒。不同靈乩的競爭較勁，就像現實社會爭奪地盤的翻版。

　　當沒有單一強權的儀式秩序掌控時，不同靈力展演也各憑本事互別苗頭。那天，正當每位乩身渾身解數之際，一直為他人調靈

三清宮天山師姐對女兒玉皇太子乩調靈訓體。

　　　　　｜分別為聖——長老教會‧普渡‧通靈象徵｜

三清宮玉皇三太子乩仙界玩耍。

訓體的地母乩阿嬌姐，因為擔憂剛去中國工作的兒子，在勝安宮正殿母娘本尊面前哭訴不已，流露身為人母的掛念與操煩，即使天山師姐以龍頭拐抵住她的前額，向她開示喊話，但阿嬌姐依然各說各話，直到天山師姐的龍拐幾乎抵住她的喉頭。但是天山師姐一放下龍拐，阿嬌姐又愁容哭訴，她差一點忘了，後面還有一堆人等著排隊，等候天山師姐這位母娘乩在母娘本尊面前的調靈訓體。

　　明修宮的女乩在勝安宮正殿的靈動，展現出和其他陰柔為主的宮廟不同的剽悍強勢。強悍、大動作肢體展演的靈動，一旦爭奪能量場，就出現了劍拔弩張的對峙。天山師姐在正殿調靈訓體時，也遇到因為空間的狹隘，明修宮成員和鄰近的正在靈動辦事的其他宮壇乩身肢體誤觸。對方手持香束揮舞，彷彿武器、憤怒敵視，充滿威脅感，天山師姐沒有與之正面衝突，在繼續吟誦的靈歌中，透過

向勝安宮母娘稟報，提醒對方「心要正」。

對方也沒有正面迎戰，而是對著勝安宮母娘本尊憤怒地告狀，肢體語言比著天山師姐這邊，她身邊同團的師傅取下她的香束，可能怕誤傷人。後來這位女乩似乎聽到來自母娘的勸勉與協調，向母娘本尊頻頻點頭，讓她按下這口氣。原本激烈擺動雙手的武裝戒備，放緩提到胸前，做了收勢後離開正殿。[86] 天山師姐在訪談中表示，當時起衝突的另一宮壇乩身，對肢體碰撞的天山師姐女兒臆絜出招，雖然天山師姐和旁邊的其他女乩以手令來擋，仍然讓臆絜晚上月經就來了，身體狀況受到影響。

四│承擔與戲耍

二〇〇九年第二天最後一站宜蘭三清宮的中庭正殿前，天山師姐對參加進香的通靈者調靈訓體的協助也進入最後一梯次。烈日下玉皇太子乩臆絜再次被母娘乩調靈，她拼命嘶吼、雙手向上身體不斷旋轉，我也再次聽到只要是臆絜被調靈時，就出現母娘乩對著不同宮廟的神明拍著自己的胸脯，說要為這位太子乩承擔一切的請求。一再出現的請求是作為現實世界母親身分的請求，為了女兒的身體健康與靈性精進。[87]

為靈性子女的救贖犧牲，是人對於超越界神靈的寄託，為血緣

86　根據二〇一四年十二月二十四日天山師姐的訪談。

87　根據葉美伶二〇一五年所拍攝的影像，以及跟天山師姐和陳大仔在事後進一步訪談。二〇一五年進香時在大里天公廟中，玉皇三太子乩臆絜身上另一種（條）靈「三童」，長期影響臆絜身體健康，在母娘乩要對玉皇三太子乩調靈訓體時，出來抱怨為何祂先來，卻遲遲沒發揮餘地。母娘乩開導祂，並重申自己雖然是臆絜肉體之母，但還要靠自己去修持，「三童」要和玉皇三太子乩合作，才能完成濟世任務。

子女的救贖犧牲，是人間父母的真情流露。儘管母娘乩對於女兒的擔憂，在進香過程一再出現，但現場其他幾位女乩似乎早已明白，玉皇三太子乩苑芳在一旁幫忙，搖那面玉皇太子乩臆絜所拿的方形令旗助陣、旁邊圍繞的女乩則大聲吆喝、揮手頓腳，來助這對母女一臂之力。

在二〇一五年和天山師姐的訪談中，師姐表示她個人的願望不見得可以改變神意，經過了這麼多年，即使向神明求情，也只是以肉體上母親的身分求，在靈性修行的精進上，依然要靠個人自身的努力，無法以其乩身的身分，去改善女兒的身體健康和提升靈性，但依然有為女兒分擔的母性。雖然傳統家族血緣是人際互助與犧牲最主要的依據，但是宗教靈修所強調的個體性對於「天山老母」的女乩而言，個人化宗教修行的價值觀，依然優先於以家族、血緣同修共渡的集體性，即使是身為宮壇住持，若非來自聖界的力量，也無法影響兒女的靈性。[88]

接下來，玉皇三太子乩苑芳出現了街舞般的地板動作。這位乩身的靈動和太子乩類似，像孩子又像動物。這位身材渾圓的女乩，在烈日下繼玉皇三太子乩被母娘乩調靈之後，躍躍欲試地，也跪下接受母娘以龍拐觸身的調訓。[89]天山師姐的聲音越來越沙啞，有限的肉身還是無法源源不絕地展現聖界的能量。苑芳原先揮動黑手令

88　我在此所使用的個人化，指的是宗教靈修的提升來自個人累世功果與自身現世的修行，現實人生裡不管親人或共修團體的協助，都無法取代個人自身的修行功果。呂玫鍰曾使用「個人化」來探討個人自我靈修與社群（家族、村莊、社會）責任之間的互動關係，參見呂玫鍰，〈當代媽祖信仰的個人化與宗教性：以白沙屯為例〉，頁125-126。

89　這位乩身在之前天公廟、女媧廟、勝安宮，天山師姐都曾經對她調靈訓體，但並沒有這次的激烈肢體展演形式出現。

被拿開後，全身旋轉、動作加大，雙手攀緣向上，一直發出快樂的咕嚕咕嚕天語，進入靈視後，做出摘取一粒仙果、快樂地吞下的動作。

天山師姐以手令相助或者協助玉皇三太子乩驗證。吞下仙果的苑芳，彎起右腳躺在地上蠕動撒嬌，動作滑稽逗趣，旁觀的人都笑了，實在不像這種三、四十歲年紀、豐腴體態者做出來的動作。天山師姐以腳去頂住苑芳的腳，唱著請她逍遙之餘、別玩過頭了。苑芳繼續躺在地上，一邊蹺腳，一邊蠕動身體、看似費力地旋轉360度，眾人像看孩子表演、看熱鬧，沒有人想拉她起來。曝曬在豔陽下、躺在熱燙的地板，滿身大汗的她，卻彷彿在人間仙境般的陶然。

天山師姐再次叮囑她要乖乖、要「修」。這時苑芳從地面坐起，向上做出拿到一粒仙丹之類的動作，送給天山師姐，天山師姐接手後轉向正殿，向主神們致謝後作勢要吞下，用手在喉頭按摩，苑芳以黑手令輕碰一下天山師姐頸部，聊表助一臂之力。天山師姐從沙啞中稍有恢復聲音，告誡這條金龍龍子要好好修，「心要正，靈自清」，家庭才能和諧。這位玉皇三太子乩也以孩童之姿、努力地將圍觀人群中的的丈夫拉過來，一起手拉手，接受天山師姐的降福。

五｜「乩」對「乩」的靈力展演

在二〇一五年的花蓮勝安宮進香會靈的廟埕現場，天山師姐帶領該宮壇其他兩位乩身（地母乩和玉皇太子乩），引動另一位尚未靈駕的友宮男乩。[90]師姐先講一小段神諭：「遍照乩方聞世界，⋯開照靈池始問台，調府天靈主源界，界旨界令調乩來。⋯吾旨調源

使用先。」。師姐神諭的速度加快，腳步也加快，已經逼近對方面前。這時一起前往的團隊地母乩、玉皇太子乩和其他一兩位明修宮成員，都停下腳步，微笑面向特定目標。「天照文乩使用令…老母傳來感恩生，感恩你來助我宮（keng）。」師姐已經走到幾位身穿印有合進府紅色polo衫的中老年男子前面，對著一位正在抽煙、戴眼鏡的中年男子。

明修宮眾乩身向戴眼鏡男子行禮，師姐對著他彎腰行禮，繼續對他說：「…淨化乩文調天旨…聖源至化無所偏，天化歸源令、奉召主恩典、老母傳令主化成…」，這時正在抽煙的男子，把煙和背包迅速遞給旁邊看管「五寶」[91]的人，並沒有正面迎接，臉上沒有表情，不發一語，在腰際圍起護體的黃帶。[92]師姐繼續講神諭、音量逐漸加大：「…一心一度開天旨…旨源清、現調靈…」。此時男子已經閉眼感應，左手護著黃帶，右手向斜後方慢慢握拳。

天山師姐聲音上揚：「靈關旨——助吾令——」，像發號司令一般、右手舉起令旗「揀」去，表示掌天。說時遲那時快，就在師姐舉旗掌天瞬間，男子迅速跨出弓箭步往外彈開，雙手向兩旁化拳為掌，再右手向上掌天，左手向下離身體45度，拳化為蓮花指。瞬間收前腳，變虛步，原先陽剛剽悍的外貌，轉為剛中帶柔的儀態，雙手一上一下，手肘微彎，保持蓮花指。

90　根據葉美伶二〇一五年所拍攝的影像，以及跟天山師姐和陳大仔在事後進一步訪談。

91　指台灣童乩所操的「五寶」，一般是指七星劍、鯊魚劍（骨刀）、銅棍（狼牙棒）、月斧和刺球等五樣，見血以避邪，表示神明附體。鄭志明，《傳統宗教的文化詮釋：天地人鬼神五位一體》，台北：文津，2009，頁330。

92　在此是一種告知外界等候「乩駕起來」的象徵，也算是一種準備回應的禮數。

花蓮勝安宮廟埕
前，天山師姐邀請
觀音乩。
拍攝者——葉美伶

師姐神諭繼續不斷:「…調旨助化靈聖台…」師姐繼續右手保持舉令旗掌天,「…助吾乩子現調靈…」右腳墊腳尖,和對方保持氣場的對應關係。開始跨出大步,講天語,揮動令旗,喊了「oa-á sà」向對方彎腰敬禮。對方維持右手向上掌天,左手向下離身體45度蓮花指,三七步。師姐「啊～哈、哈、哈」[93]笑了幾聲,右手向上掌天,右腳斜前輕點虛步,又對他講一段莊嚴肅穆的天語。對方點頭示意,仍未發一語。

　　師姐又繼續講著聽起來典雅古意的天語,越來越有力,像是要把一種力量引出來。這時師姐繼續令旗掌天,聲音上揚開始唱起高亢的天語詩句,然後再宣講:「開照文旨度世居,吾開道源合一池,乾坤合一收道旨,飄飄聖道扶眾乩,乾元至化文所景,顯化旨關赴調天,度化聖關調理則、文祥固化傳日堅。」[94]最後一字的音量飽和度達到高峰,嘎然而止。

　　師姐講完,微笑向前,對方原本右手放背際、比蓮花指、左手蓮花指四十五度向下,面向師姐時,優雅地交換左右手的動作,虛步向前一小步,不急不徐、柔聲說:「天佑吾,觀音來者」。師姐接著帶感激地說:「天府機無感恩乩,感恩觀音助我池。乾化基無調聖乩,一心度化萬年兒,靈關主化開聖旨。」語畢,觀音乩伸手邀請母娘乩先行,自己維持以一手在後腰際、一手在前的蓮花指、以小墊步跟著,走向準備整隊進入勝安宮正殿的隊伍。這段母娘乩邀請觀音乩相助的突發性通靈展演到此告一段落。[95]

93　類似歌仔戲老旦的典型笑聲。

94　這些神諭我根據影像記錄文字化,但當時吵雜熱鬧,無法清楚辨識神諭。事後雖詢問天山師姐和一向幫師姐文字化的陳大仔,可惜他們也無法完全確認。

六 | 撒嬌流淚的諮商者

在一次天山師姐對剛舉行過認主儀式的入門者開導家庭關係時，我看到了這位母娘乩扮演撒嬌流淚諮商者的一面。天山師姐手拿令旗，閉眼，先講一段宣示性口氣的天語，像在搜尋這位案主的過去／現在／未來的「全紀錄」，然後口氣開始轉變，以有點撒嬌的口氣轉身說：對父親要乖一點、撒嬌一點，「體要顧，錢才會用「抔」[96]（put）ê，體不好，錢用撿ê」。這時案主和旁邊的人都笑了。當「母親」的角色跟晚輩撒嬌，這樣的反差引起大家的嘻笑，讓原先凝重的氣氛，轉為輕鬆。傳統戲劇角色的扮演，當母娘乩不只是正經八百的皇太后旦角，還可以兼扮諧星丑角。[97]

母娘乩天山師姐因應現場的不同需求，展現不同的母娘角色扮演。除了「撒嬌」的同理心，另一種以憐憫、不捨落淚之姿，也是母娘乩讓信徒感同身受的角色展演。我也曾看見天山師姐幫剛入門的阿文（化名）調靈訓體時，因為阿文的母親宗教因素，認為阿文必須吃素，才能助其脫離桀驁不馴的性格。母娘乩述說阿文乃觀音身邊的童子，很有智慧，但尚未開竅，觀音託母娘協助「牽教」。母娘乩說到阿文因為不同於一般小孩而受到誤解、打壓，以及長期吃素的飲食偏差…等等，導致營養無法均衡、及種種挫敗的辛酸不捨。越說越哽咽，不禁流下眼淚。阿文無法感同身受，母娘乩要阿

95　詳見〈王鏡玲，通靈展演現象──以「天山老母」進香會靈儀式為例〉，頁81-84。

96　抔（put）原指把東西掃成堆再處理，在此指錢多到成堆。

97　林育嫻描述所參與的無極殿宮主，透過戲仿、創造戲劇化的儀式，讓信徒在彷彿遊戲的辦事中，處理信徒所面臨的生活苦痛。林育嫻，〈神聖與遊戲：三重無極殿的宗教實踐〉，政治大學宗教研究所碩士論文（2010年），頁19-32。

文幫忙擦眼淚，想讓阿文更具體地看到母娘對她的受苦感同身受。

神話口述與通靈象徵的討論

本文最後從以下幾個面向，來探討上述「天山老母」女乩所揭示的神話口述與文化象徵意涵。

一 | 宗教語言的多重象徵意涵

宗教透過語言來傳達，語言包含思想、情緒、意志，以及連結人際關係等功能。[98]本文中所使用的語言包含和他人溝通的功能，以及作為口傳信息體系的表現。天山師姐剛開始傳講天山老母的天語時，沒人聽得懂意思，因此無法翻譯，也無法對信徒發揮實質作用。宗教語言一方面可以是最道地切身的母語，另一方面卻是以最陌生、難辨的「天語」、「靈語」、神諭、咒語…等等形式出現，超過一般人對於語言、文字、圖像等感官符號信仰的認知模式，而使人進入「非理性」的敬畏、虔敬、又懼怕又受其吸引的多重情感關係。[99]

天山師姐的台語用詞，展示了在描述神聖力量臨在時的主體性。首先，使用「揀」、「開」、「救」、「啪」等，讓聽者去想像能量對行動主體所產生的具體感官上視覺、觸覺、聽覺上的瞬間力道。例如手令「掌」去裡、擱（又）「掌」落來，[100]手令一直用、一

98　保羅・普呂瑟（Paul W. Pruyser）著，宋文里譯，《宗教的動力心理學》，頁223-225。
99　參見奧托（Rudolf Otto）著，成窮、周邦憲合譯，《論「神聖」：對神聖觀念中的非理性因素及其與理性之關係的研究》，頁1-48。
100　手勢往下。

直「搛」（iat）、一直「轉」、一直噼。其次，傳達了民間宗教的神學理念，諸如對於神靈的神格特質與民間靈知體系，以及攸關處境安危的力量佈署。語言所包含了思想、情緒與意志，與背後的價值觀，可看出個人意志與彰顯神意、宣示神威的慾望主體。對於民間宗教菁英的口語表述與儀式現場，就不同於透過經典的形上抽象化的神學論述。例如「吾乃者天山」、「吾是吾、吾是吾，吾是老老祖」、「吾不在小法管轄之下」。或者帶有攻擊與防禦特質，例如「天山老母」和所點到進駐神像上的「靈」鬥法時嗆說：「吾六親不認！」；面對外力威脅時的神諭：「明天出航⋯搪著大小項事，頂懸有小龍在顧（守護），不用驚惶」；天山老祖的防禦神諭：「犁界利，石頭界硬」。

再者，多神信仰的聖界鬥法與神明合作互助，作為為生活奮鬥的人生戰場，聖界並沒有超然獨立，人情世故、爭奪地盤如同人間翻版。如上述的「母娘乩」對「觀音乩」的邀引、以及因媽祖的請託，天山老母出手相助的「是媽祖來『央』，請老母幫忙打通這關。」以及邀勝安宮和慈惠堂總堂的母娘一同出手等例子。此外，作為宗教人向聖界祈求的語言，則充滿敬畏，例如透過聖界來和靈界──冤親債主交涉：「請天山母娘作主，今天若伊和冤親債主有侵、有欠ê⋯要去西方極樂世界，還是要轉去修都可以。」

對於民間通靈者而言，往往以具體的人際關係的類比，來讓宗教語言與身體經驗結合，在這些被視為最「世俗」的民間通靈者的神人關係中，人對於神的體驗，對於處在第一線需要救急的信徒而言，非常切身、具體、有用。對於處身生存危機中的信徒，需要的是最具體、最直接「出生入死」的保證，來作為「生存」依靠與安全感的來源。[101] 這些在本書其他篇章的長老教會和民間佛教的信徒

見證中，也同樣可以看到以具體的人類經驗來體會人神關係。

二 | 通靈象徵與慾望動力

誠如余德慧、劉宏信所指出的，非「文典化」、非以制度化教義為主的民間宗教派門，宗教信仰的傳承最常透過非文字的口傳、文物、戲曲、事件的方式，[102]如何「傳授」就包含使用民間知識體系的各種象徵做為媒介，例如天山師姐對於「靈寶天尊」，來自布袋戲《封神演義》的角色印象。傳統戲劇角色提供這位女乩對神明「人格神」化的文化象徵意涵。

不過，經常出現在「扮仙」戲中的「瑤池金母」，[103]卻不是「天山老母」女乩主要的角色扮演。這位「天山老母」女乩在靈駕時，也會以「天山老祖」「不良於行」出場，展現出有別於其他傳統「母神」慈祥老婆婆之外，中性、剽悍和陽剛的雌雄合體的多重特質。只不過這多重特質往往因為女乩自身和信徒對於文化象徵慣性的依賴，往往被簡化為莊嚴尊貴的形象，顯聖的多重象徵意涵受限於是否靈驗的實用性。

其次，諸如《封神演義》等民間長期以來戲劇傳統的流傳，成為很多台灣民間信仰者對於神明具體化、故事化想像的依據。[104]

101　王鏡玲，〈救度靈界—海邊普化儀式的現象描述〉，頁25-62。張譯心，〈王母起源的靈知敘述與朝聖實踐的詮釋—以彰化一新興王母廟為例〉，頁113-147。約翰‧哈伍德‧希克（John Harwood Hick）著，蔡怡佳譯，第十五章〈實體的人格面貌〉，《宗教之詮釋：人對超越的回應》，台北：聯經，2013。

102　余德慧、劉宏信，《台灣巫宗教的心靈療遇》，頁78-79。

103　例如《扮醉仙》中的八仙加上瑤池金母，詳見王嵩山，《扮仙與作戲—台灣民間戲曲人類學研究論集》，頁135-138。

104　參見曾勤良，《臺灣民間信仰與封神演義之比較研究》，台北：華正書局，1984，頁8-16。

本文中「鴻鈞老祖」和「盤古」指示接寶物，也都是《封神演義》出現過的神佛靈力象徵。[105]至於通靈者的肢體動作與唱詞，往往再現歌仔戲的古路戲、扮仙戲裡對應生旦淨末丑的角色，以及歌仔曲調的古今混搭，都可視為意識或潛意識裡，現代人以此來想像、模仿或扮演「古早神」的重要文化象徵。[106]

更重要的還是在於這些通靈象徵所具有慾望動力，在通靈儀式中，展現了跳脫現實劣勢往更上層階級晉升的自我期許，透過「通靈」來連結上層社會階級以及更古老宇宙力量的象徵。本文中女乩所接收的無形「開天筆」的象徵意涵，對於過去教育不普及的時代，毛筆的使用象徵著受人尊敬的知識菁英與上層社會階級。另一方面就「盤古」作為鸞堂信仰中扶鸞降乩的神靈來看，[107]「開天筆」也呼應「降筆」作為傳達神意的象徵之意。「開天闢地」不只是古老的神話劇情，而是被「實用化」，轉為像禮物一般、可被贈與的神力，只要有能耐、肯擔當，神明就將自己的神力象徵送給通靈人。在執行救世任務時，使用「開天闢地」的無形神器，是榮譽，是權力意志，是任務，是改變現實的盼望。[108]

再者，本文中另一重要通靈象徵則是女乩的夢中現景。夢做為個人在集體潛意識「原型」的透顯，以及作夢者個人慾望的壓抑、

105　曾勤良，《臺灣民間信仰與封神演義之比較研究》，頁55-58。

106　王嵩山，《扮仙與作戲—台灣民間戲曲人類學研究論集》，第五章。蔡佩如也提到七字仔苦調在調靈訓體時經常是那些非受專業訓練的通靈者，可以運用自如的靈動表現。《母娘信仰中的女神與女人：青山脈下慈母宮的考察》，頁159-161。

107　關於新竹五指山的盤古廟為會靈接寶的重要靈脈，參見李峰銘，《走靈山的女人：台灣新時代薩滿「靈乩」的民族誌分析》，頁71-74。

108　正如現代的ACG（動畫／漫畫／遊戲）世代透過動畫、漫畫、遊戲、cosplay（角色扮演），在流行文化的玩耍中，享受想像與幻覺的魅力。

扭曲與釋放的息息相關。[109]「洗淨」是民間信仰中重要的去除污穢的儀式，包含以水來消災解厄。「長髮」請另一方解開洗淨，也包含雙向的互動，一方面在宗教儀式上師姐協助對方調靈訓體，化解對方肉體受苦的因果。另一方面夢境裡師姐卻藉由師兄的洗淨，而去除自身的污穢，編織的馬尾長髮，也可能象徵著潛意識中多重自我的「時間差」，被這些超現實「視覺化」後的意象。「污穢」也意味著透過為他人解冤釋結，在累世因果的對等互惠原則下，自身也被淨化。幫對方洗頭髮是古代伴侶之間親密行為的象徵，在此也象徵了兩人曾是累世有姻緣，也藉此互相洗淨達到「合一」之意。

合一所包含的性慾望，被納進「陰陽」／「乾坤」的宇宙能量關係之中，性吸引力與性幻想並沒有被天山師姐的民間神學視為違反家庭道德。這裡包含「累世因果」的神學信念，把某人之所以對另一人的喜愛加以合理化、歸之於宗教的原因，而不是本能衝動。先肯定兩人有某一世曾經是靈性伴侶，才會出現在「性」的合一的渴望，並把這樣的渴望，隨著儀式性的完成與彼此夢境的互相分享，轉換或發洩。不過，和「性」和情慾相關的靈性經驗，依然被視為禁忌，這些私秘的個人內在經驗，在較公眾場合進行田野訪談時，很難有深入討論的機會。

三｜民間通靈信仰與被壓抑的存在價值

民間信仰者長期受官方意識型態所控制，那些怪誕、野性、拼裝人／獸／神／魔的非人體造型、跳脫家族倫理約束之外的超自然

109　卡爾・榮格（C.G.Jung）主編，龔卓軍譯，《人及其象徵：榮格思想精華》（Man and His Symbols），頁47-53。

想像，無法在家族和國家權力支配的文明框架中，保有應得的地位。不符合主流道德的超自然能量，往往被貶抑為次級神明、甚至被視為具有破壞力、而需被驅離消滅。人民在服從官方威權的現實原則下，逐漸地將所信仰的神明特性官僚化，以符合主流社會尊卑的帝王將相模式，即使原先不屬於「官僚文化」的神靈，在歷史變遷中，也以官僚化的包裝來掩護自己的信仰。[110]

上述「天山老母」和「天山老祖」原本形象皆非帝王將相模式，更古老的自然能量可能具有陰陽合一、雌雄合體、人獸難分的神聖特質。但是卻因為傳統漢人文化在性別角色分明的分工，對於「非人」（動物、植物、其他生命體等等）自然神聖能量的貶抑，讓母娘乩依然按照民間信仰的皇太后形象作為母娘的視覺象徵，天山老祖造成女乩「不良於行」，這種企圖跳脫「人身」形式的能量顯示，反而被乩身與信徒忽略，因為傳統官僚威權式的待神之道，提供乩身權力意志上的滿足感，以及對信徒的說服力。

通靈者與聖界之間，雖然不再只是像傳統制式化宗教高高在上、需要中介來傳達旨意，而是可以像親子／女關係、師徒一般，但是誠如我第一章所指出，神靈世界仍以華人帝王權力階層的運作模式，藉由和現實世界的距離感，來凸顯人對於古老、崇高、難以測度的「外在性」的敬畏與崇拜。再將聖界賦予最高人間權力象徵，回過來讓通靈者獲得帝王式聖界的肯定。這對在台灣社會受壓

110　例如在《山海經·西次三經》中的西王母「其狀如人，豹尾虎齒而善嘯，蓬髮戴勝，是司天之厲及五殘」，後來成為瑤池金母時，已經變成和玉皇上帝有配偶或親屬關係的皇太后扮相。參見簡東源，〈臺灣西王母信仰之研究—以花蓮勝安宮、慈惠總堂為考察中心〉，頁50-53。

迫的勞動階級而言，經濟力相對弱勢者無法在以消費力掛帥的物質社會贏得尊嚴與滿足慾望，只能透過宗教信仰的通靈展演，暫時改變身分穿越到另一個世界，成為神靈所肯定的救世者。

其次，這些通靈女乩一方面將因果報應與輪迴的思想引入聖界，認為神靈需努力救世，乩身亦然。乩身這一生圓滿完成任務，便能修成正果，不再落入輪迴。另一方面加入鉅細靡遺的金紙分配機制，反映了對超自然界對等的交換原則。神明的兵馬協助執行，能得到金紙的回報，有助於低階的靈晉升的機會。[111]乩身救世還要承擔被救者業障、冤親債主報復的風險，在在都充滿人與「神」都「要拼才會贏」的小人物艱苦向上奮鬥的寫照。例如本文中「天山老母」說「因為相（siuⁿ）老了，腳手較慢，互人搶去」。這段對話耐人尋味，一方面可能是天山老母面對還不熟的弟子質疑，試探性地幽了自己一默。把自身的古老，化成人類老者的弱勢，暗諷抵不過超自然界弱肉強食的激烈競爭。另一方面，這也正表示多神信仰的靈力爭鋒無所不在，貼切地反映了台灣社會小人物為了有限的資源，辛苦打拼競爭的心理狀態。

此外，天山師姐和一些通靈者堅持「冤有頭，債有主」。認為善行未必能施加到「這些」怨靈之上，誦經能化解怨念，但並未提供「實質」的補償，例如靈界在病痛和匱乏的補償。對一方的寬恕、赦罪，卻是對另一方的殘酷和打壓。這些按照人間利害計算方式的投射，符合一般民眾斤斤計較的心理。神佛和乩身都只是仲裁者、媒介，並非要為信徒承擔因果業障者。在民間信仰的「公道」

111　施晶琳，〈臺南市金銀紙錢文化之研究〉，頁90-115。

與「正義」一方面被精密計算累世功過，另一方面又回到現實面以「錢」和經濟力來解決精神面的問題。這對經濟弱勢者無疑雪上加霜，花錢消災也成為很多宗教團體牟利的來源。

使用金紙來對「冤親債主」解冤釋結，祈求化阻力為助力，這種儀式展演並沒有解決心理上恩怨的問題。只是以儀式象徵交換的方式，迅速地讓「金錢」償還罪疚，但儀式背後或潛意識裡，「冤親債主」意味著個人與家庭、與社會之間各種現實衝突、缺憾、虧欠、暴力…等等人性陰暗面。如何去對自己內在的危機、所幻想或感應到的不同時空裡的自我衝突，就不是用燒化金紙可以轉換與解決的，冥契內省依然是通靈者重要的自我追尋。[112]

四｜跳脫日常肢體慣性的通靈歌舞

在女乩歌舞與戲耍的肢體象徵裡，我們看到被神聖能量所充滿，一起進入一齣互通的神話展演情節。女乩的身體展演跳脫了日常勞動的身體慣性，從家庭與職場利害衝突的身分暫時釋放了。這群女性為神歌舞、為自己歌舞，暫時脫離生活的憂煩，但現實的憂煩並未因此解決。通靈歌舞的現場一樣是擁擠的廟宇祭祀空間，但不是擁擠、疏離的勞動空間，而是在婆娑起舞的展演空間裡，將原先集體祭拜的空間變成個人化的靈動舞台。

這群婦女不是哪一齣歌仔戲碼的角色，而是屬於各自被聖界所感應的通靈情境，可能是來自母娘、觀音、地母、九天玄女、媽祖等等顯聖的教誨與勉勵。這不只是乩身個人的內在體驗，還可以外

112　參見李峰銘，《走靈山的女人：台灣新時代薩滿「靈乩」的民族誌分析》，第三章。

顯，和其他同在這個通靈展演劇場中的乩身進行角色互動，例如母娘乩和媽祖乩互相以歌聲舞蹈鼓勵打氣、天山師姐和仙童嬉玩，當下自得其樂。

這不是消費社會透過勞動轉換和物質消費交易而來的價值，也不是模仿媒體吹捧的流行文化偶像，而是返回民間戲曲的象徵體系，去模仿神聖「他者」的再現，[113]讓肉體的「我」感受到能量的充滿與活力。藉此，這些中老年婦女在通靈展演之際，暫時跳脫被勞動市場歧視的低薪階級，暫時跳脫父權消費社會、物化女性的意識型態，跳脫因不符異性戀男性慾望凝視，而遭歧視的中老年女體。

另一段跳脫日常性別慣性的通靈展演，則是母娘乩引動男乩的觀音靈駕。原先舉止行動和一般男子無異的中年人，被能量充滿而成為「觀音」時，展現出一般民間信徒對於觀音形象的象徵展演。男子陰柔的蓮花指、小墊步與聲調，旁邊的信眾欣然接受這位男乩成為優雅溫柔的觀音現身。在儀式中跳脫傳統男性陽剛體態的乩身，就像傳統靈媒作為神靈媒介可以跨越性別，以及傳統戲曲的乾旦角色，雌雄同體的肢體象徵被認可。信徒們並未以傳統男女社會角色分明的慣俗，去質疑男乩成為母神的性別錯置，在依然符合傳統神明形象的範圍內，大多嚴肅以對，接納乩身跨性別通靈展演的

113　諸如《封神演義》等民間長期以來戲劇傳統的流傳，成為很多台灣民間信仰者對於神明具體化、故事化想像的依據。參見曾勤良，《臺灣民間信仰與封神演義之比較研究》，頁8-16、55-58。至於通靈者的肢體動作，往往再現歌仔戲的古路戲、扮仙戲裡那些扮仙扮神的角色，以及廟宇雕刻與彩繪上的神佛造型，都可視為意識或潛意識裡，現代人模仿「古早神」的重要文化象徵。參見王鏡玲，〈神話口述與通靈象徵——「天山老母」女乩現象研究〉，《臺灣宗教研究》，第14卷第2期，2015，頁85。

角色扮演。

從觀察到參與的能量體驗[114]

在二〇〇九年那次的勝安宮進香過程中，就在進香團隔天離開勝安宮前的收營儀式裡，[115]我個人有了一段小插曲。當時因為想錄下母娘乩的神諭，不知不覺竟跟隨母娘乩的腳步，進入收營儀式。當時鑼鼓喧天，根本無法聽清楚已經唱了一天的天山師姐沙啞的神諭。但這樣的跟隨，讓我第一次不再是一旁觀看的信眾，而是親身感受到腳步與陣式，和周遭所捲動的強大能量。親臨充滿恐懼與戰慄的能量場，絕不是站在一旁看幾位乩身大動作的靈動、揮旗的收營儀式可以比擬的。

那天上午大約六、七點，當五堆金紙分別點燃之後，我不小心跟隨了天山師姐進入第一堆東營火堆前，方位是以勝安宮母娘為中心所定出來的五方。[116]我必須緊緊跟隨她，因為這時五方的金紙火堆滿熱浪與氣息，以及周遭難以名狀、讓人感到強大壓迫的能量場，對不懂走步順序的我，已經形成「迷宮」陣勢。若沒有專注地跟隨天山師姐的腳步，恐怕將迷失在那個能量迷宮內，也恐將影響當時已經成形的能量場。

那短短幾分鐘我跟隨天山師姐的腳步，傾聽她的神諭聖歌，彷

114　王鏡玲，〈通靈展演現象——以「天山老母」進香會靈儀式為例〉，頁84-85。

115　據天山師姐表示，由於當天夜宿勝安宮，故必須在廟前廣場舉行安營儀式，第二天離開要帶走明修宮安駐的兵將。關於五營兵將的民間信仰，詳見許宇承，《臺灣民間信仰中的五營兵將》，台北：蘭臺網路，2007。

116　這部分是天山師姐在二〇一四年七月十五日，我到明修宮再次請她回覆一些進香影像疑問時，她主動向我提出。

彿在迷宮中有一股帶領的力量，順利地跟隨她，穿過東、南、西、北、中各營火堆的能量，直到完成，走出收營陣式。在行走間幾乎無法再注意到其他乩身，但事後看影像紀錄時，發現明修宮自身的乩身們，當時都分別在不同的方位，靈駕護持。[117]

從上述個人親身參與收營儀式的體驗裡，我發現視覺上所觀看的身體感，與親身參與展演的身體感有所差異。在當下進入儀式時間與空間的「顯聖」處境時，身體所感應到的能量場，的確是色、身、香、味、觸、法，感官總動員，和儀式參與者的意識、意志，以及肉身感覺緊緊相扣。觀看（旁觀）者看到整體的外在儀式與空間（不同方位金紙堆）之間動向的關連性，並沒有意識到能量對於宗教人所具有的壓迫感和威脅感。作為第一次跟隨母娘乩進入五營陣式的生手，感應到不同力量的逼臨，因生疏不知如何應對的威脅感。短短幾分鐘、短短幾公尺，如臨深淵、如履薄冰。之後我不知又走過花蓮勝安宮廣場幾次，但沒有再進入儀式的過程，也未再經歷那次收營儀式在空間調度時，緊迫逼人的時空密度與無形張力。

這種恐懼與戰慄的神聖體驗，來自不小心進入一個必須熟悉儀式主事者身分、腳步與方位路線，才能完成的展演秩序。旁觀者沒有介入，以為只是動作簡單、重複走步。但置身其中者，反而以「我」的主體臨在的感官總動員，見證了儀式中能量強度的佈署運作。這些一再發生的通靈展演，不斷用肉體去引爆所發生的一連

---

117 當時有一位還在調靈初階的明修宮女信徒，本來路過，差一點要穿越五營火堆，立刻被天山師姐大聲斥退。馮凱導演，電影《陣頭》（2012）當中「調五營」的場景，頗有拍出了那種能量場在火中被掀起、捲動的能量場張力。詳見https://www.youtube.com/watch?v=lLZG7D4rrdM。

串事件，往往都來不及被符號系統（口語、文字、圖像、影像）再現，而只有在現場正在發生的主體，體驗到能量的張力。

通靈展演在發生的當下，就此一次便已經完成。對於參與者的意義，不是再現、再創造的藝術形式可以替代的。[118]當通靈展演被口語、文字、圖像、影音再次述說與書寫時，就是進入再創造新文本的藝術層面。丁仁傑曾提及會靈山與相關善書、影音光碟傳播的普遍，有助於大眾文化的再生產。[119]但「再現」本身並不只是把通靈者的神諭、通靈展演「記錄」下來，因為「記錄」無法再現現場宗教人對於能量的感應，第一現場已經一去不返。留下的影像，往往因為拍攝硬體配備與鏡頭捕捉的限制，以及剪接器材與技術的不足，降低通靈劇場影像呈現的特色，反而留下粗糙、喧鬧的刻板印象影音紀錄。有些通靈者排斥留下影音，認為某些儀式的神聖性，不容留下影像，必須燒化的儀式用物，也拒絕被影像拍下來。[120]

118　杰克・古迪（Jack Goody），《神話、儀式與口述》（Myth, Ritual and the Oral），導論。

119　丁仁傑，《當代漢人民眾宗教研究：論述、認同與社會再生產》，2009，頁176-177。但文字或影音的再現就包含再創造的過程，再創造所產生的意義，無法去重現那個一去不返的神聖現場，而是透過文字與影音產生新的文本意涵，成為新的藝術展現形式。

120　如何寫、如何拍，能夠讓第一現場展現其「再」創造的靈光？而這種再創造的靈光其關鍵在於創作者，而非那個已經發生過的現場。我想起一部一九九八年黃明川導演的《破輪胎》裡的一幕（14'49"-16'15"）。電影中曾出現了非常短暫一兩分鐘靈動的畫面。當背相機、穿牛仔褲、從台北搬來東部的女主角、走到宛如巨大女陰的山岩縫隙，穿越樹叢，遇見穿黃色和白色道衣的中老年信眾，團團圍繞一尊東部海岸邊山壁上的觀音像。短短一兩分鐘的鏡頭下，隱約聽到台語文言的神諭與天語，而中老年信眾則不停搖擺身體，對觀音像膜拜，混亂交雜。黃明川導演的影像語言看不出是「虔誠」還是「迷信」，或者只是烘托身材姣好、到東部築夢的女文青擦身而過的背景。女主角是演員，而入鏡的那些靈動的信眾，他們也是演員，他們在扮演信以為真的神話角色，而不只被視為電影情節的臨演。

結語

　　本文藉由一間宮壇的「天山老母」派門的女乩現象，探討如何關連到民間信仰的通靈象徵，例如「陰陽合一」的聖界、「超自然」界的鬥法與合作的動力關係、接寶物、「輪迴」和「冤親債主」等宗教理念之間的連結。我們發現草根宗教菁英如何透過具體生活化、切身性、實用性的語言，來類比形上的聖界。這些「多元」的宗教象徵，讓宗教人重新思索古老「巫」傳統的超自然力量，是如何盤根錯節地生長在現今社會的文化象徵體系之內。

　　通靈者將聖界賦予帝王般、至高人間權力的象徵，再回過來讓通靈者相信藉由崇高聖界的肯定，被賦予使命與任務的這一生，受到命運殘酷考驗時，必有因應之道。「聖界」讓人有超越人的有限性的可能性，個人不再只是對現實生活裡的苦難挫敗匍伏下拜、卑微不幸的「小老百姓」，而是成為神明的乩身，神明所眷顧的帶任務者，藉此獲得現實世界慾望無法滿足的補償。至於那些牽涉到通靈者個人「卡里斯瑪」權力來源的相關知識，往往被女乩所宣稱的神聖權力以「天機」為由，拒絕外人進一步瞭解，藉此凸顯主事者秘傳的權力，以及不同派門之間爭奪信徒的競爭策略。

　　本文中母娘乩雖然成為靈性啟蒙者和引導者，透過成為神力展現的媒介，來獲得「救世」角色的自我肯定。在我的觀察中，跳脫現實的通靈信仰，女乩的「救世」角色，仍不足以撼動現實世界的家庭或社會集體權力的支配結構，反而成為弱勢者另種心理上的替代或補償。「母娘」的誡命往往反映了父權道德制約的意識型態，那些為子女和為集體犧牲、不求代價的母性、成為萬物根源、默默無名隱身背後的母性。這樣強調集體利益、依賴傳統家父長威權的

意識型態，作為「在地的」宗教象徵文化特質，面對強調個人化解放、去血緣、去地緣的獨立主體的現代工業社會，依然被視為保守、自我中心、欠缺公民社會民主競爭力的傳統價值，還無法翻轉出對抗現代西式強勢文化的在地主體性。[121]但另一方面，對於中老年非中產階級的中低社會階層的信徒而言，在現實的世代（中老年）、階級、與性別（女性居大多數）弱勢的條件下，透過宗教上理念與儀式展演的自我肯定，是面對被壓迫、難以自主的社會現實裡，重要的逃避與發洩的管道。

121　彼得・柏格（Peter L. Berger），導論〈全球化的文化動力〉，《杭廷頓＆柏格看全球化大趨勢》，台北：時報，2002，頁26-29。

第六章

分別為聖

解放還是壓抑？

宗教人願意分享資源給其他宗教人，願意看見其他宗教的存在價值，共同合作，救贖生命的苦難。這是人超越自身的生物本能的重要靈性向度，也是台灣多元宗教可以共創的文化主體性。

長老教會與多元宗教的文化主體性

　　宗教信仰來自人類最古老、最頑強、最迫切的盼望。盼望什麼呢？生命的目的最根本的在於消滅痛苦、獲得幸福。痛苦來自自身的老、病、死，以及外在世界的天災人禍、以和其他人（家族、社會）的利害關係。在本書所探討的長老教會「本土化」、民間佛教普渡儀式、民間通靈者海邊普化儀式，以及民間「天山老母」通靈象徵，都包含了不同年齡層（尤其中老年婦女）、不同階級（尤其體力勞動者）的宗教人透過和超自然界的關係，在台灣多元的宗教生態下，宗教人進入個別宗教派門儀式的體驗裡，去找尋跳脫日常生活裡的痛苦災厄，滿足追求幸福的渴望。

　　長老教會的本土化是我個人成為宗教人重要的關鍵，伴隨我這三十年來對宗教的探索一直到現在，也是促使我去探索被長老教會區隔的非基督宗教現象的動力來源。在本書中所闡述的就包含長老教會在本土化發展的不同面向，長老教會對於台灣在地的其他宗教的態度，大致包含了自我中心的防衛／征服、以及共存／分享的兩種立場。宗教市場爭奪資源的心態，是多元宗教的社會在沒有被單一宗教獨大下的現實利害衝突的實況。一百五十餘年來長老教會在台灣，從讓其他宗教徒改宗為基督徒的本位主義，到肯定不同宗教所具有的救贖價值，共同為台灣的受苦者發聲，這是一神信仰在神聖絕對化、整體化的教義，進入社會實踐時，從人的經驗角度，承認相對與差異的其他宗教聖界，在特定歷史文化中的價值。這也是當代基督宗教積極與非基督宗教對話的重要趨勢。

　　作為以基督宗教神哲學立場出發的英國學者約翰・希克（John H. Hick）曾致力於基督宗教與對多元宗教對話的態度，若從本書所

探討的台灣宗教現象來看，也是相通的。希克指出，儘管「神聖」有人格（personae）與形上的非人格（impersonae）的分別，當宗教的救贖包含去實現「人類可以有無限美好之生存可能性」時，許多宗教之間對於濟世的關懷是相同的。[1]以人的有限性所經歷的「神聖」是片面的，受限於人的思想、經驗、個別認知能力，以及所處身的歷史文化脈絡。

　　若從社會實況的層面來看，美國社會學家彼得・柏格（Peter L. Berger）曾致力於美國與當代「非西方」區域文化（包含華人地區）研究，[2]他認為現代工業社會的個人，其實是活在多元的世界之中，高度分化但不同的分工社群之間仍關係密切，大家扮演不同角色，活在不同意識型態、不同宗教信仰、卻又可能是職場上的同事。[3]不同於過去傳統時代以血緣與地緣為主的單一宗教整體性，現代台灣社會即使同一家人也可能分屬不同宗教信仰，處於相對多元的社會裡，個人所信以為真的宗教價值觀，往往只在自身的信仰團體內有意義。本書跨宗教的研究，也只不過是我個人在台灣社會的日常生活中，所遇到的多元宗教縮影而已。

1　　約翰・希克（John H. Hick）著，蔡怡佳譯，《宗教之詮釋：人對超越的回應》（An Interpretation of Religion: Human Responses to the Transcendent），台北：聯經，2013，頁41-43、504-505。

2　　彼得・柏格（Peter L. Berger）著，黃克先譯，《柏格歐吉桑的社會學奇幻旅程》（Adventures of an Accidental Sociologist: How to Explain the World without Becoming a Bore），台北：群學，2013，第四章、第五章。彼得・柏格（Peter L. Berger），導論〈全球化的文化動力〉，收錄在杭廷頓（Samuel P. Huntington）＆彼得・柏格主編，《杭廷頓＆柏格看全球化大趨勢》，台北：時報，2002。

3　　彼得・柏格（Peter L. Berger）著，高師寧譯，《天使的傳言：現代社會與超自然再發現》（A Rumor of Angels: Modern Society and the Rediscovery of the Supernatural），香港：道風書社，1996，頁52-57。

被迫共存，害怕被併吞，是多元宗教社會裡作為弱勢宗教團體自保的心態，但是社會資源較豐富的宗教團體，能夠進一步地和其他宗教團體分享資源，而不是併吞異己的本位主義，就需要分享資源的胸襟了。求生存、擴張信徒人數往往是剛起步的新宗教最主要的宣教心態。但對於在台灣一百五十多年已經成為台灣文化一環的長老教會，所面臨的是如何成為台灣在地的宗教，而不只是依賴過去強勢西方文化殖民的庇蔭，在多宗教生態中繼續「搶客戶」。在長老教會信徒的傳統態度上，害怕若是接納在地其他宗教的聖界，恐怕會將一神信仰的「上帝」，視為多神信仰中的一種，因而喪失一神信仰的獨特性與絕對性。這讓一神信仰者難以接受，更不願意承認，在多元宗教競爭的台灣社會裡，「上帝」還要跟其他民間信仰的聖界競爭，哪一位神比較強大、靈驗。

　　這種人性的競爭心態，是生物本能性的競爭，但是宗教人願意分享資源給其他宗教人，願意看見其他宗教的存在價值，共同合作，救贖生命的苦難。這是我認為人超越自身的生物本能的重要靈性向度，也是台灣多元宗教可以共創的文化主體性。文化的主體性包含從生存本能競爭中，所激發的衝突動力，但文化的主體性也包含衝突動力之間的合作、競爭，甚至是為他者犧牲。台灣的宗教主體性包含非一神信仰和一神信仰之間競爭的張力，儘管基督宗教徒在台灣只佔不到5％。但是卻因為這5％大部分是社會的中產階級與菁英階級，[4]所以對台灣文化主體性的開展，構成舉足輕重的影

4　根據《台灣社會價值體系調查》在二〇一二年所做的調查統計（二〇一五年十月十五日）。「台灣地區基督信仰與台灣社會抽樣調查」調查報告顯示，台灣基督徒占人口比例5％左右，其中長老教會占其中的35.4％比例最高。詳見http://www.taiwanbible.com。

響力。

　　長老教會在台灣所扮演的現代西化的文化傳播者，在近一百五十多年來引進西式現代文明，並隨著社會結構的變遷、現代西式學校教育的影響下，已經把台灣傳統在地宗教文化在長老教會信徒的生活中邊緣化了。台灣長老教會的中產階級與知識菁英，以強調信奉在上帝權威之下的美英民主制度、資本主義與家庭關係，以及美英式的中產階級基督教價值觀。這些現代西化的物質面與精神面的台灣基督教文化，在台灣長期受美國政治力支配下，也讓不少長老教會的社會菁英，不免展現出歧視以民間信仰為主的庶民大眾的優越階級意識。

對抗不確定命運的慾望動力學

　　本書中的普渡現象做為台灣常見的慣俗文化，雖然歷經戒嚴時期政府自一九五〇年代以來到一九九〇年代初期，長達四十多年以上的打壓，甚至迄今尚未被訂為國定假日，但仍是台灣每年民眾投入人數最多的宗教活動。至於本書所探討的通靈現象，在我日常所接觸的人際網絡中，通靈團體的宗教活動時有所聞，一直是台灣宗教多元蓬勃發展的一環。基督宗教在台灣長年以來所形成的文化自我隔離，也影響我在成為基督徒的前十多年間，和台灣多元的宗教文化環境疏離。

　　透過宗教學的訓練，重新對於宗教現象的探討，得以發現到做為台灣諸宗教中，基督宗教和非基督宗教之間的競爭張力。靈性復興運動在長老教會對於「靈」的體驗，提供了以道德理性之外的非理性面向，正是長老教會找尋靈性的歷史縱身肌理的好時機。可惜長老教會強調「靈恩」的宗教人，仍以二元對立來看到非基督宗教

的「靈」體驗，甚至將其他宗教團體的「靈」體驗妖魔化，強調自身「靈」的絕對性與獨佔性。

這些宗教現象，讓我們看到根植於台灣漢人社會裡，透過人對於超自然的想像與體驗，因著個別的人生際遇，看似粗糙、現實取向、利益交換、充滿自我中心的權力慾望，卻又表現出對抗挫敗與災難、對抗不確定命運的生命動力。這些活生生的「庶民」或「民間」的儀式象徵，是我在二〇〇二年到二〇一〇年撰寫《慶典美學》從黃進河、吳天章、林麗珍、陳明才等探討文化菁英的藝術現象時，從中元普渡現象繼續延伸的台灣民間「神聖劇場」。本書繼續深入到個別儀式的現場，去揭示這些漢人宗教—民間佛教和民間神話通靈體系個人化的神話與儀式象徵，如何讓過去古老的宗教象徵，從歷史「知識」變成共時性的慾望符號。

淡水龍山寺普渡梵唄法會中的神佛與冥界的臨在，海邊普化與進香會靈時，法船、開水路、神佛降臨，聖界、冥界與宗教人之間，成為「我」與「祢」（I-Thou）之間「靈知」的打通。「觀音」、「通天教主」、「盤古」、不只是一般性知識，而是顯聖的主體。就像基督徒在讀經、祈禱、做禮拜、守聖餐中，所經歷的和上帝、耶穌、聖靈臨在的活生生「救恩」體驗。這樣知識的打通包含對個人與集體的救人濟世的宗教精神，也是宗教人所發動的生存慾望符號之間的動力學，往往因為牽涉到現實利害關係，而有不同宗教之間的合作或衝突。

當長老教會的中產階級或資產階級的社會菁英，看待這些民間宗教者的超自然力量時，往往只看到那些汲汲營營在個人慾望，在賞善罰惡、因果輪迴等宗教理念上的交換形式。基督徒自以為超越人神個人式「交換」、比較關心集體公共利益。但事實上，這是宗

教教義在信仰實踐的落差，不同宗教裡都有比較關心眾人、勝過個人的信徒。基督徒活在個人「自我中心」的利害關係之中，將上帝變成滿足慾望投射的對象，也很常見。

　　從本書第二章我們已作的闡述，取得較優勢社會階級的基督徒，有些將物質面的優勢，視為上帝的恩賜，以此去歧視那些尚未「得救」、經濟力較弱勢的「異教徒」。一神信仰對非基督宗教的歧視，造成基督徒排斥台灣多數人所信仰的在地宗教相關的藝術文化底盤，忽略了自身作為多元宗教當中的一支，如何從外來的西方宗教形式轉化為在地宗教信仰的可貴。「上帝是台灣人的上帝」，「福音救台灣」的口號，都要進步去探索是「哪一種」上帝、「哪一種」福音，來參與在台灣宗教多元的光譜之中。

消逝中的母語宗教象徵

　　再者，台灣數十年來長期被現代西化的強勢外來美、英、日文化殖民過程中，傳統宗教象徵所具有的本土性歷史記憶，是作為在地文化主體性的重要資源，企圖以之來對抗文化殖民的文化資本所在。當然這種本土性所包含的華人宗教傳統，也被近年來中國崛起的政治經濟因素所影響。在中國越來越強大的政經勢力影響下，民間宗教信仰也很快加入和相關中國宗教象徵體系的交流。例如第五章的「天山老母」來自新疆，這間宮壇曾到中國天山天池去取當地的石頭回來奉祀。不同強勢文化繼續影響台灣的多元宗教生態，在衝突與轉化中，成為不同時代台灣宗教的特色。可惜中國官方以「普通話」霸權對於各地方母語的打壓，也間接影響台灣和中國宗教團體互動時，台灣在地母語被中國的「普通話」所壓制，而加速消逝的命運。

在本書所探討的宗教現象之中，母語所保存的宗教象徵，是相當可貴，卻在迅速消失中的文化主體性。雖然中老年世代母語使用機率較高，不過面對年輕世代的不擅母語，台語和華語混合使用越來越普遍。本書中第三章淡水龍山寺普渡儀式主法團法師是三、四十歲的世代，只有對年長者才講台語，海邊普化儀式的新莊宮壇主持妙妙師姐是四十多歲「外省人」，大多講華語，三重宮壇主持天山師姐六、七十歲，以台語為主，不擅華語。本書探討「天山老母」的口述神話與通靈象徵時，加入母娘乩使用母語（台語）的文字化，藉此來凸顯語言作為凝聚與區分「我群」的重要媒介。

上述這些民間通靈宗教人弔詭地留守了母語最後一線生機。這種母語的生機留守，和這些宗教人的現實取向緊緊相扣，因為母語是他們最擅長的，而不是他們有意識要保存的，例如淡水龍山寺典雅的台語梵唄普渡儀式裡，當主法者需向信眾說明時，就轉換為「華語」為主，即使在場信眾大都是以台語為主的中老年人。三十多歲的儀式主持者的華語比台語流利，甚至華語可能是他主要的日常語言，台語變成工作中需要的語言。我參加的兩次海邊普化儀式，即使現場儀式都以台語為主，不同讀疏文的男子都無法使用他們的母語（台語）來讀文言文，只能以「華語」代替。[5]長老教會雖有意識地保存母語，但是只保存了屬於長老教會老一輩文化的母語記憶，對於新世代的母語失語也束手無策。

中老年宗教人習慣於以母語為主的宗教儀式，宗教儀式保存了

5　台灣社會的男性母語使用的流利度與使用率勝過女性。我個人較熟悉的台灣基督長老教會的知識菁英階級，少數有意識地保存自身的基督宗教母語文化，並以人文主義式的關心，來保存台灣非傳統宗教的母語文化。

現今社會已經衰微的母語使用的豐富字詞與語境，以及語境所包含的歷史記憶。語言是連結過去到現在很關鍵的文化主體，失語是文化主體被宰制壓抑的症狀。可惜的是，我所接觸到的這些母語所表達的神話、象徵、教理和宇宙觀，因為信徒階級的弱勢，而繼續被喪失母語自覺的社會菁英所歧視與邊緣化。我感受這些儀式象徵所保存的語言生命力，但這些生命力如何從傳統父權家族中心的意識型態中解放，而不只是依賴與順服傳統威權呢？長老教會也具有和民間信仰共同的意識型態，同樣面對傳統神聖權威如何從父權家族中心意識型態解放的挑戰。

宗教象徵的式微與拼裝

本書這些日常生活中的「非日常」宗教現象，所包含的傳統與現代的價值觀之間衝突，盤根交錯地反映當代台灣文化不同階級之間的特色。這些傳統宗教儀式可以看到中老年宗教人，如何依賴神聖他者──神明、祖先（源）、冤親債主、靈界…等等，反映出對越來越個人化的現代社會的不確定性和沒安全感。宗教人希望在已經音容宛在的傳統家族象徵中，在儀式所凝聚的信仰共同體中、在信仰團體的宗教領導者引介下，藉由儀式的象徵交換，暫時返回到被工業社會打散之前的精神共同體的凝聚力，找到依賴與安定的力量。

在本書的第一章中我已經指出「去宗教化」的台灣教育環境，對於傳統宗教文化傳承所造成的斷層危機。另一方面在此我同時要指出，宗教團體對於自身宗教信仰站在自我中心式的守護與堅持，也讓非該宗教圈的人，難以有深入瞭解的機會，這是宗教人護守信仰價值時，其神聖權威所具有的凝聚性與排他性特色。

宗教象徵往往透過自身宗教規範和踰越禁忌的咒詛懲戒，以權威之姿造成和世俗世界之間的區隔，以權威之姿來塑造信徒的順服。不過，宗教象徵與儀式也具有玩耍逗樂的面向，例如本書第四章普化儀式最後突來的眾人搖旗歡送、第五章母娘乩和其他乩身的共舞嬉玩。但是，面對神聖能量基本上是戒慎恐懼的，被能量充滿的體驗，往往超乎人自身的理性可以掌控。加上宗教象徵往往和權威、道德訴求結合，在一般藝術創作者想要重新詮釋宗教象徵時，可能僭越信徒的界線而被視為褻瀆，造成信徒的反彈與攻擊，這種顧忌迄今依然讓多數台灣藝術創作者卻步。

　　讓我們從台灣藝術展演現況來看民間信仰宗教象徵被邊緣化的現象。台灣當代表演藝術的形式，隨著社會結構的變遷，不再以民間與官方宗教慶典、喜喪習俗、以及有錢有勢階級的休閒娛樂，作為主要的表演來源。現代劇場透過學校「國語化」教育與專業藝術劇團的訓練，轉變成大都市裡（主要集中在首都台北）文化產業的一環。[6]透過官方與私人贊助，以及售票的商業形式，被現代資本社會的經濟生產模式所吸納，發展成當代都會文化產物。[7]

　　因為國家權力對於民間信仰與相關慶典娛樂文化、以及母語（尤其是台語）長期打壓，再加上自一九八〇年代以來，新興的娛

6　一九八〇年代後期台灣的現代劇場，除了特定社會行動或政治事件之外，大多集中在台北都會，這個「西化」最徹底的都市，也同時是台灣最資本主義化、大學數量最多（知識菁英最多）、以及中國大陸新移民（外省族群）最多的都市。活動於台北都會為主的台灣現代劇場，在上述社會環境的外在條件影響下，造就了台灣現代劇場中產階級的「都會性格」，以及以華語為主（相對台語、客語、原住民或其他族群的母語）的知識菁英「在地」品味。

7　王鏡玲，〈非緩之緩，非空之空──無垢舞蹈劇場的學身影〉收錄在《慶典美學》，台北：博客思，2011，頁186-187。

樂表演形式如餐廳秀、露天電影、綜藝團、歌舞團、電子花車、鋼管秀等等，較低成本、迅速以感官刺激炒熱現場的表演形式蓬勃發展，使得和傳統神話與宗教象徵關係密切的歌仔戲與布袋戲等，這些口語與肢體語言表現上藝術性與技術性較高的傳統劇種，在廟會慶典也被邊緣化，不再享有主角地位，逐漸變成老一輩懷舊，或文化菁英保存文化用的點綴櫥窗。[8]

　　值得注意的是，歌仔戲和布袋戲演出時所傳播的傳統儒、釋、道、巫、術數等等民間宇宙觀的拼裝、口傳民間神話歷史、命運與人性的刻畫，以及傳統戲劇的文化象徵體系…等等，在母語長期被打壓後，一方面保存過去歷史記憶的語言後繼無力，另一方面母語所應連結的此時－此地活生生的宗教精神被阻斷，在工業化的台灣現代社會，傳統宗教象徵萎縮凋零。在這些傳統宗教象徵體系被邊緣化、靈光即將消失的時代裡，台灣蓬勃發展的民間通靈信仰運動，無疑的是進入現代西化、被外來強勢文化（美國、日本、中國）殖民的台灣社會，在地信仰靈光的回返、拼裝與混搭的宗教現象。

　　除了台灣傳統民間文學與戲劇元素，受日本殖民時期影響、依然活躍在時下KTV娛樂的懷舊日本演歌文化，以及新時代（New Age）靈性文化，也同時被吸納到通靈者吟唱的曲風。[9]加上最近中

8　詳見邱武德，《金光啟示錄——台灣金光藝術的起生》，台北：發言權，2010。林茂賢，《歌仔戲表演型態研究》，台北：前衛，2006。台北市大稻埕戲苑長期的傳統戲劇演出，和大龍峒保安宮每年一次的家姓戲，為傳統戲劇演出空間保有一線生機。

9　參見爐源寺游美玲師姐對台中大里萬化堂進香團，吟唱日本演歌曲風的神諭，詳見 https://www.youtube.com/watch?v=f-f0gK_rbvY，08:33-10:25。我在海邊普化儀式也聽到以「新時代」曲風的靈歌，和無形的靈界溝通。

國電視節目大量輸入台灣，中國古裝宮廷劇的裝扮，也成為台灣通靈乩身神佛造型的模仿對象。各種類型的乩／「巫」劇場：靈乩、童乩、鸞生扶鸞、輦轎…等神力與靈力展演，透過文言與白話的神諭戲劇張力，搭配各種拼裝混搭的傳統與流行的曲調，加上進香鑼鼓、轎班、流行文化表演形式（鋼管秀、軍樂隊、日本鼓陣、痛車陣）的助陣等等，在全台灣百花齊放，成為新的民間慶典綜藝化。但因為信徒的社會階級較居劣勢，讓這麼蓬勃發展的民間信仰綜藝展演，依然被中產階級與文化菁英所歧視，時而視為媒體視為獵奇的社會「奇觀」，或污名化的社會新聞。

本書所探討的這些民間儀式以中老年體力勞動者為主。當經濟力較優勢的階層，轉向基督宗教、藏傳佛教、印度瑜珈、「奧修」等各種外來「新時代」靈性養生團體時，仍有眾多經濟較劣勢者，依然生活在台灣漢人民間多神信仰的文化體系內，找尋靈性的救度與解脫。例如在本書第四章的海邊普化儀式中，宗教人以在地信仰的宇宙觀和儀式象徵的文化資本，所提供的神視異象與神力（靈力）展演，結合傳統手工藝（金紙與相關紙紮聖物供品）的象徵交換，希望以小博大，來找到彌補身居劣勢勞動環境與人際關係疏離的轉圜機會。

順服權威與逃避現實

在本書中所探討的宗教現象裡，在儀式象徵結構中展現的靈力，透過以集體的神話劇本（例如民間佛教的普渡神話），或者個別宗教團體所編織的救度神話（例如海邊普化儀式的主事者、母娘乩的草根宗教菁英特質），讓宗教人承擔被超自然所賦予的使命任務。但這種帶有「英雄神話」的自我認同，在民間通靈劇場裡，仍

受因果報應的傳統命定觀、以父權異性戀為主的家族道德所支配，將因果輪迴的累世屬靈的身分，拿來合理化現今命運的不順遂或習性。把自身的不順遂歸諸於「靈」的因果報應所致，企圖將自身的慾念與虛榮，透過通靈過程來合理化。例如宗教人感應到累世曾是皇帝的虛榮，來轉化「這一世」作為受教育較少、體力勞動階層在社會上所受到的歧視。或者以自己某世是日本武士或公主，來合理化自身的哈日情結和對較劣勢階級的歧視。這些被綑綁的意識型態，對於批判威權、追求獨立自主個體的當代人文精神，有不少需重新審視之處。我們僅從以下兩種價值觀，來進一步思考面對人與宗教的台灣當代精神文化：

第一種是反威權、宣揚個人主義式獨立自主精神。以西方現代社會所標榜的個人主義式獨立自主精神，來對抗傳統家父長制意識型態的父權、男尊女卑、犧牲個人去對血緣共同體盡孝、對非血緣共同體（國家）效忠的集體主義（相對於個人主義）。這種獨立自主的現代西化思潮，主要表現在「反」傳統權威、「反」基督宗教、「反」一神信仰，以「無神論」為主的現代思潮。「反」傳統威權，關心個人存在處境對抗威權時所面臨的矛盾與荒謬。「反」傳統威權也同時脫離農業社會有機體的、超自然力量的宇宙觀，脫離血緣、地緣的共同體，轉為以認同現代資本主義社會裡以科學（客觀、數字和操控）為主的知識體系，[10] 以及資本主義為主的經濟消費共同體的運作。[11] 跟傳統父權式的宗教保持距離、僅維持基本的家庭慣

10　休斯頓・史密士（Huston Smith）著，梁永安譯，《超越後現代心靈》（Beyond the Post-Modern Mind），台北：立緒，2000，頁141。

11　王鏡玲，〈非緩之緩，非空之空──無垢舞蹈劇場的學身影〉，頁187-188。林宗弘，〈台

俗（例如拜祖先），以及趨吉避凶的信仰理念或養生觀。【12】

第二種是逃避現實：可分為追求混沌、空無、放空、去現實化的整體感，以及漂泊在「去中心」的拼裝、混搭、多元的不確定性。「整體化」在此是指受到台灣佛教、道教，與民間玄學等等影響的靈性運動，並結合一九九〇年代過後在台灣越來越明顯的外來「新時代」靈性復興運動的風潮。【13】這樣的價值觀不同於第一種把傳統價值當成必須要推翻的威權。這裡把「個人」價值與「集體」認同（家族、國族）的二元對立衝突轉移，跳脫具體的歷史社會脈絡，以更大的「整體化」——大自然、天地宇宙、「道」來取代。

但是第二種「整體化」也可能把「個人」與「集體」放進更抽象、更形上的現實功利的意識型態，把大自然從萬物有靈、有機體、生態共同體的倫理關係脫離、變成單方面以人為中心、供人類利用的資源供應站。迎合資產、中產階級品味，競爭更大的宗教市場，發展出模糊宗教派門界線、將「身－心－靈」探索跟休閒養生的食療、肢體開發、旅遊、文藝創作相結合，成為中產階級在工業

灣的後工業化：階級結構的轉型與社會不平等，1992-2007〉，收錄在《台灣的社會變遷
1985~2005：社會階層與勞動市場》，台北：中央研究院社會所，2012。

12　瞿海源〈宗教與術數態度和行為的變遷（1985~2005）：檢驗世俗化的影響〉，收錄在
《台灣的社會變遷1985~2005：心理、價值與宗教》，台北：中央研究院社會所，2012。

13　一九六〇年代之後的「西方」歐美強國，隨著基督教信仰的衰微，以及和非基督宗教
國家的互動越來越密切，開始嚮往非基督宗教文明之外的多宗教的世界觀與靈性的探
索，對於古老文明（如亞洲、美洲印地安、非洲、歐洲更古老的前基督宗教時期的地方
信仰…）有深入認識的意願。透過對於集體潛意識、古老神話與象徵體系的探索與體
悟，來揭開未知世界所隱藏的無限性，尋找跳脫當代消費社會意識型態之外的創作表
現，參見休斯頓・史密士，《超越後現代心靈》，頁313-341。陳家倫，〈台灣新時代團體
的網絡連結〉，《臺灣社會學刊》第36期，2006年6月，頁109-114。

社會尋求暫時解脫的休閒俱樂部。[14]

　　就上述這兩種意識型態而言，本書所論及的宗教現象，往往變成追求個人主義式靈性、無神的現代人文主義者要跳脫的價值觀。本書中的宗教人並非第一種「反」威權的意識型態，而是一方面順服上帝和神佛的權威，藉由這些帝王式階序的權威象徵所肯定、揀選，或者意識到累世輪迴中曾為帝王將相、梟雄亂賊，來彌補現實人生的坎坷崎嶇。例如在淡水龍山寺民間佛教的普渡儀式、海邊普化儀式與「天山老母」的通靈象徵，可以看到宗教人對「神聖」權威的依賴。另一方面在海邊普化儀式與「天山老母」的通靈象徵裡，也透過回到母神，以及母神所代表的宇宙能量，把「個人」價值與「集體」認同（家族、國族、大自然、天地宇宙、道）相結合。但結合之後則返回以「累世」、因果報應、冤親債主所組合的賞罰態度，來尋求對現實苦難的解脫之道。

　　第五章的「天山老母」在母娘乩口述的感應中，雖然是古老靈源、陰陽合一、乾坤合一、雌雄合體，甚至回到尚未被帝式官僚化形象所限、心理上更「原初」的顯聖意象，[15]但是在現實面，就宗教組織的維持與運作，讓母娘乩仍以傳統家族式威權與帝式官僚祭拜方式，來鞏固和中老年世代信徒之間神聖威權的階序。就消災解厄的救度上，仍堅持傳統與超自然界象徵交換的燒金紙形式主義。本書所探討的民間通靈信仰，面對新時代的意識型態競爭時，卻尚

14　陳家倫，〈與諸神共舞：新時代運動的內涵與特徵〉，《弘光人文社會學報》第3期，2005，頁457-458。

15　埃利希‧諾伊曼（Erich Neumann）著，李以洪譯，《大母神—原型分析》（Great Mother: An Analysis of the Archetype），北京：東方出版社，1998，頁3-23。

未成為跨越傳統父權階序、跨越血緣家族共同體的價值觀。

　　長老教會在台灣透過以西方改革宗的上帝與教會共同體，取代了以祖先家族血緣為主的共同體，「耶穌是我家之主」，將父系祖先的權威換成以教會共同體與基督教的聖界。但第一代信徒之後的基督徒家族，依然透過基督教信仰來作為血緣家族的凝聚力。

靈性能量的壓抑與轉化

　　從本書所探討的長老教會、民間佛教，以及民間通靈現象，可以看出帝制官僚階序與家族中心，作為聖界的文化象徵時的價值觀。佛洛依德的心理分析理論，曾提供家庭作為父權文化壓迫的提醒。家庭作為兒子與父親的奪權戰場，女性（妻／母）被視為父子慾望的對象，而非慾望的能動主體，個體的慾望主體與對父權合法性的解構，反映出生存競爭下，對於個人本能性慾在佔有與壓抑之間的張力。[16]這是現代以個人為主體的價值觀，對於傳統以父權家族作為共同體的解構，但是在此我要提出的靈性能量的慾望主體，並不只是被限定在個人與個人之間的性慾關係，而是回到之前所論及通靈者的聖界所具有的宇宙論層面，亦即，這種生命能量的滿足與壓抑，不只是被視為個人對抗家族父權之間的主體鬥爭，還包含更原初的創生能量的吸納收發。

　　在第五章母娘乩所講述的靈性伴侶、乾坤合一的神話意義時，藉由母娘乩協助神明團隊來救度男子的身體病痛，以及在夢境中性

16　王鏡玲，〈神聖的顯現：重構艾良德（Mircea Eliade）宗教學方法論〉，臺灣大學哲研究所博士論文（2000年），第一章〈導論：艾良德宗教學思想的相關理解位置〉。

能量的釋放，一方面將被違反家庭道德規範的慾念，拉向累世輪迴的因果關係。並將雙方夢境中性能量釋放，作為乾坤合一的象徵性解釋。另一方面又拉回到傳統家庭道德，排除與壓抑雙方在現實生活中肉體性慾的滿足。

作為靈性底盤動力的性能量影響一個人從生理到精神。靈性能量不只是性慾，而是生命最根本的動力，是動物性的根本，也是人超越動物性的動力所在。在漢人通靈文化中扮演重要角色的母神系列——觀音、母娘、地母、媽祖、九天玄女…等等，並未像埃利希‧諾伊曼（Erich Neumann）的「大母神」類型分析，具有生生不息的生物性繁衍與破壞毀滅的對立並存特質，[17]而是帝制階序的權力分工，以及父權家庭倫常尊卑的投射。母娘信仰一邊被納入先天宇宙創生神話，做為萬物根源，另一邊則接枝到漢人家族以母親的慈悲寬容、恩威並施的皇太后或女皇一般的母權象徵的合體，為救贖沈淪受苦靈孩而哭泣的母娘，取代父權官僚的神人對應關係。母娘哭泣的形象，讓通靈者得以跳脫莊嚴、陽剛的肢體語言，讓更多在「聖家族」的親情的想像與感應下，流露個人內在情感。

以「親情化」和「帝王官僚化」的神話象徵為主的聖界和人的感應關係，還需要另一面的以身體作為小宇宙，從身體－小宇宙的靈性能量場，透過儀式、透過調靈訓體的修練，和人之外的自然－大宇宙相通。在上述的多元宗教象徵體系裡，這三十多年來我所接觸過的台灣長老教會信徒，對於台灣華人傳統的身體氣場實踐（太極拳、氣功、靜坐等等），以及新興民間信仰通靈者的調靈訓體，或

17　詳見埃利希‧諾伊曼（Erich Neumann），《大母神—原型分析》（Great Mother: An Analysis of the Archetype），頁24-53。

是近二、三十年來新時代的瑜珈等等，對於身體能量的開發，大多站在迴避，甚至恐懼的心態。

當身體作為上帝的創造物、被物質化為醫療知識下的生理結構時，反而忽略了身體作為和上帝、聖靈、自然結合的小宇宙與大宇宙的呼應關係。長老教會的信徒對於透過感應身體的內在能量，來和上帝與聖靈相通的靈修訓練傳統已經式微，失去中世紀靈修傳統在上帝創造的動能內，來進行人與萬物的關連，[18]轉而著重在耶穌基督為人類贖罪與犧牲。誠如伊利亞德所指出的工業社會的基督宗教知識菁英，已經失去向自然宇宙能量場開放的神聖體驗。[19]生命勃發的能量，是人類所感應來自上帝恩賜的象徵，但是這個能動的大千宇宙，在傳入台灣的長老教會信仰，並沒有關注在這樣宇宙論中的身體實踐。通靈象徵其實也提供長老教會，重新回來審視人與上帝關係的小宇宙－大宇宙面向。將人與上帝的關係從道德訓誡的倫理規範，再加入逐漸式微的宇宙論靈性體驗。

靈性能量作為個體生命力的根源，其創生性、獨佔性與毀滅性的慾望是一體的多面展現。在佛洛依德派的心理分析中，曾明確指出性能量在西方文明發展中的壓抑與轉化。[20]性能量被視為禁忌，被視為聖界的對立面，被以道德掛帥的社會規範視為下流與猥褻，以致於通靈者一旦有性能量展現的「嫌疑」時，在自我檢查機制或

---

18 古列維奇（A. J. Gurevich）著，龐玉潔、李學智譯，《中世紀文化範疇》（Categories of Medieval Culture），浙江：浙江人民出版社，1992，頁58-60。

19 伊利亞德（Mircea Eliade）著，楊素娥譯，《聖與俗》（The Sacred and the Profane），台北：桂冠，2001，頁217-218。

20 詳見佛洛依德（Sigmund Freud）著，《文明及其不滿》，賴添進譯，台北：南方，1989。

自身所屬的通靈團體的道德禁忌中，就遭到定罪譴責與排斥。[21]除非是以「父親」、「母親」的原型角色，將個體生命之間的連結以「親情」式、家族共同體式的愛恨展現。

通靈象徵中的調靈訓體，展現了台灣民間的通靈者，重新回到被現代醫療所詮釋的身體觀、與現代休閒所展現的體能運動之外的精神面。身體不只一個獨立於世界之外的生理單位，身體所包含的靈與體如何從呼吸、感官與肢體動作中，去體驗能量所分化的精－氣－神。但對照這些在現代「健康」教育的知識傳承中，被否定的華人身體觀與養生的修練，長老教會也同樣服膺現代醫療，否定傳統歐洲的中世紀基督宗教的身體觀。[22]我們的身體被現代醫療界定健康與疾病，放棄了人和大自然、和所處身的物質世界與超自然世界之間的關連。勞動的身體也被視為是物質經濟面的生產主體、甚至工具。在工業社會裡的人失去掌控身體作為連結大小宇宙的動力來源的主體，失去了傳統農業時代的人與自然世界的關係。

一個人到了能量強大的空間場域，例如在海邊面對洶湧的波濤、山谷中狂瀉激流的瀑布、巍峨或靜肅的廟宇，或者一場儀式的現場，這時個體感受到從會陰、海底輪的部位發出強大的能量，可能是強有力的吸納或放射。這樣的能量湧現時，讓個體渴望和這個場域內的能量體或能量場結合共振，因而產生和大海、瀑布、神明或其他引發個體渴望之對象結合的強大慾望。這樣被引動的內在生命能量的釋放，相對於主體的另一神聖能量體／場，就不再只是上

21　喬治·巴代伊（Georges Bataille），賴守正譯，《情色論》（L'erotisme），台北：聯經，2012，第一章。

22　古列維奇，《中世紀文化範疇》，頁58-60。

述被分化為官僚式象徵體系、或親情式象徵體系的人與聖界感應模式。

　　人在對能量場的感應中，渴望成為另一個主體、以及和另一主體結合，成為動物般的能量、成為植物般的能量、成為礦物般的能量、成為海洋般的能量、成為瀑布般的能量、成為參天山岳般的能量、成為與神明結合的能量場⋯，生發的慾望包含主動地佔有能量、也包含被能量所佔有與充滿，回到能量場、「道」、或「整體」被分化為陰／陽之前的混沌。能量的吸納與放射，在結合的剎那，肉體感官從膨脹與收縮的生物性，進入精神面消融自我的激情高峰。【23】這種整體化和我在本章前面所提到的逃避現實的虛無化相關，但並不相同。

　　從尚未進入擬人形象的力量感應，再進入到已被擬人化的聖界，進而產生人和神明交媾的神話象徵時，往往在這時遇到了共同體的意義介入，例如家庭道德倫理的禁忌，「親情化」和「父權階序化」與亂倫禁忌的象徵指涉。轉入以家族共同體為中心的文化象徵體系之後，不符合這樣道德訓誡象徵體系者，就變成了被懲戒的踰越者。與聖界交融的能量互動關係，一旦聖界不再是非人格神的宇宙論式的能量場，而是被人格神化，有意志力的聖界，宗教人與能量場的融通，就被視為通靈者在「親情化」和父權階序的聖界象徵中「亂倫」，而被污名化、被否定。甚至只是意念上的踰越，也將因為踰越父權階序的禁忌所導致的嚴重懲罰，而感到恐懼萬分。

23　喬治・巴代伊（Georges Bataille）《情色論》第一章；奧修（OSHO）著，謙達那譯，《從性到超意識》（From Sex to Superconsciousness），台北：奧修出版社，1988。

因此，這種從靈性能量所開展出來和聖界交融的密契經驗，在田野訪談時難以被說出來。即使被說出來，也難以被書寫公開，為了避免受訪者的隱私被侵犯。這種私人而內在的體驗，為避免自身被污名化，甚至會將自己對於靈性能量的發動，視為污穢或罪過，而轉為尋求懺悔來壓抑，脫離引動性能量的通靈體驗。這樣帶有性能量或生命能量的通靈體驗，卻也包含將人對神的地位，從卑微低下的百姓對帝王官僚之姿，拉向一對一的對等、或是融入能量場的合一關係。

　　靈性能量作為生命能量的交流，帶給個人感官極大的快感，以及從生物面通往精神面「陰陽合一」的孕育生命的動能。只是一旦展現出來，被自身之外的人發現，就落入社會對於「性能量」的管控，落入「可」與「不可」的道德尺度，就受到能量主體之外其他價值觀所影響。跳脫「官僚階序化」和「親情化」的神話象徵，尤其帶有「性能量」表現的通靈感應，被視為以動物性的慾望、去挑戰道德文明。難以駕馭的性能量，帶有毀滅與創造的張力，讓禁欲的宗教，直接以妖魔化來否定這種強大的本能動力。和被視為君王或父母象徵的神明性交，被視為犯上亂倫、褻瀆、敗德脫序。

　　對於性能量所導致的規範脫序的恐懼，來自漢人社會對於將所繁衍的血緣後代，與家族權力傳承與財產分配緊密結合，性能量被嚴格管控，尤其女性一旦跳脫被父權所控管的性慾與生殖力，也將挑戰父權家族繼承的合法性。因此，像傳入台灣的「新時代」宗教團體如奧修（OSHO）派的修行，提出將性能量從壓抑轉為昇華的修行態度，對於強調以父權階序化和親情化象徵的台灣漢人通靈文化，依然很難融入其中。[24]

　　性能量即使曾經在通靈體驗中出現，仍被通靈者視為需被「淨

　　　　　　　｜分別為聖——長老教會‧普渡‧通靈象徵｜

化」的過渡。我也曾多次在花蓮勝安宮和淡水無極天元宮看到個別通靈者（非集體前來）在所感應的聖界面前的靈動，雖然感受到肢體展演所帶有的性能量，尤其是女通靈者在趴、爬、跪、拜、跑跳屬於傳統的慣俗或儀式動作之外，結合瑜珈、太極拳法、民俗舞蹈，與更多尚未被定型的弧線、扭曲、旋轉的肢體探索動作。但通靈者自身對於在公開場所的靈動，往往也會以符合道德尺度的肢體語言為主。女通靈者的性能量展現，往往被視為威脅到強調以男性性慾為主體的父權文化，把女性身體的外顯表現當成是為男性而存在的性慾對象，忽略了女性對身體能量探索的主體性，甚至把女性展現性能量的靈動，視為敗德淫蕩，不容在宗教現場出現。

　　帶有性能量生發的通靈感應，往往帶有強大的激情與高峰快感，一方面被侷限在個人獨佔獨享的體驗，無法與其他修行者共享。另一方面，與神靈對等的「靈交」打破了以父權、以官僚尊卑的神觀設定。「神聖」是一種渴望「溝通」的需求狀態，而當宗教經驗被制度化之後，就失去了人與神聖溝通時原初的各種流動、不確定的特殊性狀態，一旦被訂出善惡、潔與不潔的價值判斷之後，那些不符合宗教絕對權威教義的宗教經驗，都被判惡魔、異端等負面的否定性。[25]流露「性」能量的神靈形象或是對神靈有「性幻想」者都被視為褻瀆，對神明有性幻想的人被視為大逆不道的亂倫，因為神靈被視為父母、君王、師長，是政治、經濟與知識等權力的支配

24　奧修（OSHO）著，莎薇塔譯，《奧修脈輪能量全書：靈妙體的探索旅程》（The Seven Vital Energy Centers），台北：生命潛能，2014，第一章。奧修（OSHO），《從性到超意識》（From Sex to Super-consciousness）。

25　Michael Richardson. *Georges Bataille*. London: Routledge, 1994, p.107.

者，被視為道德典範的象徵、服從與依賴的對象，而非求道共修的伴侶，更非有情慾的主體。

一旦神靈可以和人交媾、進入身體的愛欲關係，被拉到和人一樣的地位時，父權官僚式與親情化的人神設定將被顛覆。超越的、崇高的、禁欲的神聖威能也可能被去勢，而喪失被信徒崇拜與依賴的權威特質。就宗教修行團體的人際關係而言，往往必須採取對性欲的禁制，來避免性能量展現時所帶來的佔有欲與權力爭奪所引起的衝突與脫序。把性能量全然打壓的宗教規訓，失去了透過性能量去開展通靈體驗的不同境界，失去同時航向最深沈而奧秘的人性光明與陰暗的冒險。

宗教作為壓抑本能慾望的兇手，但宗教也同時讓本能慾望找到轉換的動力。宗教人一方面「被虐」與「虐待」別人的罪感意識，將罪感與「神」的懲罰、祖源作祟、「冤親債主」的輪迴因果相結合，另一方面則透過人與超自然力量相通交融的信念，讓人重新找到自我肯定、自我逃避，或自我解脫之路。宗教多元的台灣，靈性能量的探索，依然是個別與集體的宗教人不斷奮鬥的權力意志戰場。

最後，我想分享一小段幻覺，來作為這趟宗教現象探索的結束。

二〇一四年撰寫本書第五章中關於母娘儀式現象的文章、準備參加「王母」信仰研討會過程中，在七月下旬有一晚睡前曾有一小段幻覺。感覺到花蓮勝安宮母娘跟我「開示」（在此我使用民間信仰的用詞），這是第一次意識到來自上帝之外的聖界，和我之間的「祢－我」關係。我沒有以視覺看見，而是顯現給我一段像神諭又像神話梗：

勝安宮所在地自古以來所有的聖界，現在都和母娘與觀世音普

薩共享人間香火，分別為聖，共同濟世。祂們雖被世人遺忘，並沒有消失。這是幻覺裡，母娘和觀音普薩的心意，聖界並不屬於人界的分別心。

　　作為宗教人，也作為一位宗教現象的研究者，這些奧秘都將引領有限的我，繼續追尋。

參考書目

前言｜「異鄉」宗教人的回返

吳文星，《日治時期臺灣的社會領導階層》，台北：五南，2008。

王鏡玲，〈宗教學的思路啟蒙〉，《輔仁宗教研究》第28期，2014年3月。

王鏡玲，〈奉主之名，我命令邪靈出去——基督教牧師的驅魔智慧〉，《張老師月刊》第227期，1996年11月。

林富士，《孤魂與鬼雄的世界：北台灣的厲鬼信仰》，新北市政府文化局，2003。

武金正，〈從哲學觀點論宗教和神學相關問題〉，《輔仁宗教研究》第5期，2002年6月。

Karen Armstrong著，蔡昌雄譯，《神的歷史》（A History of God），台北：立緒，1997。

PeterBrook著，耿一偉譯，《空的空間》（The Empty Space），國家表演藝術中心，2008。

第一章｜非日常生活的宗教現象

丁仁傑，《當代漢人民眾宗教研究：論述、認同與社會再生產》，台北：聯經，2009。

王鏡玲、蔡怡佳合撰，〈神聖與身體的交遇：從靈動的身體感反思宗教學「神聖」理論〉收錄在《身體感的轉向》，余舜德主編，台北：國立臺灣大學出版中心，2015。

石素英主編，《基督宗教與靈恩運動論文集》，台北：永望，2012。

石素英主編，《穿越傳統的激烈神聖會遇—台灣基督長老教會靈恩運動訪談紀錄》，台北：永望，2012。

林美容、李峰銘，〈臺灣通靈現象的發展脈絡：當代臺灣本土靈性運動試探〉，《思與言》第53卷第3期，2015年9月。

余德慧，《台灣巫宗教的心靈療遇》，台北：心靈工坊，2006。

呂理政，《天、人、社會：試論中國傳統的宇宙論知模型》，中央研究院
　　民族學研究所專刊，1990。

李健次，〈地方性在現代性衝擊之下的轉變—以蘆洲市信仰為例〉，臺灣
　　師範大學地理學系碩士論文（2007年）。

許烺光著，王芃、徐隆德譯，《祖蔭下》（Under Ancestor's Shadow），台
　　北，南天，2001。

許嘉猷，《藝術之眼：布爾迪厄的藝術社會學理論及其在台灣之量化與質
　　化研究》台北：唐山，2011。

陳家倫，〈臺灣新時代團體的網絡連結〉，《臺灣社會學刊》第36期，2006
　　年6月。

蔡怡佳，〈從身體感研究取向探討臺灣基督宗教與民間宗教信徒之感通經
　　驗〉，《考古人類學刊》第77期，2012。

蔡怡佳，〈在非現實母體中悠晃—余德慧的宗教療癒〉，收錄在《余德慧
　　教授紀念學術研討會文集》，臺灣大學心理學系，2012年12月。

羅臥雲，《瑤命皈盤》，台東：慈惠堂寶華山翻印，2008。

鄭政誠，《三重埔的社會變遷》，台北：臺灣學生，1996。

鄭仰恩，《定根本土的台灣基督教》，台南：人光，2005。

鄭志明，《台灣傳統信仰的鬼神崇拜》，台北：大元，2005。

蔡相輝，〈近代化與臺灣的民間信仰〉，《臺灣文獻》第51卷第2期，2000
　　年6月。

瞿海源，〈宗教與術數態度和行為的變遷（1985-2005）：檢驗世俗化的影
　　響〉，收錄在《台灣的社會變遷1985~2005：心理價值與宗教》，台
　　北：中央研究院社會所，2012。

夏鑄九，《台灣的社會問題》，台北：巨流，2002。

張建隆，《尋找老淡水》台北：台北縣立文化中心，1996。

黃應貴主編，《日常生活中的當代宗教：宗教的個人化與關係性存有》，
　　台北：群學，2015。

渡邊欣雄著，周星譯，《漢族的民俗宗：社會人類學的研究》，台北：地

景，2000。

伯特‧海寧格（Bert Hellinger）著，霍寶蓮譯，《心靈活泉：海寧格系統排列原理與發展》（No Waves without the Ocean-Experiences and Thoughts），海寧格機構，2009。

卡爾‧榮格（C.G.Jung）主編，龔卓軍譯，《人及其象徵：榮格思想精華》（Man and His Symbols），台北：立緒，1999。

卡羅斯‧卡斯塔尼達（Carlos Castaneda）著，魯宓譯，《巫士唐望的世界》（Journey to Ixtlan: The Lessons of Don Juan），台北：張老師文化，2001。

貝爾（Daniel Bell）著，王宏周、高銛、魏章玲譯，《後工業社會的來臨》（The Coming of Post-Industrial Society），台北：桂冠，1995。

焦大衛（David K. Jordan）、歐大年（Daniel L. Overmyer）合著，周育民譯，《飛鸞──中國民間教派面面觀》（The Flying Phoenix: Aspects of Chinese Sectarianism in Taiwan），香港：香港中文大學，2005。

焦大衛（David K. Jordan），〈Changes in Postwar Taiwan and Their Impact on the Popular Practice of Religion〉，收錄在《Cultural change in Postwar Taiwan》，Stevan Harrell、Huang Chun-chieh主編，台北：南天，1994。

約納斯（Hans Jonas）著，張新樟譯，《諾斯替宗教：異鄉神的信息與基督教的開端》（The Gnostic Religion: The Message of the Alien God and the Beginnings of Christianity），台北：道風書社，2003。

艾倫伯格（Henri Ellenberger）著，劉絮愷、吳佳璇、鄧惠文、廖定烈譯，《發現無意識（I）動力精神學的源流》（The Discovery of the Unconscious: The History and Evolution of Dynamic Psychiatry），台北：遠流，2003。

馬克‧霍克海默（Max Horkheimer）與提奧多‧阿多諾（Theodor W. Adorno）合著，林宏濤譯，《啟蒙的辯證：哲學的片簡》（Dialektik der Aufklärung: Philosophische Fragmente），台北：商周，2008。

伊利亞德（Mircea Eliade）著，吳靜宜、陳錦書譯，《世界宗教理念史（卷一）：從石器時代到埃勒烏西斯神祕宗教》（Histoire des croyances et des

idées religieuses I: De l'âge de la pierre aux mystères d'Eleusis），台北：商
　　周，2001。

伊利亞德（Mircea Eliade）著，楊素娥譯，《聖與俗》（The Sacred and the
　　Profane），台北：桂冠，2001。

西蒙・德・波娃（Simone de Beauvoir）著，陶鐵柱譯，《第二性》（Le Deuxième
　　Sexe），台北：貓頭鷹，2002。

Laurel Kendal. *Shamans, Nostalgias, and the IMF: South Korean Popular Religion
　　in Motion.* Honolulu: University of Hawaii Press, 2010.

Mircea Eliade. *Patterns in Comparative Religion.* Trans. by R. Sheed. New York:
　　Sheed & Ward, 1958.

W. T. Stace著，《冥契主義與哲學》（Mysticism and Philosophy）楊儒賓譯，
　　台北：正中書局，1998。

第二章 ｜ 「神聖」的轉化──長老教會在台灣的「本土化」

丁仁傑，《當代漢人民眾宗教研究：論述、認同與社會再生產》，台北：
　　聯經，2009。

王榮昌，〈馬偕與其他宗教〉，發表於「馬偕與台灣之現代化發展」學術研
　　討會，2012年6月1日。

王鏡玲，〈神聖的顯現：重構艾良德（Mircea Eliade）宗教學方法論〉，臺
　　灣大學哲學研究所博士論文（2000年）。

王鏡玲，〈臺灣基督長老教會「一神」信仰的三種表現類型初探〉，真理大
　　學《人文學報》，2003年創刊號。

王鏡玲，《慶典美學》，台北：博客思，2011。

王鏡玲，〈神話口述與通靈象徵─「天山老母」女乩現象研究〉，《臺灣宗
　　教研究》第14卷第2期，2015年12月。

王崇堯，《台灣本土情境中的聖餐》，台南：復文，2006。

王崇堯，〈神學的整全：台灣靈恩運動與街頭運動〉，收錄於《台灣本土

神學對話—為台灣教會把脈》，台南：台灣教會公報社，2011。

台灣基督長老教會總會，《台灣基督長老教會總會社會關懷文獻1971-1998》，台北：台灣基督長老教會總會資料中心，1998。

石素英主編，《基督宗教與靈恩運動論文集》，台北：永望，2012。

石素英，〈多元價值——從女性觀點出發〉，《新使者雜誌》性別框外專輯（2012），第132期。

石素英主編，《穿越傳統的激烈神聖會遇——台灣基督長老教會靈恩運動訪談紀錄》，台北：永望，2012。

宋泉盛編著，《出頭天—台灣人民自決運動史料》，台南：人光，1988。

宋泉盛著，莊雅棠譯，《故事神學》，嘉義：信福，1991。

宋泉盛著，莊雅棠譯，《第三眼神學》，台南：人光，2002。

李明輝編，《李春生的思想與時代》，台北：正中，1995。

李明輝、黃俊傑、黎漢基合編，《李春生著作集1》，台北：南天，2004。

李明輝、黃俊傑、黎漢基合編，《李春生著作集3》，台北：南天，2004。

沈游振，〈台灣基督長老教會政治論述之分析——以《台灣教會公報》及《新使者》為對象〉臺灣大學國家發展研究所博士論文（2010年）。

吳文星，《日治時期臺灣的社會領導階層》，台北：五南，2008。

林昌華，〈十八世紀「蘇格蘭啟蒙運動」對台宣教師的影響—以馬偕為例〉，收錄在《跨域青年學者台灣史研究續集》，若林正丈、松永正義、薛化元主編，台北：政大台灣史研究所，2009。

林鴻祐，〈台灣基督長老教會本土概念之認同及其反思—台灣後殖民之神學反省〉，東南亞神學研究院博士論文（2009年）。

林鴻信，《加爾文神學》，台北：禮記，1994。

彼得・柏格（Peter L. Berger），《神聖的帷幕》（The Sacred Canopy），高師寧譯，上海：上海人民出版社，1991。

周學蕙，〈戰後台南神學院本土神學教育的發展〉，成功大學歷史學系碩士論文（2008年）。

馬克・霍克海默（Max Horkheimer）與提奧多・阿多諾（Theodor W. Adorno）

合著，林宏濤譯《啟蒙的辯證：哲學的片簡》（Dialektik der Aufklärung: Philosophische Fragmente），台北：商周，2008。

馬偕（George Leslie, Mackay），林晚生譯，《福爾摩沙紀事：馬偕台灣回憶錄》（From Far Formosa），台北：前衛，2007。

韋伯（Max Weber），簡惠美譯，《中國的宗教：儒教與道教》（The Religion of China: Confucianism and Taoism），台北：遠流，1989。

陳主顯，〈太上感應篇的研究—經文的文史問題和宗教思想〉，東南亞神學研究院神學博士論文（1981年）。

陳主顯，《台灣俗諺語典卷七：鄉土慣俗信仰》，台北：前衛，2003。

陳主顯，《台灣俗諺語典卷九：台灣俗諺的應世智慧》，台北：前衛，2008。

陳主顯，《台灣俗諺語典卷十：重要啟示》，台北：前衛，2009。

陳宏文，《馬偕博士在台灣》，台北：中國主日學協會，1997。

陳南州，《台灣基督長老教會的社會、政治倫理》，台北：永望，1991。

陳南州，〈宋泉盛與亞洲神學的特質〉，《台灣教會公報》第2399期，1998年2月22日。

張瑞雄，《台灣人的先覺者—黃彰輝》，台北：望春風，2004。

〈基督徒切身問題座談會（一）敬祖與祭祖—談「拜公媽」的問題〉，《台灣教會公報》第2367期，1997年7月13日。

曾如芳，〈論基督宗教神聖感之體現—以長老教會內在醫治為例〉，政治大學宗教研究所碩士論文（2005年）。

黃武東，《黃武東回憶錄》，台北：前衛，1988。

黃伯和，《宗教與自決》，台北：稻香，1990。

黃稚淇，〈基督教徒信仰宗教之生命敘事研究〉，高雄師範大學教育學系碩士論文（2007年）。

葉仁昌，《五四以後的反對基督教運動》，台北：久大，1992。

葉明翰，《在基督裏的「闢邪妙方」》，台北：大光，2005。

葉明翰，《從聖經來談姓名與命運》，台北：大光，1998。

葉明翰,《好風好水何處覓》,台北:大光,2005。

葉明翰,《信耶穌,免驚!》,台南:台灣教會公報社,2012。

高瑜,〈神力的展演:台灣基督教安提阿中央教會的個案研究〉,清華大
　　學社會學研究所碩士論文(2002年)。

楊雅惠,《背著十字架的女牧師——楊雅惠牧師的信仰歷程》,作者出版,
　　台灣教會公報印行,2008年。

鄭仰恩,《定根本土的台灣基督教》,台南:人光,2005。

鄭仰恩,〈公共宗教與公民社會〉,《新使者》第131期「追求公義 承擔苦
　　難」專輯,2012年8月。

鄭仰恩,〈蘇格蘭啟蒙運動對早期台灣基督教的影響:從馬偕的現代化教
　　育理念談起〉,《台灣文獻》第4卷第63期,2012年12月31日。

蔡相煇,〈近代化與臺灣的民間信仰〉,《臺灣文獻》第51卷第2期,2000
　　年6月。

蔡鑫宇,〈禮拜儀式音樂的傳統與創新—以士林區長老教會田野調查為
　　例〉,真理大學宗教學系碩士論文(2007年)。

董芳苑,《臺灣民宅門楣八卦牌守護功用的研究》,台北:稻鄉,1988。

董芳苑,《福音與文化》,屏東:台灣長老教會屏東中會,2006。

董芳苑,《台灣宗教論集》,台北:前衛,2008。

盧啟明,〈台灣基督長老教會對「異教」的觀點與實踐(1865-1945)〉,《台
　　灣文獻》第4卷第63期,2012年12月31日。

譚昌國,〈靈恩醫療與地方性基督教:以一個台灣南島民族聚落為例的研
　　究〉,收錄:Pamela J. Stewart、Andrew Strathern;葉春榮合編,《宗教
　　與儀式變遷:多重的宇宙觀與歷史》,台北:聯經,2010,第五章。

Immanuel M.Wallerstein著,彭淮棟譯,《自由主義之後》(After Liberalism),
　　台北:聯經,2001。

Jessie G. Lutz編,《為何而傳?基督教在華宣教的檢討》,台北:國史館,
　　2000。

Karen Armstrong著,蔡昌雄譯,《神的歷史》(A History of God),台北:

立緒，1997。

特爾慈（Ernst Troeltsch），戴盛虞、趙振嵩譯，《基督教社會思想史》（The Social Teaching of the Christian Church）香港：基督教文藝出版社，1991。

Mircea Eliade. *A History of Religious Ideas II: From Gautama Buddha to the Triumph of Christianity.* Trans. by W.R. Trask. Chicago: The University of Chicago Press,1978.

Mircea Eliade. *Patterns in Comparative Religion.* Trans. by R. Sheed. New York: Sheed & Ward, 1958.

Otto, Rudolf. *The Idea of the Holy* (Das Heilige) . Trans. by John W. Harvey. New York: Oxford University Press,1958. 中譯本：成窮、周邦憲合譯，《論「神聖」：對神聖觀念中的非理性因素及其與理性之關系的研究》，成都：四川人民出版社，1995。

Shoki Coe, *Recollections and reflections.* Formosan Christians for Self-Determination; 2nd edition, 1993.

第三章 │ 菜市場裡的靈光——淡水龍山寺的普渡儀式

王鏡玲，〈神聖的顯現：重構艾良德（Mircea Eliade）宗教學方法論〉，臺灣大學哲研究所博士論文（2000年）。

王鏡玲，《慶典美學》，台北：博客思出版，2011。

呂明原，〈台灣當代蒙山施食儀式研究〉，臺南藝術大學民族音樂學研究所碩士論文（2007年）。

余舜德編，《身體感的轉向》，國立臺灣大學，2015。

林美容，《台灣的齋堂與巖仔：民間佛教的視角》，台北：台灣書房，2012。

林嘉雯，〈台灣佛教盂蘭盆儀軌與音樂的實踐〉，臺南藝術大學民族音樂學研究所碩士論文（2007年）。

林怡君，〈台灣地藏懺儀之儀軌與音樂研究〉，臺南藝術大學民族音樂學

研究所碩士論文（2007年）。

李昂，〈不見天的鬼〉，收錄在《看得見的鬼》，台北：聯合文學，2006。

李健次，〈地方性在現代性衝擊之下的轉變─以蘆洲市信仰為例〉，臺灣師範大學地理學系碩士論文（2007年）。

高雅俐，〈從"展演"觀點論音聲實踐在臺灣佛教水陸法會儀式中所扮演的角色〉，《臺灣音樂研究》，第一期，2005。

姑娘廟民眾文化工作室，《天地人神鬼》，台北：前衛，1994。

夏鑄九，〈都市問題〉，楊國樞、葉啟政編《台灣的社會問題》，台北：巨流，2002。

武金正，〈從哲學觀點論宗教和神學相關問題〉，《輔仁宗教研究》第5期，2002。

張建隆，《尋找老淡水》，台北：台北縣立文化中心，1996。

釋宗惇、陳慶餘、釋惠敏〈超薦佛事與遺屬輔導〉，《哲學與文化》第33卷第4期，2006。

海德格（Martin Heidegger），*Being and Time*（German: *Sein und Zeit*）. Trans. by J. Macquarrie & E. Robinson, New York: Harper & Row, 1977.

Paul W. Pruyser，《宗教的動力學》（A Dynamic Psychology of Religion），宋文里譯，台北：聯經，2014。

澎葉生（Yannick Dauby），《台北聽三遍》CD，台北：回看工作室，2011。

Mircea Eliade. *Patterns in Comparative Religion*. Trans. by R. Sheed. New York: Sheed & Ward, 1958.

第四章｜能量的戰場──海邊「普化」儀式探討

王鏡玲，〈神聖的顯現：重構艾良德（Mircea Eliade）宗教學方法論〉，臺灣大學哲研究所博士論文（2000年）。

王鏡玲，《慶典美學》，台北：博客思，2011。

王鏡玲，〈「肉身空間」的顯現──淡水龍山寺普渡祭儀初探〉，《輔仁宗

教研究》第13卷第2期，2013。

王鏡玲，〈神聖劇場——通靈者的展演美學〉，發表於花蓮勝安宮主辦「2014王母信仰文化國際學術研討會」（2014年8月9日）。

王鏡玲，〈神聖的顯現——母神、家族象徵、靈界〉，《哲學與文化》第41卷第10期，2014。

呂理政，《天、人、社會：試論中國傳統的宇宙論知模型》，中央研究院民族學研究所專刊，1990。

周序晴，《仙朵拉的靈修日記》，高雄：寶悟同修會，2011。

余德慧，《台灣巫宗教的心靈療遇》，台北：心靈工坊，2006。

花蓮勝安宮文活動籌備委員會，《勝安安居文化季手冊》，花蓮：花蓮勝安宮文活動籌備委員會，2008。

林美容、李峰銘，〈臺灣通靈現象的發展脈絡：當代臺灣本土靈性運動試探〉，《思與言》第53卷第3期，2015年9月。

許雅婷，〈母娘與祂的兒女——慈惠石壁部堂宗教人的經驗世界〉，東華大學族群關係與文化研究所碩士論文（2001年）。

許麗玲，《巫路之歌：從學術殿堂走入靈性工作的自我剖析》，台北：自然風文化，2003。

張仙武，〈清代陰騭文化研究—以《文昌帝君陰騭文》相關文獻為討論中心〉，師範大學歷史學系博士論文（2009年）。

康豹（Paul R. Katz），《台灣的王爺信仰》，台北：商鼎文化，1997。

渡邊欣雄著，周星譯，《漢族的民俗宗教：社會人類學的研究》，台北：地景，2000。

施晶琳，〈臺南市金銀紙錢文化之研究〉，臺南大學台灣文化研究所碩士論文（2004年）。

蔡秀鳳，〈台灣慈惠堂瑤池金母信仰研究〉，臺灣師範大學臺灣文化及語言文學研究所碩士學位在職進修專班碩士論文（2009年）。

蔡怡佳，〈台灣民間宗教的調靈訓體〉，收錄於《原住民巫術與基督宗教》，胡國楨、丁立偉、詹嫦慧 合編，台北：光啟文化，2008。

蔡怡佳，〈從身體感研究取向探討臺灣基督宗教與民間宗教信徒之感通經驗〉，《考古人類學刊》第77期，2012。

簡東源，〈臺灣西王母信仰之研究—以花蓮勝安宮、慈惠總堂為考察中心〉，花蓮教育大學民間文學研究所博士論文（2008年）。

鄭志明，《台灣傳統信仰的鬼神崇拜》，台北：大元，2005。

鄭志明，《傳統宗教的文化詮釋：天地人鬼神五位一體》，台北：文津，2009。

羅臥雲，《瑤命皈盤》，台東：慈惠堂寶華山翻印，2008。

釋念慧，〈母娘信仰之身體性、情感性與神聖性：以花蓮法華山慈惠堂為例〉，慈濟大學宗教與文化研究所碩士論文（2010年）。

伊利亞德（Mircea Eliade）著，楊素娥譯，《聖與俗》（The Sacred and the Profane），台北：桂冠，2001。

焦大衛（David K. Jordan）、歐大年（Daniel L. Overmyer）著，周育民譯，《飛鸞——中國民間教派面面觀》（The Flying Phoenix: Aspects of Chinese Sectarianism in Taiwan），香港：香港中文大學，2005。

焦大衛（David K. Jordan）著，丁仁傑譯，《神‧鬼‧祖先：一個台灣鄉村的民間信仰》（Gods, Ghosts, and Ancestors: The Folk Religion in a Taiwanese Village），台北：聯經，2012。

Paul W. Pruyser著，宋文里譯，《宗教的動力學》（A Dynamic Psychology of Religion），台北：聯經，2014。

桑高仁（P. Steven Sangren）著，丁仁傑譯，《漢人的社會邏輯》（Chinese Sociologics: An Anthropological Account of the Role of Alienation in Social Reproduction），台北：中央研究院民族學研究所，2012。

I. M. Lewis. *Ecstatic Religion: A Study of Shamanism and Spirit Possession*. London: Routledge, 2003.

Mircea Eliade. *Patterns in Comparative Religion*. Trans. by R. Sheed. New York: Sheed & Ward, 1958.

Otto, Rudolf. *The Idea of the Holy* (Das Heilige) . Trans. by John W. Harvey. New

York: Oxford University Press,1958. 中譯本：成窮、周邦憲合譯,《論「神聖」：對神聖觀念中的非理性因素及其與理性之關系的研究》,成都：四川人民出版社,1995。

第五章 | 神話口述與通靈象徵——「天山老母」女乩現象

丁仁傑,《當代漢人民眾宗教研究：論述、認同與社會再生產》,台北：聯經,2009。

王嵩山,《扮仙與作戲——臺灣民間戲曲人類學研究論集》,台北：稻鄉出版,1988。

王鏡玲,〈神聖的顯現：重構艾良德（Mircea Eliade）宗教學方法論〉,台北：臺灣大學哲研究所博士論文（2000年）。

王鏡玲,〈神聖的顯現——母神、家族象徵、靈界〉,《哲學與文化》第41卷第10期,2014。

王鏡玲,〈救度靈界——海邊普化儀式的現象描述〉,《輔仁宗教研究》第30期,2015。

王鏡玲,〈通靈展演現象——以「天山老母」進香會靈儀式為例〉,《新世紀宗教研究》第14卷第3期,2016年3月。

余德慧,劉宏信,《台灣巫宗教的心靈療遇》,台北：心靈工坊,2006。

呂玫鍰,〈當代媽祖信仰的個人化與宗教性：以白沙屯為例〉,收錄於黃應貴主編,《日常生活中的當代宗教：宗教的個人化與關係性存有》,台北：群學,2015。

呂理政,《天、人、社會：試論中國傳統的宇宙論知模型》,台北：中央研究院民族學研究所專刊,1990。

李峰銘,〈走靈山的女人：臺灣新時代薩滿「靈乩」的民族誌分析〉,台北：政治大學民族學系博士論文（2015年）。

李麗涼,《弎代天師：張恩溥與臺灣道教》,台北：國史館,2013。

彼得・柏格（Peter L. Berger）著,高師寧譯,《神聖的帷幕》,上海：上海

人民出版，1991。

周序晴，《仙朵拉的靈修日記》，高雄：寶悟同修會，2011。

周盈君，〈《封神演義》中的法術、寶物及其文化意涵〉，台北：臺灣師範大學國文學系在職班碩士論文（2011年）。

林育嫻，〈神聖與遊戲：三重無極殿的宗教實踐〉，台北：政治大學宗教研究所碩士論文（2010年）。

林佩瑜，〈信仰與體現—靈乩的身體實踐〉，台北：臺北市立體育學院舞蹈碩士班碩士論文（2011年）。

林美容、李峰銘，〈臺灣通靈現象的發展脈絡：當代臺灣本土靈性運動試探〉，《思與言》第53卷第3期，2015年9月。

花蓮勝安宮文活動籌備委員會，《勝安安居文化季手冊》，花蓮：花蓮勝安宮文活動籌備委員會，2008。

施晶琳，〈臺南市金銀紙錢文化之研究〉，台南：臺南大學臺灣文化研究所碩士論文（2004年）。

張譯心，〈王母起源的靈知敘述與朝聖實踐的詮釋—以彰化一新興王母廟為例〉，收錄於莊宏誼主編，《道教女神信仰研究》，台北：輔大書坊，2014。

許雅婷，〈母娘與祂的兒女—慈惠石壁部堂宗教人的經驗世界〉，花蓮：東華大學族群關係與文化研究所碩士論文（2001年）。

許麗玲，《巫路之歌：從學術殿堂走入靈性工作的自我剖析》，台北：自然風文化，2003。

郭樸，郝懿行注，《山海經》，台北：臺灣古籍出版社，1997。

曾勤良，《臺灣民間信仰與封神演義之比較研究》，台北：華正書局，1984。

渡邊欣雄著，周星譯，《漢族的民俗宗：社會人類學的研究》，台北：地景，2000。

蔡秀鳳，〈臺灣慈惠堂瑤池金母信仰研究〉，台北：臺灣師範大學臺灣文化及語言文學研究所碩士學位在職進修專班碩士論文（2009年）。

蔡佩如，《穿梭天人之際的女人：女童乩的性別特質與身體意涵》，台北：唐山，2001。

蔡佩如，〈母娘信仰中的女神與女人：青山脈下慈母宮的考察〉，新竹：清華大學人類學研究所博士論文（2013年）。

蔡怡佳，〈臺灣民間宗教的調靈訓體〉，收錄於胡國楨、丁立偉、詹嫦慧合編，《原住民巫術與基督宗教》，台北：光啟文化，2008。

蔡怡佳，〈從身體感研究取向探討臺灣基督宗教與民間宗教信徒之感通經驗〉，《考古人類學刊》第77期，2012。

鄭志明，《臺灣傳統信仰的鬼神崇拜》，台北：大元，2005。

鄭志明，《傳統宗教的文化詮釋：天地人鬼神五位一體》，台北：文津出版，2009。

簡東源，〈臺灣西王母信仰之研究—以花蓮勝安宮、慈惠總堂為考察中心〉，花蓮：花蓮教育大學民間文學研究所博士論文（2008年）。

羅臥雲，《瑤命皈盤》，台東：慈惠堂寶華山翻印，2008。

釋念慧，〈母娘信仰之身體性、情感性與神聖性：以花蓮法華山慈惠堂為例〉，花蓮：慈濟大學宗教與文化研究所碩士論文（2010年）。

卡爾・榮格（C.G.Jung）主編，龔卓軍譯，《人及其象徵：榮格思想精華》（Man and His Symbols），台北：立緒，1999。

焦大衛（David K. Jordan）、歐大年（Daniel L. Overmyer）著，周育民譯，《飛鸞—中國民間教派面面觀》（The Flying Phoenix: Aspects of Chinese Sectarianism in Taiwan），香港：香港中文大學，2005。

埃利希・諾伊曼（Erich Neumann）著，李以洪譯，《大母神—原型分析》（Great Mother: An Analysis of the Archetype），北京：東方出版社，1998。

許烺光（Francis L. K. Hsu）著，王芃、徐隆德合譯，《祖蔭下》，台北：南天，2001。

尼采（F.W. Nietzsche）著，周紅譯，《道德譜系學》（Zur Genealogie der Moral），北京：三聯書店，1992。

約納斯（Hans Jonas）著，張新樟譯，《諾斯替宗教：異鄉神的信息與基督教的開端》（The Gnostic Religion: The Message of the Alien God and the Beginnings of Christianity），台北：道風書社，2003。

艾倫伯格（Henri Ellenberger）著，劉絮愷、吳佳璇、鄧惠文、廖定烈譯，《發現無意識（I）動力精神學的源流》，台北：遠流，2003。

杰克・古迪（Jack Goody）著，李源譯，《神話、儀式與口述》（Myth, Ritual and the Oral），北京：中國人民出版，2014。

韋伯（Max Weber）著，簡惠美譯，《中國的宗教：儒教與道教》（The Religion of China: Confucianism and Taoism），台北：遠流，1989。

伊利亞德（Mircea Eliade）著，吳靜宜、陳錦書譯，《世界宗教理念史（卷一）：從石器時代到埃勒烏西斯神祕宗教》，台北：商周，2001。

桑高仁（P. Steven Sangren）著，丁仁傑譯，《漢人的社會邏輯——對於社會再生產過程中「異化」角色的人類學解釋》（Chinese Sociologics: An Anthropological Account of the Role of Alienation in Social Reproduction），台北：中央研究院民族學研究所，2012。

保羅・普呂瑟（Paul W. Pruyser）著，宋文里譯，《宗教的動力心理學》，台北：聯經出版公司，2014。

彼得・柏格（Peter L. Berger），導論〈全球化的文化動力〉，收錄在杭廷頓（Samuel P. Huntington）＆彼得・柏格主編，《杭廷頓＆柏格看全球化大趨勢》，台北：時報，2002。

威廉・詹姆斯（William James）著，蔡怡佳、劉宏信譯，《宗教經驗之種種》（The Varieties of Religious Experience），台北：立緒，2001。

Lewis, I. M. *Ecstatic Religion: A Study of Shamanism and Spirit Possession.* London: Routledge, 2003.

Otto, Rudolf. *The Idea of the Holy* (Das Heilige) . Trans. by John W. Harvey. New York: Oxford University Press,1958. 中譯本：成窮、周邦憲合譯，《論「神聖」：對神聖觀念中的非理性因素及其與理性之關系的研究》，成都：四川人民出版社，1995。

第六章｜分別為聖——解放還是壓抑？

林茂賢，《歌仔戲表演型態研究》，台北：前衛，2006。

林宗弘，〈台灣的後工業化：階級結構的轉型與社會不平等，1992-2007〉，收錄在《台灣的社會變遷1985~2005：社會階層與勞動市場》，台北：中央研究院社會所，2012。

邱武德，《金光啟示錄——台灣金光藝術的起生》，台北：發言權，2010。

瞿海源，〈宗教與術數態度和行為的變遷（1985~2005）：檢驗世俗化的影響〉，收錄在《台灣的社會變遷1985~2005：心理、價值與宗教》，台北：中央研究院社會所，2012。

陳家倫，〈臺灣新時代團體的網絡連結〉，《臺灣社會學刊》第36期，2006年6月。

陳家倫，〈與諸神共舞：新時代運動的內涵與特徵〉，《弘光人文社會學報》第3期，2005。

古列維奇（A. J. Gurevich）著，龐玉潔、李學智譯，《中世紀文化範疇》（Categories of Medieval Culture），浙江：浙江人民出版社，1992。

埃利希‧諾伊曼（Erich Neumann）著，李以洪譯，《大母神—原型分析》（Great Mother: An Analysis of the Archetype），北京：東方出版社，1998。

喬治‧巴代伊（Georges Bataille），賴守正譯，《情色論》（L'erotisme），台北：聯經，2012。

休斯頓‧史密士（Huston Smith）著，梁永安譯，《超越後現代心靈》（Beyond the Post-Modern Mind），台北：立緒，2000。

約翰‧希克（John H. Hick）著，蔡怡佳譯，《宗教之詮釋：人對超越的回應》（An Interpretation of Religion: Human Responses to the Transcendent），台北：聯經，2013。

奧修（OSHO）著，謙達那譯，《從性到超意識》（From Sex to Super-consciousness），台北：奧修出版社，1988。

奧修（OSHO）著，莎薇塔譯，《奧修脈輪能量全書：靈妙體的探索旅程》
（The Seven Vital Energy Centers），台北：生命潛能，2014。

彼得・柏格（Peter L. Berger）著，黃克先譯，《柏格歐吉桑的社會學奇幻
旅程》（Adventures of an Accidental Sociologist: How to Explain the World
without Becoming a Bore），台北：群學，2013。

彼得・柏格（Peter L. Berger）著，高師寧譯，《天使的傳言：現代社會與超
自然再發現》（A Rumor of Angels: Modern Society and the Rediscovery of
the Supernatural），香港：道風書社，1996。

佛洛依德（Sigmund Freud）著，《文明及其不滿》，賴添進譯，台北：南
方，1989。

Michael Richardson. *Georges Bataille*. London: Routledge, 1994.

特別感謝

師長前輩

丁仁傑老師、王貞文牧師、王昭文老師、石素英牧師、宋文里老師、李世偉老師、李峰銘老師、李孝忠牧師、余舜德老師、阮昭明老師、林美容老師、林麗珍老師、林文欽社長、武金正神父、許麗玲老師、張珣老師、梁哲懋牧師、黃進河老師、曾宗盛牧師、邱武德老師、趙星光老師、陳文團老師、陳主顯牧師、陳宇心修女、盧俊義牧師、陶月梅牧師、鍾明德老師、蔡三雄牧師、蔡彥仁老師、蔡怡佳老師、鄭仰恩牧師、關永中老師、羅光喜牧師、龔卓軍老師

宗教團體

門諾會台北木柵教會｜洪志芳先生、許秀真老師、陳淑治女士、楊台德小姐、蔡語恩小姐
淡水龍山寺工作人員、誦經團｜周阿玉師姐、康秋池師姐、廖映雪師姐、普照寺釋照承法師
新北市三重天山明修宮｜林苑芳小姐、阿嬌姐、陳正義先生、陳臆絜小姐、鄭珠好師姐
新北市新莊聖德宮｜何妙娟師姐、許寶銀師姐
花蓮吉安勝安宮｜吳東明先生、簡東源老師

協助本書的親友

尤啟任先生、王昭華小姐、王鏡瑩小姐、林二豪先生、柯遵佑先生、張譯心小姐、許毓杰先生、許佑謙先生、林國勳先生、陳正麟先生、陳靖宜小姐、陳冠仁先生、葉美伶小姐、黃玉珠女士、詹千慧小姐、鄭惠玉小姐、鄭清鴻先生、劉韋廷先生、羅文岑小姐、鐘彥傑先生

（依姓氏筆劃排列）

國家圖書館出版品預行編目（CIP）資料

分別為聖：長老教會.普渡.通靈象徵 / 王鏡玲著. -- 初版.
-- 臺北市：前衛, 2016.07
面； 公分
ISBN 978-957-801-806-8（平裝）

1.宗教現象學 2.基督教 3.民間信仰

218.9   105014230

分別為聖
長老教會 · 普渡 · 通靈象徵

作　　者　王鏡玲
封面繪圖　安力・給怒
美術編輯　陳靖宜、羅文岑

出 版 者　前衛出版社
　　　　　10468 台北市中山區農安街153號4F之3
　　　　　Tel：02-2586-5708　Fax：02-2586-3758
　　　　　郵撥帳號：05625551
　　　　　e-mail：a4791@ms15.hinet.net
　　　　　http://www.avanguard.com.tw
出版總監　林文欽
法律顧問　南國春秋法律事務所林峰正律師
總 經 銷　紅螞蟻圖書有限公司
　　　　　台北市內湖區舊宗路二段121巷19號
　　　　　Tel：02-2795-3656　Fax：02-2795-4100

出版日期　2016年7月初版一刷
定　　價　新台幣350元